武斌 著

典籍里的
丝绸之路

中央编译出版社
Central Compilation & Translation Press

图书在版编目（CIP）数据

典籍里的丝绸之路 / 武斌著. -- 北京：中央编译出版社，2025. 1. -- ISBN 978-7-5117-4802-7

Ⅰ. K928.6

中国国家版本馆CIP数据核字第2024A3A737号

典籍里的丝绸之路

选题策划	张远航
责任编辑	汪　婷
责任印制	李　颖
出版发行	中央编译出版社
网　　址	www.cctpcm.com
地　　址	北京市海淀区北四环西路 69 号（100080）
电　　话	（010）55627391（总编室）　　（010）55625176（编辑室）
	（010）55627320（发行部）　　（010）55627377（新技术部）
经　　销	全国新华书店
印　　刷	廊坊昌能印刷有限公司
开　　本	710 毫米×1000 毫米　1/16
字　　数	324 千字
印　　张	20.5
版　　次	2025 年 1 月第 1 版
印　　次	2025 年 1 月第 1 次印刷
定　　价	99.00 元

新浪微博：@中央编译出版社　　　微　信：中央编译出版社（ID：cctphome）
淘宝店铺：中央编译出版社直销店（http://shop108367160.taobao.com）　（010）55627331

本社常年法律顾问：北京市吴栾赵阎律师事务所律师　闫军　梁勤
凡有印装质量问题，本社负责调换。电话：（010）55627320

前　言

在中西文化交流史上，"丝绸之路"是一个使用最频繁、影响最广泛的概念，在中国文化史和世界文化史上，也是一个经常被提起的概念。近年来，丝绸之路从一个单纯的学术概念进入公共生活领域，成为人们广泛关注和讨论的话题。

丝绸之路是一个具有深远学术影响的概念，开启了一扇了解世界与中国关系史、了解中外文化交流史的大门。这一概念的重大意义，在于廓清了中西交通的大干道，为研究中西文化交流史提供了一个空间的和地理的线索。通过这个概念，梳理笼罩在迷雾中的数千年繁纷复杂的中外文化交往和交流关系，就有了一条清晰的线索。同时，以"丝绸"来命名中西交通的主要路线，更强调了中国的商品长期在国际贸易中的主导地位。这反映了几千年来中西交通和文化交流的基本事实。不仅如此，几千年的中国文化史和世界文化史，也有了一条贯穿始终的主线。法国汉学家布尔努瓦说："'丝绸之路'是一种形象口号，一种包罗万象的诗一般的名称，具有浪漫色彩，它成了一个若明若暗的词。正如人们对我们的古典绘画所说的那样：一束光芒照亮了绘画本想突出的意义，从而在明暗交界处暴露出了画面的其他因素。""'丝绸之路'是半个世界。"[1]

丝绸之路原初的意义，所指的是从中国西安或洛阳经过河西走廊、穿过天

---

[1] ［法］布尔努瓦：《法国对丝绸之路的研究》，［法］戴仁编：《法国中国学的历史与现状》，耿昇译，上海：上海辞书出版社2010年版，第375、376页。

山脚下进入中亚、西亚，然后再通向地中海地区的交通道路。这条道路是古代人很早就开辟了的，是一条贯穿欧亚大陆的大通道。正是通过这条大道，自东徂西，大陆两端的居民开始有了接触和往来，开始有了物质和文化的交流，因而也就有了东西方文明的发展。后来，人们把联系欧亚大陆的北边的草原之路、南边的海上交通，也都称为"草原"的或"海上"的"丝绸之路"。日本学者长泽和俊指出："丝绸之路的古代史是以草原路为中心，自古代后期至中世纪是以绿洲之路为中心，而近代以后则是以南海路为中心了。"① 又有学者把古代从四川、云南经过缅甸通往印度的道路称为"西南丝绸之路"，还有的学者把东南沿海地区包括山东半岛的港口通往朝鲜半岛和日本的航道称之为"东方海上丝绸之路"，把通过陆上前往朝鲜半岛的交通称为"东北亚丝绸之路"，这样也把与朝鲜、日本的交通纳入丝绸之路的广义概念之内。这样，丝绸之路的概念就延伸到一切与东西方交通联系的交通通道。贯穿欧亚大陆、绵延数千公里的古代丝绸之路，就不只是一条商贸道路，而是一张连接欧亚大陆政治、经济、文化的交流"网络"。有了这样的交通网络，就实现了各民族最早的联系和交流，实现了各文化间最早的互联互通和文明共享。

我们现在一般都把汉代张骞通西域作为丝绸之路的开端，但实际上丝绸之路并不是从张骞以后才有的。丝绸之路的历史可以追溯到新石器时代，汉代丝绸之路的大畅通正是在此前数千年人类活动的基础上实现的。丝绸之路是不断发展着的，这种发展既有纵横向的延伸，也有交流内容的丰富与扩大，而丝绸之路发展的根本原因在于科学技术水平特别是交通技术的更新与提高。而随着丝绸之路的延伸，人们对于外部世界的认知更为扩大，也有了进一步走向更遥远世界的动力和愿望。因此，可以说，丝绸之路发展繁荣的历史，也就是人类文明发展的历史。丝绸之路的历史与文明的历史是共生的、同行的。

我们的前辈对于这样开辟交通的探索的重要性是有充分认识的。有许多中外文献的作者，在不同的历史时代，或是亲身经历，或是得自传闻，或是研究文献，都不厌其烦地一再描述各种交通路线。这些关于中外交通史的重要文献，不仅为我们今天了解和研究丝绸之路提供了直接的基础性材料和依据，更

---

① ［日］长泽和俊：《丝绸之路史研究》，钟美珠译，天津：天津古籍出版社1990年版，第9页。

前言

让我们体会到前辈们对于丝绸之路的文化情怀和寄托的梦想。

对于丝绸之路的记载，首先见之于中国的历代正史。从《史记》开始，包括《汉书》《后汉书》等等，都有许多关于中外交通的记载。这些记载为我们提供了一个认识历史上丝绸之路的基本线索。不仅如此，还有许多亲历的旅行家，他们的记载更直观、更生动。他们是行走在丝绸之路上的人，是为开辟、发展和繁荣丝绸之路做出贡献的人。几千年中，漫漫长路上，行走的人何止千万，其中又有多少人埋骨黄沙或葬身海底，在历史上留下名字的只是极少数。而正是在这极少数人的故事中，我们看到，他们或经过大漠流沙，或翻越崇山峻岭，或踏破惊涛骇浪，不畏牺牲，历经艰辛，艰苦卓绝，冒险犯难，以自己的热血和忠诚，以自己的梦想和情怀，走出了奔向远方的路，开辟了各民族文化交流的路。

在中国人努力向外探索的同时，西方人也在积极地探索通往东方的道路。我们从古希腊和古罗马的文献中，就看到了这种探索的努力——他们也在不厌其烦地勾勒走向东方的路线图。而到了马可·波罗时代，这样的路线就比较清晰了，因为他们历尽艰辛，亲自走通了从西方到东方的路。他们讲述的东方故事，揭开了欧洲人心灵对于亚洲文化想象的序幕。他们给欧洲人展现了一个新的世界，一个完全新奇的奇异之邦，因此刺激了西方世界对东方这一神秘、虚幻之地的兴趣。这在随后欧洲人对东方的想象和知识建构中起到了相当重要的作用。

丝绸之路是欧亚大陆上的居民共同探索的文化成果，是各民族在不同时代共同努力、共同开发的结果。在历史上，既有中国人积极的向外探索和开拓，也有西方人自西徂东的冒险与开发，更有草原民族为开辟和发展草原之路所做的贡献。世世代代的人们，从陆地到海洋，穿过大漠荒原，跨越大江大河，踏过惊涛骇浪，走出了一条一条的路，形成了遍布各地的交通网络，形成了纵横大陆的大通道。丝绸之路本身就是全人类文明共同发展的重要成就。

在本书中，我们通过翻检历史上有关丝绸之路的各种记载，可以感受到丝绸之路历史发展的进程，感受到人类文明发展的一些片段和线索，更可以看到，各民族的前辈先贤，为了世界文明的发展，为了各民族文化的交流、沟通，实现文明的共享和繁荣，做出了多么伟大而艰辛的努力。

目　录

第一章　关于丝绸之路的早期传说 ·· 1
　一　对西域的奇异想象 ·· 1
　二　黄帝西巡的传说 ·· 4
　三　周穆王西狩与《穆天子传》 ·· 7

第二章　汉代丝绸之路的记载 ·· 12
　一　张骞关于西域交通的报告 ·· 12
　二　《汉书》记载的丝绸之路 ·· 18
　三　《后汉书》记载的丝绸之路 ·· 21
　四　汉代文学对西域的认知与想象 ······································ 27
　五　《汉书》记载的海上丝绸之路 ······································ 29

第三章　魏晋南北朝的丝绸之路记载 ······································ 34
　一　朱应、康泰的南洋报告 ·· 34
　二　葛洪的扶南之行及其记述 ·· 36
　三　《南州异物志》与《职贡图》 ······································ 43
　四　法显《佛国记》记载的丝绸之路 ···································· 47
　五　董琬出使西域报告 ·· 55
　六　惠生和宋云的西域游记 ·· 59

第四章　古希腊罗马文献记载的东西交通 ·········· 64
    一　希罗多德记载的草原之路 ·········· 64
    二　罗马人记载的中国之路 ·········· 68
    三　《爱脱利亚海周航记》记载的东方航线 ·········· 72
    四　托勒密记载的东方交通路线 ·········· 75
    五　蔡马库斯记载的丝绸之路 ·········· 79
    六　《世界基督风土志》记载的丝绸之路 ·········· 82
    七　西摩喀塔有关中国的记述 ·········· 86

第五章　隋唐记载的丝绸之路 ·········· 89
    一　《西域图记》与隋代丝绸之路 ·········· 89
    二　玄奘与《大唐西域记》 ·········· 95
    三　义净的海路西游及其著作 ·········· 103
    四　杜环在丝绸之路的旅行 ·········· 110
    五　慧超《往五天竺国传》记载的丝绸之路 ·········· 113
    六　《沙州图经》《释迦方志》记载的丝绸之路 ·········· 116
    七　《皇华四达记》记载的丝绸之路 ·········· 118
    八　唐诗中的丝绸之路 ·········· 125

第六章　阿拉伯波斯文献记载的丝绸之路 ·········· 134
    一　《道里邦国志》记载的东西交通 ·········· 134
    二　《黄金牧地》记载的东西交通 ·········· 139
    三　《中国印度见闻录》记载的海上航线 ·········· 142
    四　志费尼的《世界征服者史》 ·········· 148
    五　拉施特的《史集》 ·········· 154
    六　伊本·白图泰的东方游记 ·········· 158

第七章　宋元文献记载的丝绸之路 ·········· 163
    一　周去非的《岭外代答》 ·········· 163

二	赵汝适的《诸蕃志》	166
三	耶律楚材的西域诗与《西游录》	169
四	丘处机与《长春真人西游记》	172
五	《常德西使记》	176
六	周达观的《真腊风土记》	178
七	汪大渊的《岛夷志略》	180
八	陈大震的《大德南海志》	186

第八章 欧洲旅行家记载的丝绸之路 189
一	柏朗嘉宾出使蒙古	189
二	鲁布鲁克出使蒙古	196
三	《海屯行纪》及海屯和尚的记述	202
四	《马可·波罗游记》记载的丝绸之路	205
五	孟高维诺的传教活动	215
六	马黎诺里在中国的游历	219
七	鄂多立克的东方游记	221

第九章 明代记载的丝绸之路 225
一	傅安与《西游胜览诗卷》	225
二	陈诚《使西域记》	229
三	郑和下西洋"三书"	233
四	《郑和航海图》	242
五	严从简的《殊域周咨录》	247
六	张燮的《东西洋考》	249

第十章 明前期西方人记述的东西交通 254
一	《克拉维约东使记》	254
二	《沙哈鲁遣使中国记》	256
三	阿克巴尔的《中国纪行》	261

四　利玛窦关于丝绸之路的考辨 ·················· 267

第十一章　俄罗斯记载的东方之路 ·················· 275
　　一　俄罗斯对东方之路的发现 ·················· 275
　　二　米列斯库的中国之行 ·················· 278
　　三　朗格与贝尔的中国之行及其记录 ·················· 283

第十二章　清人记载的俄罗斯之路 ·················· 286
　　一　图理琛的《异域录》 ·················· 286
　　二　何秋涛与《朔方备乘》 ·················· 287
　　三　缪佑孙的《俄游汇编》 ·················· 291
　　四　王之春与《使俄草》 ·················· 295

第十三章　丝绸之路的定名与考察 ·················· 301
　　一　李希霍芬为丝绸之路命名 ·················· 301
　　二　考古学家对丝绸之路的考察 ·················· 305
　　三　从陆上丝绸之路到海上丝绸之路 ·················· 309

参考文献 ·················· 313

第一章　关于丝绸之路的早期传说

一　对西域的奇异想象

丝绸之路首先是通往西域之路。"西域"一词，最早见于《汉书·西域传》。匈奴早期在对"西域"地方的控制中具有优势地位，于是，有"匈奴西域"的方位代号，史称"皆在匈奴以西"。汉武帝时代与匈奴的实力对比扭转以后，汉帝国的"西域""厄以玉门、阳关"。英文中的"西域"，是英国考古学家斯坦因首先使用的。

一般说来，"西域"的所指有广狭两义。历史学家方豪说："汉之西域有广狭二义：广义西域，包括天山南北及葱岭以外中亚细亚、印度、高加索、黑海北部一带地方；狭义之西域，仅为今新疆天山南路之全部。"[①] 西汉时的西域是指今甘肃敦煌西玉门关、阳关以西，葱岭以东，昆仑山以北，巴尔喀什湖以南，即汉代西域都护府的辖地。《汉书·西域传》说：西域诸国"在匈奴之西，乌孙之南。南北有大山，中央有河……东则接汉，厄以玉门、阳关，西则限于葱岭"。此即现在的新疆南疆地区。

汉代以前，对于中原来说，西域是一个相当遥远和神秘的地方，人们对于西域的认识多基于神话传说和奇异的想象。在人们眼里，西域是一个现实与神

[①] 方豪：《中西交通史》上卷，上海：上海人民出版社2008年版，第54页。

话合一的神奇地方，那里充满着宝物、奇物，居住着异民与神仙。《尚书·禹贡》提及西域的黄河、弱水、积石山、鸟鼠山等地，出产球、琳、琅玕等玉石，居住着昆仑、析支、渠搜等百姓。同书《旅獒》篇记载西方远国贡献高四尺的大犬。

《山海经》是中国古代的一部奇书，记载了方国、山川、人物、神仙和神怪异兽等。《山海经》中"海内""海外""大荒"诸经所涉及的地理范围就是先秦时中国人想象中的"四海之内"和"天下"，即我们现在所说的"世界"。这些记载，反映了上古时代人们对地理空间的想象和认知。这其中有华夏族人生活的世界，也有属于"海外"的其他民族的世界。考古学家宿白指出："关于中西文化交流的我国古代文献，汉以前的记载除零散不集中的记载外，《山海经》和《穆天子传》是值得注意的两部书。"《山海经》中的记载，"现在看来并不都是荒诞，其中所记的西方、北方的传闻，可供我们考虑汉以前西方情况时参考"。①

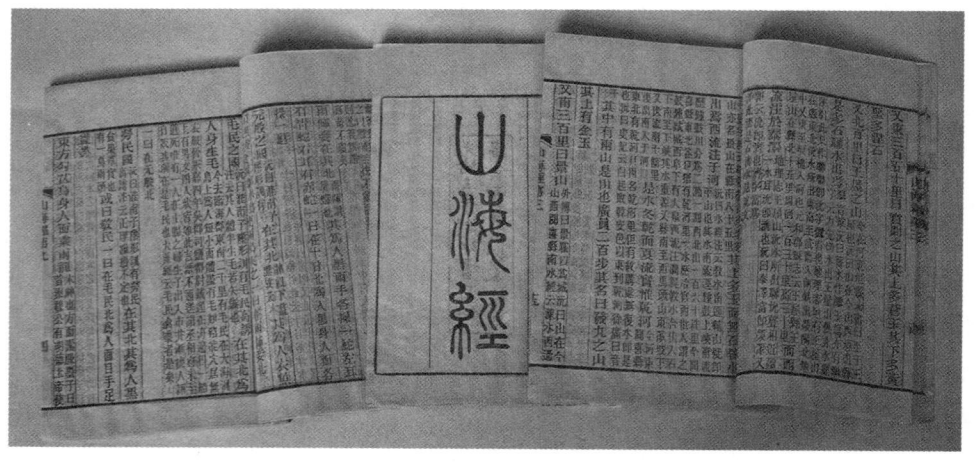

图1-1-1 《山海经》

《山海经》记载了西域神奇的国度、山川、人民、草木、矿产、禽兽、鱼虫、神仙。这些记载或者说想象都是很奇异的。那里的居民形貌多与常人有

---

① 宿白：《考古发现与中西文化交流》，北京：文物出版社2012年版，第117—118页。

第一章 关于丝绸之路的早期传说

别,其肢体器官,或残缺不全,或多于正常之数,一些人寿命可达千百岁。比如,三身国的人都长着一个脑袋三个身子。一臂国的人都是一条胳膊、一只眼睛、一个鼻孔。奇肱国的人都是一条胳膊和三只眼睛,眼睛分为阴阳而阴在上阳在下,骑着名叫吉良的马。骑上吉良马的人能长寿千岁。那里还有一种鸟,长着两个脑袋、红黄色的身子,栖息在奇肱国人的身旁。枭阳国的人的脸庞和身上的皮肤都是黑色的,身上长着长毛,脚趾朝后生长,走起路来健步如飞。枭阳国人生性残暴凶恶,喜欢吃人,嘴巴长得像狗。

《山海经》记载的禽兽多为人兽或兽兽复合体,生性怪异,或食人,或控制天气,或能预见治乱,或可抵御凶险不测。草木果实食之或可致疾,或可治病,或可去烦恼。西域昆仑山是天帝之下都,聚集了众神仙,有各种玉石、神兽、神树、不死药,还有通天柱与通天梯。钟山的山神名叫烛阴,他睁开眼睛便是白昼,闭上眼睛便是黑夜,一吹气便是寒冬,一呼气便是炎夏,不喝水,不吃食物,不呼吸,一呼吸就生成风,身子有一千里长。这位烛阴神在无启国的东面。他的形貌是人一样的面孔,蛇一样的身子,全身赤红色。他住在钟山脚下。

《山海经》描绘了一幅以华夏族为中心的世界图景:在这片广袤的大地上,中国九州位于世界的中央,大地的四方为大海环绕,四海之外是形形色色的殊族异类、奇鸟怪兽、神灵物怪所居住和栖息的荒蛮地带。大荒之外,则是渺茫不可知的天地之际,四时变换的风就从那里吹来,日夜流转、四时轮回的日月星辰也是在那里升起和降落。这幅世界图景就是那个时代人们想象的世界的样子。

早期人们对西域的奇异想象,最突出的是关于西王母的神话。《山海经》说:"王母之国在西荒。凡得道授书皆朝王母于昆仑之阙""西王母,其状如人,豹尾,虎齿而善啸,蓬发戴胜,司天之厉及五残"。

人们对来自异域的事物,对来自其他民族和国家的贡品,也赋予了许多奇异的故事。每个时代都有种种由外国贡献的神奇贡礼的传说。在早期的所谓地理博物小说中,大致上包含了三大内容:一曰殊方,即辽远的空间距离;二曰异民,即表现其形体、特性和习俗的怪异;三曰奇物,即或出于真实,或出于想象的各地的奇异物产。至《山海经》为止,对异域遐方的幻想达到了一个

典籍里的丝绸之路

空前的高度。

二 黄帝西巡的传说

在关于黄帝的传说中,有一些关于黄帝西巡的记载,也就是黄帝向西行进、开发,走通向西的路。

许多史籍中都提到黄帝西巡的事迹。《史记·五帝本纪》说:

> 东至于海,登丸山,及岱宗。西至于空桐①,登鸡头。南至于江,登熊、湘。北逐荤粥,合符釜山……

黄帝听说有个叫广成子的仙人住在崆峒山,就前去向他请教。《史记·五帝本纪》说黄帝"西至空桐,登鸡头"。传说广成子大仙曾经在此修道,黄帝几次上山问道。《庄子》亦称黄帝十九年,往见广成子于空桐。《庄子·在宥》说:"黄帝立为天子十九年,令行天下,闻广成子在于空同之山,故往见之。"据称空桐在肃州东南60里,鸡头即空桐别名,或大陇山异名。广成子见黄帝说:"自你治理天下后,云气不聚而雨,草木不枯则凋。日月光辉,越发缺荒了。而佞人之心得以成道,你哪里值得我和你谈论至道呢?"黄帝回来后,就不再理问政事。他自建了一个小屋,里边置上一张席子,一个人在那里反省了3个月,而后又到广成子那里去问道。当时广成子头朝南躺着,黄帝跪着膝行到他跟前,问他如何才得长生。广成子蹶然而起说:"此问甚好!"接着就告诉他至道之精要:"至道之精,窈窈冥冥,至道之极,昏昏默默。无视无听,抱神以静。形将自正,必静必清;无劳妆形,无摇妆精,方可长生。目无所见,耳无所闻,心无所知,如此,神形合一,方可长生。"说完,广成子给了他一卷《自然经》。

黄帝向广成子问道后,又登过王屋山,得取丹经。并向玄女、素女询问修

---

① 空桐,即崆峒山。在今甘肃省平凉市崆峒区西北。后文的"空同之山",指的也是崆峒山。

道养生之法。

中国古籍载黄帝西巡之行踪，还有昆仑。《山海经·海内西经》第十一说："海内昆仑之虚在西北，帝下之都"；《山海经·西山经》第二又说："昆仑之丘，实惟帝之下都。"周穆王西巡时，曾登上昆仑之丘，瞻仰黄帝行宫的遗迹。

还有黄帝使伶伦西之昆仑的传说。相传伶伦是黄帝时代的乐官，是发明律吕据以制乐的始祖。黄帝派伶伦去找竹子制作笛子。《史记》记载："黄帝使伶伦伐竹于昆溪、斩而作笛，吹作凤鸣。"《吕氏春秋·古乐篇》有"昔黄帝令伶伦作为律"的一段记载，说伶伦模拟自然界的凤鸟鸣声，选择内腔和腔壁生长匀称的竹管，制作了十二律，暗示着"雄鸣为六"，是6个阳律，"雌鸣亦六"，是6个阴吕。《吕氏春秋》记载伶伦是"自夏之西"，《汉书》说"大夏之西，昆仑之阴""阮隃之阴"，都是说伶伦到了西方的昆仑地方，"阮隃"就是昆仑。伶伦在那里取竹制笛，听凤鸣制十二律。

西部地区与黄帝有关的，还有"扶伏"一名，见《太平御览》卷七九八所引《元中记》，说黄帝之臣茄丰犯了罪，被流放到玉门关外二万五千里。他爬着去了流放地，所以他的后代就被称为"扶伏民"。

古代传说中还有西域人来华的记载。《山海经·卷七·海外西经》说："长股之国在雄常北，被发，一曰长脚。"历史学家张星烺说："长股在黑水之河，亦中央亚细亚民族也。"①《拾遗记》卷一记载，颛顼时——

> 溟海之北，有勃鞮之国。人皆衣羽毛，无翼而飞，日中无影，寿千岁。食以黑河水藻，饮以阴山桂脂。凭风而翔，乘波而至。中国气暄，羽毛之衣，稍稍自落。帝乃更以文豹为饰。献黑玉之环，色如淳漆。贡玄驹千匹。帝以驾铁轮，骋劳殊乡绝域。其人依风泛黑河以旋其国也。

同书同卷还记载，帝喾时——

---

① 张星烺：《中西交通史料汇编》第1册，北京：中华书局2003年版，第18页。

有丹丘之国，献玛碯瓮，以盛甘露。帝德所洽，被于殊方，以露充于厨也。玛碯，石类也，南方者为之胜。今善别马者，死则破其脑视之。其色如血者，则日行万里，能腾空飞；脑色黄者，日行千里；脑色青者，嘶闻数百里；脑色黑者，入水毛鬣不濡，日行五百里；脑色白者，多力而怒。今为器多用赤色，若是人工所制者，多不成器，亦殊朴拙。其国人听马鸣则别其脑色。丹丘之地，有夜叉驹跋之鬼，能以赤马脑为瓶、盂及乐器，皆精妙轻丽。中国人有用者，则魑魅不能逢之。

这两处记载说，颛顼时，有"勃鞮之国""献黑玉之环""贡玄驹千匹"；帝喾时，有"丹丘之国，献玛碯瓮，以盛甘露"。说的是有域外国家前来通使入贡，建立了直接的联系。

尧舜时期与域外的联系就更多了。如古史所记尧舜，西汉文学家贾谊《新书·修政语上》说："是故尧教化及雕题蜀、越，抚交趾，身涉流沙，地封独山，西见王母，训及大夏、渠叟。"《史记·五帝本纪》说：帝舜"南抚交阯、北发，西戎、析枝、渠廋、氐、羌、北山戎、发、息慎，东长、鸟夷"。西汉学者刘向《新序》亦说："（舜）立为天子，天下化之，蛮夷率服。北发渠搜，南抚交趾，莫不慕义，麟凤在郊。"

《竹书纪年》卷二记载，帝尧陶唐氏"十六年，渠搜氏来宾"。这个渠搜氏，先周时期的传说或记载，置渠搜于中原之西，《禹贡》对渠搜迳称为"西戎"。《隋书·西域传》说渠搜在中亚："钹汗国，都葱岭之西，古渠搜国也。"《太平御览》卷一六五引《凉土异物志》也说："古渠搜国，当大宛北界"。岑仲勉注意到渠搜是上古东迁的一个游牧部落。① 据历史学家马雍考证，渠搜意为"氍毹"，是一种毛织品的名称。② 渠搜可能是一个生产、使用或从事毛制品贸易的部落集团。在尧的时候，远在中亚的渠搜人就前来通使了。

在中国古典文献中，还记载尧将共工、谨兜、鲧、三苗分别流放到四夷，使他们改变四夷原有的风俗。《史记·五帝本纪》记载：

---

① 岑仲勉：《上古东迁的伊兰族——渠搜与北发》，《两周文史论丛》，北京：商务印书馆1958年版。
② 马雍：《新疆佉卢文书中的 kośava 即"氍毹"考——兼论"渠搜"古地名》，《中国民族古文字研究》，北京：中国社会科学出版社1984年版。

第一章 关于丝绸之路的早期传说

谨兜进言共工，尧曰不可而试之工师，共工果淫辟。四岳举鲧治鸿水，尧以为不可，岳强请试之，试之而无功，故百姓不便。三苗在江淮、荆州数为乱。于是舜归而言于帝，请流共工于幽陵，以变北狄；放谨兜于崇山，以变南蛮；迁三苗于三危，以变西戎；殛鲧于羽山，以变东夷。四罪而天下咸服。

舜时对外交往更多。刘向《新序》说："(舜) 立为天子，天下化之，蛮夷率服。北发渠搜，南抚交趾，莫不慕义，麟凤在郊。"《大戴礼记·少闲》说到大禹时代："舜崩，有禹代兴。禹卒受命，……民明教，通于四海，海之外肃慎、北发、渠搜、氐、羌来服。"四海与荒服，似皆以大概言之。在这个时候，来自东北的肃慎、北发，西北的渠搜、氐、羌等氏族，都与中原建立了直接的联系。

关于黄帝西至昆仑和崆峒以及尧舜等与西域的关系，大概是关于中国先民最早向西域方向联系的传说。历史学家张星烺指出："黄帝开国，四征不庭，西登昆仑之丘。此强盛时代也。后经少昊、颛顼、高辛三世之守成，而至尧、舜、禹三君，皆英主也。国势复振，疆土远拓。尧禹皆尝西游，见西王母。舜时，则西王母亲宾于天子。"①

三 周穆王西狩与《穆天子传》

周穆王"西狩"是早期丝绸之路上的重大事件。西周昭王、穆王两代，上承"成康之治"，号称盛世。当时周朝国力强大、声名远扬，中土与四方交往有所增加，联系更趋频繁。关于周穆王（前976—前922）之"西狩"，是一个我国古代著作多有提及、流传甚广的上古遗说，如《竹书纪年》周穆王条："穆王十七年，西征昆仑丘，见西王母。"《史记·卷五·秦本纪》《史记·卷四十三·赵世家》记造父以骏马骊骅骝骆献于穆王，穆王命造父驾车，西巡狩，得

---

① 张星烺：《中西交通史料汇编》第1册，北京：中华书局2003年版，第4页。

见西王母。"穆王以喜欢出游著称"①。《左传·昭公十二年》说:"昔穆王欲肆其心,周行天下,将皆必有车辙马迹焉。"似乎对穆王出巡一事颇有微词。

图1-3-1　[明]张居正《帝鉴图说》之《八骏巡游》,记周穆王巡游天下事

记穆王西巡狩事最详的是《穆天子传》一书,为国内外学者经常援引和考证的重要著作。学者们对《穆天子传》的真伪及地名、部落名有各种各样的考证,多数人认为其概述的地理记载与真实地理状况是相符的,"该书作者是根据当时熟悉这段路程的旅行家或商人的报告写下这个故事的"②。历史学家范文澜据穆王西巡故事推断,中国与西方早有通商之路,当时有玉石自西方而来,便是一个例证。范文澜说:"穆王是个大游历家,相传曾到过昆仑山西王母国。一个天子不会冒险远游,当是西方早有通商之路。"③

《穆天子传》一书中记周穆王绝流沙、征昆仑"周游四荒"的历程,凡殊

---

① 许倬云:《西周史》(增订本),北京:生活·读书·新知三联书店1994年版,第185页。
② 赵汝清:《从亚洲腹地到欧洲——丝路西段历史研究》,兰州:甘肃人民出版社2005年版,第82页。
③ 范文澜:《中国通史简编》第1编,北京:人民出版社1958年版,第145页。

第一章　关于丝绸之路的早期传说

方异域之山川地理、风习物产、人物传说，多有涉及；所记月日、里程、部落，往往具体翔实，斑斑可考。同时，书中又夹杂不少奇闻佚事、神话传说，富于文学色彩。此书于西晋武帝太康二年（281年）发现于河南汲县战国魏襄王墓中，有人疑其为晋人伪作，或谓西周史官所记，还有成书于春秋战国时代一说，近人论证此书成书当在战国前期，为赵国人所作，似更可信。《穆天子传》虽是小说家言，不是信史，但对于了解西周与西域的交通往来和穆王西狩之传说仍具有珍贵的价值。

穆王西征前后有两次。当时，位于西域地方的犬戎部族势力扩张，不肯臣服，阻碍了周朝和西北方国部落的来往。穆王十二年（前965年），周穆王率六师之众，西征犬戎。第二次是穆王十七年（前960年），穆王向西巡游，经河宗氏、赤乌氏、容成氏、哪韩氏等20余个域外邦国部落，最后抵西王母之邦，受到西王母隆重的接待。据《穆天子传》记载，周穆王率大队人马出发时，曾"大朝于宗周之庙"，并计算西行的里数。"自宗周瀍水以西，至于河宗之邦、阳纡之山，三千有四百里。"这里的宗周，指的是洛阳。

关于周穆王西行的路线，《穆天子传》卷一说：

戊寅，天子北征，乃绝漳水……至于钘山之下……北循虖沱之阳……乃绝隃之关隥……至于焉居、禺知之平……鹜行，至于阳纡之山……饮于枝洔之中，积石之南河。

据历史学家岑仲勉的考订，这第一段路线大体如下：自长安出发，过秦、汉之长水（漳水），历华亭西北（钘山）、泾水正流（虖沱）、固原南部（隃）、武威以东地区（焉居）、武威、张掖地区（禺知），而至于张掖河流域（阳纡）、居延附近（积石）。① 周穆王达到居延一带后，稍事休憩，即折向西行，入新疆境，至塔里木河流域。《穆天子传》卷二说：

戊午，鄗□之人居虑，献酒百□于天子。天子已饮而行，遂宿于昆

---

① 岑仲勉：《〈穆天子传〉西征地理概测》，《中山大学学报》1957年2期。

— 9 —

典籍里的丝绸之路

仑之阿，赤水之阳。……吉日辛酉，天子升于昆仑之丘。……甲戌，至于赤乌。……甲申，至于黑水……癸巳，至于群玉之山……丙午，至于韩氏……癸亥，至于西王母之邦。

岑仲勉认为居虑即鄯善东南之居卢，昆仑指于阗南山，赤水为于阗河，赤乌氏为现时之塔什库尔干，黑水即叶尔羌东源之听杂阿布河，群玉山在叶尔羌西南之密尔岱山，韩氏为塔什干东北之奇姆肯特。[①] 据此，知周穆王绕塔克拉玛干沙漠南缘，过葱岭，经塔什干，进入中亚西王母之邦。周穆王抵西王母之邦后，再北行有"大旷原"，张星烺和岑仲勉等以为即吉尔吉斯旷野，那是周穆王西巡的终点。

周穆王西巡，为何要先北征？在汉武帝开河西走廊，建武威、张掖、酒泉、敦煌四郡之前，商旅难于直西而去，当抵至武威、张掖地区后，须先北上至居延，再折西而行。这条道路是确实存在的。从鄯善南下，绕塔克拉玛干沙漠，经于阗、叶尔羌，越葱岭进入中亚，这一段路线，是后世"丝绸之路"南道。周穆王去时走天山南路，归时走天山北路，和后来通西域的路线大体上是一致的。

穆王西狩往返经行各地和道里途程，《穆天子传》记载：

自宗周、瀍水以西，至于河宗之邦、阳纡之山，三千有四百里。自阳纡西，至于西夏氏，二千又五百里。自西夏至于珠余氏及河首，千又五百里。自河首、襄山以西，南至于舂山、朱泽、昆仑之丘，七百里。自舂山以西，至于赤乌氏、舂山，三百里；东北还至于群玉之山，截舂山以北，自群玉之山以西，至于西王母之邦，三千里。□自西王母之邦，北至于旷原之野，飞鸟之所解其羽，千有九百里。□宗周至于西北大旷原，万四千里。乃还，东南复至于阳纡七千里，还归于周，三千里。各行兼数，三万有五千里。

---

① 岑仲勉：《〈穆天子传〉西征地理概测》，《中山大学学报》1957年2期。

第一章 关于丝绸之路的早期传说

按照《穆天子传》的记载，周穆王西狩，所经历的路线大体上是由中原向北，到达蒙古高原，然后向西，与希腊人所知的斯基泰人黄金毛皮路相衔接。这就是说，《穆天子传》所记述的是从东往西的草原之路，阿里斯泰的《阿里玛斯波伊人》记载的是从西往东的草原之路。这样一来，草原之路的整体面貌就比较清楚了。周穆王的事迹是在公元前10世纪，这也就是卡拉苏克文化时期；阿里斯泰的东行是在公元前7世纪，从大的历史时段来看，都属于同一个文明初曙的历史阶段。

《穆天子传》记穆天子西征，历域外部族20余个，所到之所，各部族都友好接待，无不贡献方物特产，穆王也莫不一一赏赐中原物品，进行了大规模的物质文化交流活动。《穆天子传》所记中原与西域交换的产品，与后世两汉同西域的商品交换品种基本上相同，在数量上也约略相当。

周穆王西行，最重要的就是要去见西王母。《穆天子传》说从群玉之山到西王母之邦，相距3000里。所谓群玉之山，似指昆仑山北麓，这里从东而西都是产玉之地，有于阗、墨玉、皮山、叶城、莎车等。在《穆天子传》中，西王母则被描绘成一位半神半人的多情女子，为一位雍容平和、能歌善舞的女王。西王母与穆王诗文唱和，情意绵绵，二人在昆仑山瑶池共饮"琼浆玉液"，使穆王"乐之忘归"。

"穆王西狩"是中西交通史和文化交流史上具有重大意义的事件，是一次前所未有的远距离的交往和交流活动。在丝绸之路的历史上，周穆王是第一位留下名字的人物，并且是以帝王身份出现的。这似乎预示着，丝绸之路很早就纳入中原王朝的视野，经略丝绸之路成为中原王朝长期的国家战略之一。

第二章 汉代丝绸之路的记载

一 张骞关于西域交通的报告

在丝绸之路的历史上，张骞出使西域是一个具有关键性的重大事件。中国与西域早有交通往来。但作为正式的往来关系，一般认为是从张骞通使西域开始的。张骞通西域，古史说"凿空"，谓自张骞通西域始正式开通了丝绸之路。《史记》记载了张骞通西域后，"于是西北国始通于汉矣，然张骞凿空"。司马贞《史记索隐》注说："谓西域险厄，本无道路，今凿空而通之也。"此后，"历朝对于经营西域，皆有所贡献"[①]。

张骞从汉建元三年（前138年）出发，到元朔三年（前126年）回到长安，经历了十三年，其间被匈奴人羁押了十年多。张骞一行的主要使命是去寻找大月氏，他们只知道大月氏去了西域，但并不清楚究竟迁到什么地方，所以张骞一行完全是向着一个未知的地方、一个未知的目标行进。

在匈奴的十多年留居，使张骞等人详细了解了通往西域的道路，他们从匈奴人那里逃出来后，穿过了匈奴人的控制区，取道车师国，进入焉耆，又从焉耆溯塔里木河西行，经过龟兹、疏勒等地，翻过葱岭，兼程西行，风餐露宿，备尝艰辛。经过几十天的长途跋涉，最后到了位于帕米尔西麓的中亚大国大

---

① 方豪：《中西交通史》上卷，上海：上海人民出版社2008年版，第73页。

第二章 汉代丝绸之路的记载

宛，也就是今乌兹别克斯坦费尔干纳盆地。张骞一行在大宛稍事休息之后，便在大宛向导的陪同下，来到了大宛的邻国康居。康居位于锡尔河流域，拥有现在新疆北境以及中亚部分地区。汉元光六年（前129年），张骞一行抵达大月氏。元朔元年（前128年），张骞为了避开匈奴人，改从南道东归。他们翻过葱岭，沿昆仑山北麓而行，经莎车、于阗、鄯善等地，进入羌人居住地区，最后回到长安。

作为汉朝的官方使节，张骞实地考察了东西交通要道，是中国官方开拓通往西域道路的第一人。张骞之"凿空"，意味着东西交通大干线丝绸之路的正式开辟。方豪指出："张骞出使西域，号曰凿空，为中外关系史上空前大事，兹略言其与中西交通史直接有关者，盖在海道未通前，无论中国文明西传，或西方文明东传，均非先经西域不可也。"①

张骞从西域归国后，带回了有关西域诸国的许多见闻，使中国人第一次系统地了解了西域诸国。他向汉武帝详细报告了在西域的亲身经历和所见所闻。《史记·大宛列传》记载了张骞的报告，内容涉及这些地区和国家的地理方位、道路里程、人口、物产、习俗、城市、政治、军事等诸多方面。这是中国史籍对西域各国详细的、较全面的、真实的首次记录。英国科学家李约瑟认为："可以肯定，司马迁能够看到张骞的出使报告。这一报告后来似乎成为单独的著作，例如《隋书·经籍志》之列有《张骞出关志》一书，《古今注》（约写于300年）的作者引用该书比引用《史记》为详。另外一本书《海外异物记》后来也被认为是张骞所作。这两种书后来都已散佚。"②

在张骞出使之前，中国对于西域各国的情况，或了解得很模糊，或完全不了解。而《史记·大宛列传》则是中国人对西域第一次完整的认知体系，大大开拓了地理概念，使中国人较清楚地知道了中亚的草原和沙漠，中亚庞大的山系——天山和帕米尔高原，发源于这些山脉的中亚巨大河流——注入西海（咸海或里海）的锡尔河和阿姆河，以及流入罗布泊的塔里木河。

张骞西使亲临的国家有大宛、大月氏、大夏和康居，传闻的国家是乌孙、

---

① 方豪：《中西交通史》上卷，上海：上海人民出版社2008年版，第54页。
② ［英］李约瑟：《中国科学技术史》第1卷，袁翰青译《导论》，北京：科学出版社1990年版，第181页。

典籍里的丝绸之路

奄蔡、安息、条支、黎轩和身毒。安息的西面条支"位置在地中海（西海），沿小亚细亚、腓尼基到巴基斯坦的海岸"①。西南面黎轩"是指亚历山大生前建立的亚历山大帝国的本部地区，尤其是指伊朗高原以西的大片土地"。"因此，黎轩可以看作是中国最早明确指称欧洲的一个名词。"② 在安息东南方是身毒即印度，在安息北自黑海北面，经里海、咸海往东，直至楚河、伊犁河流域，活动着游牧部落奄蔡、康居和乌孙。当时康居领有泽拉夫善河流域。在安息东方，大月氏征服了大夏，大月氏或大夏东北是大宛国。以上十国，张骞在归国后向汉武帝提出的报告中有详略不等的描述。《史记·大宛列传》首先以汉人所熟知的匈奴定位了大宛的地理位置，记载说：

> 大宛在匈奴西南，在汉正西，去汉可万里。其俗土著，耕田，田稻麦。有蒲陶酒。多善马，马汗血，其先天马子也。有城郭屋室。其属邑大小七十余城，众可数十万。其兵弓矛骑射。其北则康居，西则大月氏，西南则大夏，东北则乌孙，东则扜罙、于阗。于阗之西，则水皆西流，注西海。其东水东流，注盐泽。盐泽潜行地下，其南则河源出焉。多玉石，河注中国。而楼兰、姑师邑有城郭，临盐泽。盐泽去长安可五千里。匈奴右方居盐泽以东，至陇西长城，南接羌，鬲汉道焉。
>
> 乌孙在大宛东北可二千里，行国，随畜，与匈奴同俗。控弦者数万，敢战。故服匈奴，及盛，取其羁属，不肯往朝会焉。
>
> 康居在大宛西北可二千里，行国，与月氏大同俗。控弦者八九万人。与大宛邻国。国小，南羁事月氏，东羁事匈奴。
>
> 奄蔡在康居西北可二千里，行国，与康居大同俗。控弦者十余万。临大泽，无崖，盖乃北海云。
>
> 大月氏在大宛西可二三千里，居妫水北。其南则大夏，西则安息，北则康居。行国也，随畜移徙，与匈奴同俗。控弦者可一二十万。故时强，轻匈奴，及冒顿立，攻破月氏，至匈奴老上单于，杀月氏王，以其头为饮

---

① 沈福伟：《中国与欧洲文明》，太原：山西教育出版社2018年版，第79页。
② 沈福伟：《中国与欧洲文明》，太原：山西教育出版社2018年版，第78页。

第二章　汉代丝绸之路的记载

器。始月氏居敦煌、祁连间，及为匈奴所败，乃远去，过宛，西击大夏而臣之，遂都妫水北，为王庭。其余小众不能去者，保南山羌，号小月氏。

安息在大月氏西可数千里。其俗土著，耕田，田稻麦，蒲陶酒。城邑如大宛。其属小大数百城，地方数千里，最为大国。临妫水，有市，民商贾用车及船，行旁国或数千里。以银为钱，钱如其王面，王死辄更钱，效王面焉。画革旁行以为书记。其西则条枝，北有奄蔡、黎轩。

条枝在安息西数千里，临西海。暑湿。耕田，田稻。有大鸟，卵如甕。人众甚多，往往有小君长，而安息役属之，以为外国。国善眩。安息长老传闻条枝有弱水、西王母，而未尝见。

大夏在大宛西南二千余里妫水南。其俗土著，有城屋，与大宛同俗。无大长，往往城邑置小长。其兵弱，畏战。善贾市。及大月氏西徙，攻败之，皆臣畜大夏。大夏民多，可百余万。其都曰蓝市城，有市贩贾诸物。其东南有身毒国。

张骞向武帝的报告，大体上分为三个部分：一是见闻，一是传闻，一是评估。见闻的部分是他到达的地方，即大宛、大月氏、大夏、康居，其中还包括他所经行的今南疆绿洲小国。传闻的部分，大国五六，如奄蔡、安息、条枝、乌孙、黎轩和身毒等，其中还包括今印度河流域而下的中国境内西南夷各部。张骞上述报告中介绍了西域诸国的地理位置，以大宛为中心，描述了一幅非常直观的西域地理方位图，使人们可以掌握汉代时西域各国的大体分布情况。

这些国家的人种谱系、地域变迁是一个非常复杂的概念。从民族和人种学上来讲，一般认为大宛、大月氏、大夏、康居、乌孙以及奄蔡可能均和阿卡美尼朝波斯大流士贝希斯登铭文所见的萨迦人（或称为塞种人）有关，上述国家是它的4个部落或部族。它们于公元前7世纪出现在今伊犁河、楚河流域，公元前6世纪向西扩张到锡尔河流域。公元前177年左右，大月氏西迁，逐走萨迦人。萨迦人的一部分南下，散居今帕米尔各地，后向东进入塔里木盆地诸绿洲。大部分萨迦人渡锡尔河南下，一支进入费尔干纳盆地，一支进入巴克特里亚，后者灭亡了希腊人的巴克特里亚王朝。他们各自建立的政权，张骞分别称之为大宛和大夏。另一支萨迦人则顺锡尔河而下，迁往今咸海和里海沿岸，

典籍里的丝绸之路

张骞称之为奄蔡,而将留在锡尔河北岸的萨迦人称为康居。前130年,乌孙人在匈奴的支援下,远征大月氏,夺取了伊犁河与楚河流域,大月氏人再次西迁,到达阿姆河流域,击败大夏,占领大夏的地域。

张骞向武帝提供的报告中说到的国家主要在葱岭,即今帕米尔高原以西。他把当时葱岭以西的国家分为两类:一类行国,即游牧民族,兵强;一类土著,土著耕田,有城郭居室。例如:康居、大月氏、乌孙和奄蔡,是典型的行国,即骑马游牧国家;其余的六国,大宛、大夏、安息、条枝、黎轩和身毒则是典型的土著农耕国家。

据此,西域地志在这个时候已经是非常完整和清晰的了。此外,张骞还记载了西域诸国区别于汉朝的一些特有物产和习俗。如物产方面,大宛有"葡萄酒""汗血马";安息有"葡萄酒";条支有"大鸟"即鸵鸟;身毒有"象"。司马迁除了对西域诸国的习俗进行了总体概括,还对一些特殊的习俗进行了记载:"故时强,轻匈奴,及冒顿立,攻破月氏,至匈奴老上单于,杀月氏王,以其头为饮器。"此记载即与希罗多德《历史》中所载的斯基泰人的习俗相类似。另外,《史记·大宛列传》中还提到了条支"国善眩"("眩"即魔术),身毒"乘象",大夏"善贾市",等等。

张骞在考察报告中介绍了西域各国的地理环境以及物产、人口、风俗和军事等方面的情况,介绍了当时的国际关系特别是诸国与汉朝的关系,向汉武帝提出了经营西域的策略。张骞还了解到西域诸国发展与中国贸易关系的愿望和对中国物产的喜爱,使汉朝知道与中亚、西亚各国交通往来,不仅在军事上极有意义,而且在经济上也会对汉朝产生很多效益。张骞的报告受到汉武帝的高度重视,使汉武帝大大增强了向西域开拓的决心。《史记·大宛列传》说:

> 天子既闻大宛及大夏、安息之属皆大国,多奇物,土著,颇与中国同业,而兵弱,贵汉财物;其北有大月氏、康居之属,兵强,可以赂遗设利朝也。诚得而以义属之,则广地万里,重九译,致殊俗,威德遍于四海。

第二章　汉代丝绸之路的记载

载于《史记·大宛列传》的张骞上述报告，绝大部分被转录入《汉书·西域传》。

张骞出使西域时，在大夏看到中国邛山（今四川荥经西）的竹杖和蜀地的细布在市场上出售，很觉奇怪。一问商人，得知是从身毒买来的。身毒在大夏东南数千里，那里的士兵骑象打仗，临近大海。大夏国远离汉朝一万余里，位于中国的西北方，而身毒国又位于大夏国东南几千里，竟有蜀地产物，可见离蜀地不远。由此可以得知，至迟在公元前2世纪时，中国四川的物产已经输入印度，并且从印度运到大夏。可见中国和印度的交通当时已经有了一定程度的发展，蜀贾人到滇越、夜郎与北至长安，其足迹已经很远了。张骞事实上已清楚地知道，在四川和印度之间，通过云南和缅甸或阿萨密有一条商路。张骞估计从蜀走身毒到大夏，必是快捷方式，又可免匈奴的阻击。据此，张骞向汉武帝建议，遣使南下，从蜀往西南行，另辟一条直通身毒和中亚诸国的路线，以避开通过羌人和匈奴地区的危险。

张骞出使西域带回来的有关西域的文化信息，大大开阔了中国人的眼界，给当时的中国人很大的刺激，如同后来的哥伦布发现新大陆吸引了无数欧洲人前往一样，西域开拓了中国人的视野，对中国人产生了极大的吸引力，使汉代的中国人也开始注视西方，知道西域天地广阔，国家众多，物产新奇，民情殊异。西域奇特的风俗人情、丰富的物产，对汉人是极大的诱惑。

汉元狩四年（前119年），即距张骞第一次出使归国后七年，武帝再派张骞出使西域。张骞第二次赴西域的直接目的是联络乌孙以共抗匈奴。乌孙是原住在甘肃河西一带的游牧民族，曾服属匈奴，后向西迁移至天山以北，摆脱了匈奴控制，为此匈奴曾发兵讨伐乌孙。张骞此次出使一路通行无阻。他率300多人的庞大使团，经数十天行程，顺利地经敦煌到楼兰，再经塔里木河西行至龟兹，然后北上到达位于伊犁河谷的乌孙王都赤谷城（今吉尔吉斯斯坦伊塞克湖东南）。张骞回国时，乌孙王派遣数十名使臣随行赴长安。张骞在乌孙时，还分别派遣副使到大宛、康居、大月氏、大夏、安息、身毒、于阗、扜弥（策勒）及其邻近国家。他们归国时也带回了许多所到国家的使者。"于是，西北国始通于汉矣"。西域许多国家都和汉朝有了正式外交往来。《史记·大

— 17 —

典籍里的丝绸之路

宛列传》说：

> 而汉始筑令居以西，初置酒泉郡以通西北国。因益发使抵安息、奄蔡、黎轩、条枝、身毒国。……使者相望于道。诸使外国一辈大者数百，少者百余人。人所赍操大放博望侯时。其后益习而衰少焉。汉率一岁中使多者十余，少者五六辈，远者八九岁，近者数岁而反。……西北外国使，更来更去。

二 《汉书》记载的丝绸之路

张骞从西域回国后，给人们提供了关于西域的比较直接和具体的知识。在司马迁《史记》之后，中国史籍上不乏关于西域的记载，体现了那个时代人们对于西域的认知和阐述。《史记·大宛列传》《汉书·西域传》《后汉书·西域传》等，都是有关西域的传记。此外，各正史中还有其他有关的记述，如《汉书》中就有《武帝纪》《李广苏建传》《卫青霍去病传》《张骞李广利传》《赵充国辛庆忌传》《匈奴传》《地理志》等，都对西域地方的经济文化各方面情况有所记载。

这些正史"西域传"记述的出发点不是西域或西域诸国本身，而是从中原王朝经营西域的角度，是从中国人的眼光所看到的"西域"。《史记·大宛列传》所载西域诸国多在葱岭以西。这是因为张骞这次西使，"身所至者大宛、大月氏、大夏、康居"，以及"传闻其旁大国五六"，大多位于葱岭以西。

在司马迁之后，班固撰《汉书·西域传》转述了《史记·大宛列传》的大部分内容，并用很大的篇幅描述葱岭以西诸国。该传比较详细地记述了西汉时期天山以北的乌孙、车师，天山以南的鄯善、于阗、莎车、疏勒、龟兹、焉耆，帕米尔以西的大宛、康居、大月氏、安息、罽宾、乌戈等50余国的地理、历史、政治、经济、文化、军事、交通、风俗民情，但介绍最多的是葱岭以东

第二章 汉代丝绸之路的记载

的诸国。《汉书》记匈奴与西域事和《史记》有很大不同，叙述系统清楚、地理概念明确，出现了不少较深入的概括性的言论。这些不同，反映了《汉书》比《史记》深入。可以推知班固所掌握的有关匈奴的历史和地理的知识都比张骞丰富。《汉书》作者班固是班超的哥哥，班超在西域驻节期间，他们常有家信往还。在东汉经营西域、维护丝绸之路畅通方面，班超发挥了重要作用，建立了卓越的历史功绩。班超在西域和西汉时张骞"凿空"不同，他既长期驻扎在都护驻所，又时而领兵在塔里木盆地南北征讨，了解西域诸地情况并进行各方面的军事、政治上的联系，是他经常性的工作，所以班超对西域的了解比张骞深入、广泛得多。因此，《汉书》中有关匈奴、西域的资料，虽然写的时间晚些，但远比《史记》更为有用。《汉书·西域传》记载：

> 西域以孝武时始通，本三十六国，其后稍分至五十余，皆在匈奴之西，乌孙之南。南北有大山，中央有河，东西六千余里，南北千余里。东则接汉，阸以玉门、阳关，西则限以葱岭。其南山，东出金城，与汉南山属焉。其河有两原：一出葱岭山，一出于阗。于阗在南山下，其河北流，与葱岭河合，东注蒲昌海。蒲昌海，一名盐泽者也，去玉门、阳关三百余里，广袤三百里。其水亭居，冬夏不增减，皆以为潜行地下，南出于积石，为中国河云。

还说：

> 西域诸国，各有君长，兵众分弱，无所统一，虽属匈奴，不相亲附。匈奴能得其马畜旃罽，而不能统率与之进退。与汉隔绝，道里又远，得之不为益，弃之不为损，盛德在我，无取于彼。

《汉书》中记载西域诸国，重点在葱岭以东，考这些国家的地理位置，大部分在今我国新疆境内。此外，还有大宛、安息、大月氏、康居、浩罕、坎巨提、吉宾、乌弋山离等十几个西域小国，在今中亚及阿富汗、印度等国境内。葱岭以西诸国中，尤以安息和大秦最受重视。

典籍里的丝绸之路

中原与西域丝绸之路交通的兴盛，使人们对西域地理分区的熟悉程度进一步发展。《汉书·西域传》以通西域的南、北两道记叙其沿线各国情况。这种分道叙述交通沿线各地地理情况的方法，已具有一定的地域观念。

丝绸之路可以根据地理上和政治上的状况，从东向西划分为东段、中段和西段。西段从欧洲往东，到中亚地区，在亚历山大东征的时候已经走通。东段从长安出发，经河西走廊的武威、张掖、酒泉、安西到敦煌，敦煌郡龙勒县有玉门关和阳关，这一段一直是中国中原王朝传统的控制地区，交通道路通畅。所谓张骞的"凿空"，实际上是走通了"中段"的这一部分，即出玉门关和阳关往西，到帕米尔和巴尔喀什湖以东以南地区。《汉书·西域传》记载：

> 自玉门、阳关出西域有两道：从鄯善傍南山北，波河西行至莎车，为南道；南道西逾葱岭则出大月氏、安息。自车师前王廷随北山，波河西行至疏勒，为北道；北道西逾葱岭则出大宛、康居、奄蔡焉。

班固提供的由玉门关和阳关出西域的路线，说的就是丝绸之路的中段，是丝绸之路的南北二道。丝绸之路的中段这一部分，即通常所说的"西域"地方，茫茫戈壁之间，分散着许多绿洲国家，是丝绸贸易带动了这些绿洲国家的繁荣和发展。

《汉书》基本按照从东到西的原则，依次叙述每个国家的情况。首先是国名、都城、去阳关里数、去长安里数，然后是距西域都护府的里数，还有至紧邻国家的里数，如："鄯善国，本名楼兰，王治扜泥城，去阳关千六百里，去长安六千一百里。……西北去都护治所千七百八十五里，至山国千三百六十五里，西北至车师千八百九十里。"以下各国的记载基本一致。如果我们把这些东、西相距的里程联结起来，就基本上可以得出汉朝通往西域的各条道路的具体里程，也包括这些西域国家之间的交通路线，这也就是汉代的丝绸之路了。

1936年，我国学者贺昌群在《汉代以后中国人对于世界地理知识的演进》一文中指出，《史记·大宛列传》和《汉书·西域传》表明中国人对于玉门关

第二章 汉代丝绸之路的记载

阳关以西的世界，从西汉的"包括今撒马耳干及俄属土耳其斯坦，更进而西伯利亚、波斯、小亚细亚，以至印度"，到东汉更进而西面到了条支、了解了大秦（罗马共和国），而北面则知道了丁零与坚昆，到了贝加尔湖，东面则肯定与日本有了来往，日本九州发现的"汉委奴国王"金印已经证实了这一点。①

图 2-2-1 敦煌汉长城遗址

三 《后汉书》记载的丝绸之路

《后汉书·西域传》记载的西域交通是：

西域内属诸国，东西六千余里，南北千余里，东极玉门、阳关，西至

---

① 吴泽主编：《贺昌群史学论著选》，北京：中国社会科学出版社1985年版，第28—29页。

— 21 —

典籍里的丝绸之路

葱岭。其东北与匈奴、乌孙相接。南北有大山,中央有河。其南山东出金城,与汉南山属焉。其河有两源,一出葱岭东流,一出于阗南山下北流,与葱岭河合,东注蒲昌海。蒲昌海一名盐泽,去玉门三百余里。

自敦煌西出玉门、阳关,涉鄯善,北通伊吾千余里,自伊吾北通车师前部高昌壁千二百里,自高昌壁北通后部金满城五百里。此其西域之门户也,故戊己校尉更互屯焉。伊吾地宜五谷、桑麻、蒲萄。其北又有柳中,皆膏腴之地。故汉常与匈奴争车师、伊吾,以制西域焉。

《后汉书·西域传》所载"西域"的范围还超过了《汉书·西域传》所载,将意大利半岛和地中海东岸、北岸和南岸也包括在内了。这是两汉正史"西域传"所描述的"西域"中涉及范围最大的,以后各史"西域传"再也没有越出这一范围。《后汉书》的一部分资料来自班勇的记述。班勇在西域活动回到内地后,曾整理了他在西域的见闻,写出了文字材料。以班勇的出身、经历,他的记录是非常重要的。因此,《后汉书》这部分是值得珍视的。

班固的《汉书·西域传》所记西域最远的国家是安息。在《后汉书》中,大秦成为东汉社会所了解的最西方国家。

东汉和帝永元九年(97年),班超任西域都护、经略西域之时,派其属下甘英出使大秦。《后汉书·西域传》记载了甘英的这次出使经过:

(永元)九年,班超遣掾甘英穷临西海而还。皆前世所不至,《山经》所未详,莫不备其风土,传其珍怪焉。……和帝永元九年,都护班超遣甘英使大秦,抵条支。临大海欲渡,而安息西界船人谓英曰:"海水广大,往来者逢善风三月乃得渡,若遇迟风,亦有二岁者,故入海人皆赍三岁粮。海中善使人思土恋慕,数有死亡者。"英闻之乃止。

对于当时的人来说,这意味着西方世界的拓展。这一点《后汉书·西域传》在篇首和结尾部分都着重指出,正是甘英等人向西走得更远,所以这时获得罗马的知识要比之前更详细一些。甘英虽然没有到达原定的目的地,但他

第二章 汉代丝绸之路的记载

确实是中国第一位走得最远的使臣,也是最有成效的丝路使者。他亲自走过了丝绸之路的大半段路程,已经到达了与大秦国隔海相望的条支国。在此逗留期间,他调查了大秦国的种种情况,也了解到自安息从陆路去大秦国的路线,还了解到从条支南出波斯湾,绕阿拉伯半岛到罗马的航线。

《后汉书》以及关于魏晋南北朝诸史西域传中多包括大秦传,这些记载反映了公元1世纪到5世纪中国社会对于罗马帝国的了解和想象。

《后汉书·西域传》记载:永元十二年(100年),"于是远国蒙奇、兜勒皆来归服,遣使贡献"。同书《和帝纪》也记载了这件事:"冬十一月,西域蒙奇、兜勒二国遣使内附,赐其王金印紫绶"。有人认为蒙奇即 Macedonia,即"马其顿"的音译,是当时罗马帝国的一个行省;兜勒为地中海东岸城市 Tyle(推罗)的音译,为罗马东方行省的重要港口城市,在今黎巴嫩提尔城。①《后汉书·西域传》说到罗马欲与中国交通,但受到安息的阻隔;还说到安敦使团来华的事情。更重要的是记载了罗马的地理位置、道里行程、风土民俗、物产等方面的情况。以当时的历史知识来看,《后汉书》中关于罗马即大秦的记载已经很详细了,尽管这种了解是间接的。在这段记载中,已经知道从安息往西到海边,再渡海就能够到达罗马。这里所说的海,应该是指地中海。罗马以石头建筑城墙。罗马国王不固定是哪一个人,而是推举有能力的人担任。这可能是指罗马共和国时期的执政官制度。罗马有一种野蚕茧丝织的布。罗马使用金币和银币。罗马与安西、天竺在海上进行贸易。罗马的国王想与中国交往,但安息人为了垄断与中国的丝绸贸易,加以阻挠。

从《后汉书》等文献的记载来看,当时中国人已对罗马帝国的地理("从安息陆道绕海北行,出海西,至大秦")、政治、民俗等都略有所知,并认为"其人民皆长大平正,有类中国,故谓之大秦"。就当时的情况而言,这已经很不容易了,就如同当时罗马人对中国的初步知识,多得自传闻,似雾里看花一般。

我国南朝刘宋时期的历史学家范晔在记述大秦这个神奇的国度时似乎多有疑虑,他觉得"所生奇异玉石诸物,谲怪多不经,故不记云"。他在介绍了大

---

① 林梅村:《公元100年罗马商团的中国之行》,《中国社会科学》1991年第4期。

典籍里的丝绸之路

秦国的富饶、公正和宝货之后，也说明了这些记载的来源，"其所表贡，并无珍异，疑传者过焉"。显然，关于大秦的种种知识并非中国人亲眼所见，而是传闻。传闻而非亲见，这是《后汉书·大秦传》信息的基本特征，也可以说是公元1世纪到5世纪中国史料关于大秦记载的基本特征。

《后汉书·西域传》概括自西汉迄后汉400年间中西交通大势说：

> 汉世张骞怀致远之略，班超奋封侯之志，终能立功西遐，羁服外域。……立屯田于膏腴之野，列邮置于要害之路。驰命走驿，不绝于时月；商胡贩客，日款于塞下。

学术界对《后汉书·西域传》的记载十分重视。德国汉学家夏德（Friedrich Hirth，1845—1927）指出："《后汉书·西域传》共有587字，为明代以前中国文献对极西的国家——大秦的第一次记载。书中所记关于大秦国的位置、边界、首都、人民、物产、工艺的许多事实，且不说由后来历史所提供的任何附加的材料，如果不是有些研究这个问题的欧洲汉学家，不幸抱有偏见，本来就足够可以提供作为考定这个国家所在的基础。"[①]关于当时中国人对于西域地方以及其他地方的知识的来源，夏德作了一个假设，认为当时中国有一套了解外国知识的程序。他写道："历代正史关于亚洲西部及中部各国的记载，表现有某种统一性，对其中关于某些类的地理事实的描写，也有某种的规格。看来外国人来华或来华以前，须受到某种的盘问，用过一位译人或几位译人（重译）向他提出一系列同一的问题。例如，设有一个商人，由锡兰至安南，带有一懂得希腊语的锡兰译人同来（当时西商到印度各埠都以希腊语为贸易通用语），从这里，再携同一位谙熟锡兰语的安南人和另一位能操华语的人，前往长安（或西安府）；这几位译人在询问时可以担任传达翻译。所提出的问题，也许如下：（1）你国家的名字叫什么？（2）在什么地方？（3）距离多少里？（4）有多少城邑？（5）有多少属国？（6）都邑是怎样建造的？（7）都邑有多少居民？（8）你国家有什么物产？等等。最后，关于你的国家你还能

[①] ［德］夏德：《大秦国全录》，朱杰勤译，郑州：大象出版社2009年版，第2页。

告诉我们点什么？我认为这就是日历所载的来源，而我们现有《西域传》的记载，一定就以日历所记为根据。"①

法国学者让-诺埃尔·罗伯特（Jean-Noel Robert）则指出：《后汉书·西域传》"虽然成书较晚，内容却是关于先前历史的事实。作者在写有关166年罗马人使节来中国进行的一次著名的访问时提到了西方，他主要依据的是班勇将军递交皇帝的一份报告。……这份报告给我们展示的是2世纪初一个中国人对西方的看法，这份资料相当重要，因为当时中国对那些濒临'西方大海'，也就是地中海的国家表现出了极大的兴趣"。"我们通过《后汉书》中这些旅行者的报告，发现了一个不可忽视的事实，这就是要尽量反映客观和准确。至于其夸张之处，对于天子的朝臣们来说，在编写这类文献史时是不可避免的"。②

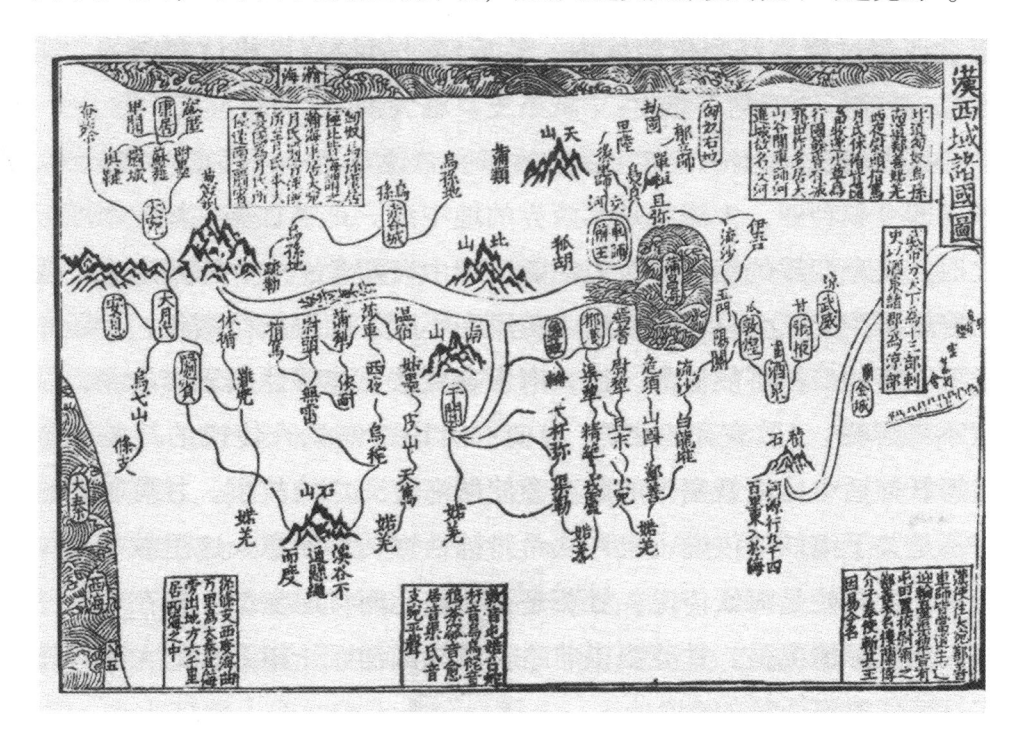

图2-3-1　南宋《汉西域诸国图》（首都图书馆藏）

---

① ［德］夏德：《大秦国全录》，朱杰勤译，郑州：大象出版社2009年版，第6页。
② ［法］让-诺埃尔·罗伯特：《从罗马到中国——恺撒大帝时代的丝绸之路》，马军、宋敏生译，桂林：广西师范大学出版社2005年版，第59、61页。

图 2-3-2　喀什附近的塔什库尔干石头城

图 2-3-3　新疆尼雅出土的"五星出东方利中国"锦护膊，
　　　　　汉晋时期（新疆维吾尔自治区博物馆藏）

四 汉代文学对西域的认知与想象

汉代通西域，大量传入西域文化，不仅极大地开阔了人们的视野，也激起人们对西域的奇异想象，全新的西域意象及神奇的西域艺术成为文人表现的兴趣。汉代人在现实的基础之上，融合大量传说、神话，加以夸饰、想象，描绘出一个奇异的西域世界，成为中原人士对异域想象的一个乌托邦。

汉代以前人们对于西域的认识多基于神话传说和奇异的想象。汉代开通西域后，揭开了人们重新认识西域的新纪元，正史中关于西域的记载、张骞的西域出使报告，体现了这一时期人们对于西域的比较客观的认知。人们通过这些同时代人的文献，知道了陆上最远处距汉有四万余里之遥，西域不少国家充满珍宝与奇异物产，并有让人匪夷所思的风俗，这极大改变了人们对世界的观念。

这时的人们对西域的了解还是相当有限的。然而，开通丝绸之路后，引起人们对其他远国异民的极度关注，对西域更充满了好奇和幻想。这一片土地更能给他们提供想象的基础与空间，将过去与现在、神话与现实贯通起来。

人们对于西域的奇异风俗、奇珍异宝和奇兽珍禽充满了好奇。张骞等使者所关注的对象，不是与汉朝相同的那些草木、畜产、五谷、果菜、食饮、宫室、市列、兵器、金珠，而是"有异乃记"。汉代上层人物对奇异之物更是表现出异乎寻常的兴趣。例如，汉武帝对西域诸国所献的大鸟卵及犁靬眩人兴奋不已。传为东方朔所著的《海内十洲记》[①] 中，记载了汉武帝听西王母说大海中有祖洲、瀛洲、玄洲、炎洲、长洲、元洲、流洲、生洲、凤麟洲、聚窟洲等十洲，便召见东方朔问十洲所有的异物，后附沧海岛、方丈洲、扶桑、蓬丘、昆仑五条。占有稀奇宝物是推动武帝开疆拓土的一个重要原因。东汉帝王们也

---

① 学者们对《十洲记》的成书时间意见不一，《四库全书总目》认为《十洲记》"盖六朝词人所依托"。

对西域充满了好奇心。《后汉书·列女传》记载说："每有贡献异物，（和帝）特诏大家（班昭）作赋颂。"

中外使者带到汉朝的及所记叙的新奇人物、艺术、宗教、传说等都会成为人们关注与表现的对象。这些关注和好奇也体现在当时的文学作品中，成为文学创作的一个想象的源泉，如汉代诗赋中出现大量的西域物象。西域物产往往又是富丽豪奢的象征。它们的名称常常成为以藻饰见长的辞赋、诗歌作者乐于称引的对象，通过对这些名物的铺陈与描绘，展示熠耀焜煌、光彩炜炜的繁艳风貌。乐府杂曲歌辞《蜨蝶行》中提到苜蓿，《陇西行》中出现西域的坐具氍毹。《乐府》里有"氍毹五木香，迷迭艾纳及都梁"，皆为来自西域的毛皮制品及奇花异草与香料。《羽林郎》叙述胡女独立经营酒店，其穿戴有鲜明的西域特色，浑身珠光宝气，"头上蓝田玉，耳后大秦珠""一鬟五百万，两鬟千万余"。朱穆《郁金赋》写郁金"邈其无双"的娇艳与"独弥日而久停"的芳香。祢衡《鹦鹉赋》以鸟自比，鹦鹉自西域而至，"性慧辩而能言兮，才聪明以识机"，迥出众鸟之上。蔡邕《伤胡栗赋》言胡栗"弥霜雪之不凋兮，当春夏而滋荣"，赞叹其傲霜斗雪的高洁品格。武帝宫中充斥着西域来的奇宝异物。《两都赋》中写上林苑中的殊方异类："其中乃有九真之麟，大宛之马，黄支之犀，条支之鸟。逾昆仑，越巨海。"汉代作品中又有西域伎艺的生动展示。张衡的《二京赋》全面展示了百戏的演出盛况。百戏中融入马戏、杂技、幻术等大量的西域元素。

在汉代文学对西域的描写中，除了对引进的西域物产和奇珍异兽的近乎夸张的描写外，还充满了想象、夸饰、虚构。那些从未到过西域的人，在别人记述与传闻的基础之上，与《山海经》等神话结合起来，进行更为大胆、虚幻的想象。如传为后汉郭宪所作的《汉武帝别国洞冥记》，共4卷60则故事，所叙"别国"，主要叙述西域及今中亚一带国家有关的神仙怪并传说、奇闻逸事、神山仙境、丹方灵药，以及异方风土物产等，珍稀奇异，功效神奇，极富想象力。所叙奇闻，可供了解这些地区和国家的民俗与传说。这些奇物有西王母乘坐的神马、大秦国献的善走的花蹄牛、能让人白发变黑的马肝石，以及许多听起来匪夷所思的事物。

汉代文学有关西域世界的建构，是汉代人描绘其他奇异国度及仙境的基础。西域的开通，激起的是人们对远方异域的关注热情，为地理博物小说的兴起提供了一个很好的契机。在汉魏六朝小说中，根据实有之物，夸大其功能，并与仙境、理想国的幻想结合起来，使这些物产具有了神话色彩。作者通过独特的视角把自己的情感、愿望投射于西域的商品与商人，各种传闻与想象源源不断地进入历史，从而重新建构了一个西域世界。

汉人在陆路上的交通，主要是西域方向，在海上主要是东方与南方。汉人对西域世界的建构，也推动了人们对远国夷民奇物的想象。他们把对西域的想象技巧，用于对各个方位神奇国度与异物的描绘上。例如，《海内十洲记》描写了东南西北四海中的十洲，虽仅有风麟洲、聚窟洲在西海，然对其他八洲的描写很明显受到了西域传说的影响，如炎洲的火浣布，又如流洲的割玉刀，皆本为西域特产，却被移到了其他地方。在其他故事中也有类似情况。

五 《汉书》记载的海上丝绸之路

我国有广阔的海岸线，中国人很早就开始海上的对外交通，逐渐在海上开辟出一条下南海、入印度洋而又通往西方的海上商路。至迟在公元前 2 世纪，我国丝绸等物产便已有从海路向外传播，并从海路引进国外丰富的物产。这条途经南海传播丝绸的海路，被称为"海上丝绸之路"。

秦汉之际我国已有可能与东南亚，甚或南亚地区建立了航海贸易关系。汉武帝时代，国力雄厚，武帝亲自七次巡海，鼓励海洋探险与交通活动。他在统一东南沿海、扫清沿海航路后，即利用雄厚的航海实力，大力开拓南海对外的交通与贸易活动，从日南、徐闻、合浦通往都元国、夫甘都卢国、黄支国、皮宗国、已程不国等地，扩大汉王朝与海外各国的政治、经济与文化联系。"在汉武帝时代，已经初步形成了东、南两条航线。南方的航线，主要是从岭南出发，面向南海诸国。东方的航线，从渤海湾周围地区出发，面向朝鲜半岛和日本。"[①]

---

① 陈高华、陈尚胜：《中国海外交通史》，北京：中国社会科学出版社 2017 年版，第 7 页。

典籍里的丝绸之路

西汉末杨雄《胶州箴》写到汉武帝时南海交通的开辟：

交州荒裔，水与天际。越裳是南，荒国之外。爰自开辟，不羁不绊。周公摄祚，白雉是献。昭王陵迟，周室是乱。越裳绝贡，荆楚逆叛。四国内侵，蚕食周宗。臻于季赧，遂以灭亡。大汉受命，中国兼该。南海之宇，圣武是恢。稍稍受羁，遂臻黄支。杭海三万，来牵其犀。

在班固所撰《汉书·地理志》中记载了一条通往印度洋的远洋航路，这是中国历史上记载的第一条印度洋远洋航路，是中国最早的完整的航海文献。这条航路的情况如下：

自日南障塞，徐闻、合浦船行可五月，有都元国，又船行可四月，有邑卢没国；又船行可二十余日，有谌离国；步行可十余日，有夫甘都卢国。自夫甘都卢国船行可二月余，有黄支国，民俗略与珠崖相类。其州广大，户口多，多异物，自武帝以来皆献见。有译长，属黄门，与应募者俱入海市明珠、璧流离、奇石异物，赍黄金杂缯而往。所至国皆禀食为耦，蛮夷贾船，转送致之。亦利交易，剽杀人，又苦逢风波溺死，不者数年来还。大珠至围二寸以下。平帝元始中，王莽辅政，欲耀威德，厚遗黄支王，令遣使献生犀牛。自黄支船行可八月，到皮宗；船行可二月，到日南、象林界云。黄支之南，有已程不国，汉之译使自此还矣。

上述记载中的一些古代地名，据现代学者考证，日南即今越南广治省，徐闻为今广东省徐闻县，合浦为今广西合浦县。都元国约在马来半岛东南部近新加坡海峡之处，汉船从南海启航，正如乘东北季风沿岸南航，在风向转换之时，再由此处穿马六甲海峡，顺西南季风北上；邑卢没国，约在今缅甸南部锡唐河入海口附近的勃固，汉船从新加坡海峡西北行4个月，一路基本上顺风或侧顺风；谌离国，约在今伊洛瓦底江中游沿岸，缅甸蒲甘城附近的悉利，为古代东西方交通要冲，汉船溯流顺风北上20余日可至该城；夫甘都卢国，约在今缅甸之太公城，即旧蒲甘城；黄支国，约为今印度半岛东岸马德拉斯附近的康契普腊姆，汉船从谌离国续航，稍北行即达孟加拉国湾北端，然后再乘换向而来的东北季风，顺印度半岛东岸南下，航行2月余即可达；已程不国，约为今斯里兰卡，即古代所谓"师子国"，是南亚、西亚海上贸易中心地区；皮宗约在今马六甲海峡东头水域中的香蕉岛（Pisang），为扼海峡口的要冲地区，汉船从已不程返航，先沿印度半岛东岸乘西南季风北上，然后乘东北季风沿孟加拉国湾东岸南下，而至马六甲海峡的皮宗岛，最后由此北上航行回国。这条往返南亚地区的汉使航程，属于一条沿岸渐进的印度洋远洋航路。① 概括地说，这条航线大致为：从雷州半岛乘船出发，船驶入南海（南中国海），沿海岸线行，经过越南、柬埔寨、泰国，入暹罗湾，到谌离靠岸登陆，步行到卑谬（夫甘都卢），又坐船沿伊落瓦底江而下，入于孟加拉国国湾，西行至印度南端的黄支，最后转到锡兰，从此回航。

我国学者陈高华和陈尚胜所著《中国海外交通史》指出："从这段记载可以看出：（一）在西汉时期，中国人对于南方航线所经历的地区，以及航行所需要的时间、距离，已有相当清晰的概念。这种概念的形成，只能是较长时间经验积累的结果，不是突然出现的。至少可以说，在西汉时期，南方航线上的活动是相当频繁的，而且是延续进行的。（二）从记载中开列的航行时间来看，当时海船从日南到谌离的航行速度是相当缓慢的，这主要应是沿海岸航行的缘故。自夫甘都卢到黄支，速度较快，可能与利用季候风有关。（三）汉朝政府派遣使者出海，主要是为了进行贸易活动。……（四）汉朝政府到海外贸易活动，受到海外地区居民的欢迎。……汉朝使者的航海，也是在海外地区居民、商船的支持下，才得以顺利进行的。（五）海外的国家'皆献见'，实际上是到中国来进行贸易活动。"②

当时中国的南洋航海已由朝廷遣黄门（皇帝的近侍内臣太监）执掌，并招募富有远洋航行经验的民间海员一起出航，说明民间的远洋航海活动必早于

---

① 孙光圻：《中国古代航海史》，北京：海洋出版社1989年版，第164—165页。
② 陈高华、陈尚胜：《中国海外交通史》，北京：中国社会科学出版社2017年版，第9页。

汉武帝时期。中国商人运送丝绸、瓷器经海路由马六甲经苏门答腊来到印度，并且采购香料、染料运回中国，印度商人再把丝绸等中国商品经过红海运往埃及的开罗港或经波斯湾进入两河流域到达安条克，再由希腊、罗马商人从埃及的亚历山大、加沙等港口经地中海海运运往罗马帝国的大小城邦。汉船在异域航行途中，"所至国皆禀食为耦"，受到热情接待，还时有外国航海者或使节参加进来，结伴同行，或者还可能有外国海船沿途护送，"蛮夷贾船，转送致之"。

《后汉书》记载，东汉安帝永宁元年（120年），大秦国幻人随掸国王雍由的使者来到中国。所谓"幻人"，即从事杂技艺术的表演者。秦汉时多有外国"幻人"来中国进行表演活动的记载。《后汉书》记述："能变化吐火，自支解，易牛马头。又善跳丸，数乃至千。自言我海西人。海西即大秦也，掸国西南通大秦。"这条记载明确记述来的"幻人"是罗马人，并且是随缅甸使团而来的。

东汉桓帝延熹九年（166年），有罗马遣使入华一事。这是中西文化交流史上的一个重大事件。《后汉书·西域传》记载：

> 至桓帝延熹九年，大秦王安敦遣使自日南徼外献象牙、犀角、玳瑁，始乃一通焉。

大秦使者自日南入华，说明他是由海道经印度、越南而来中国的。日南的卢容浦口，即现在顺化附近的大长沙海口，是当时中国南方的第一大港。大秦使者在卢容浦口登岸走陆路而至洛阳，所以引起中国朝廷的重视。其中提到的大秦王安敦，与当年在位的罗马皇帝马可·奥勒留·安东尼之名相符。他于161年继位，并在165年派罗马大将加西乌斯（Cassius）远征安息，一度攻占两河流域的塞琉西城。这种情况说明罗马当时与亚洲关系的密切，《后汉书》所记确有其历史背景。

第二章 汉代丝绸之路的记载

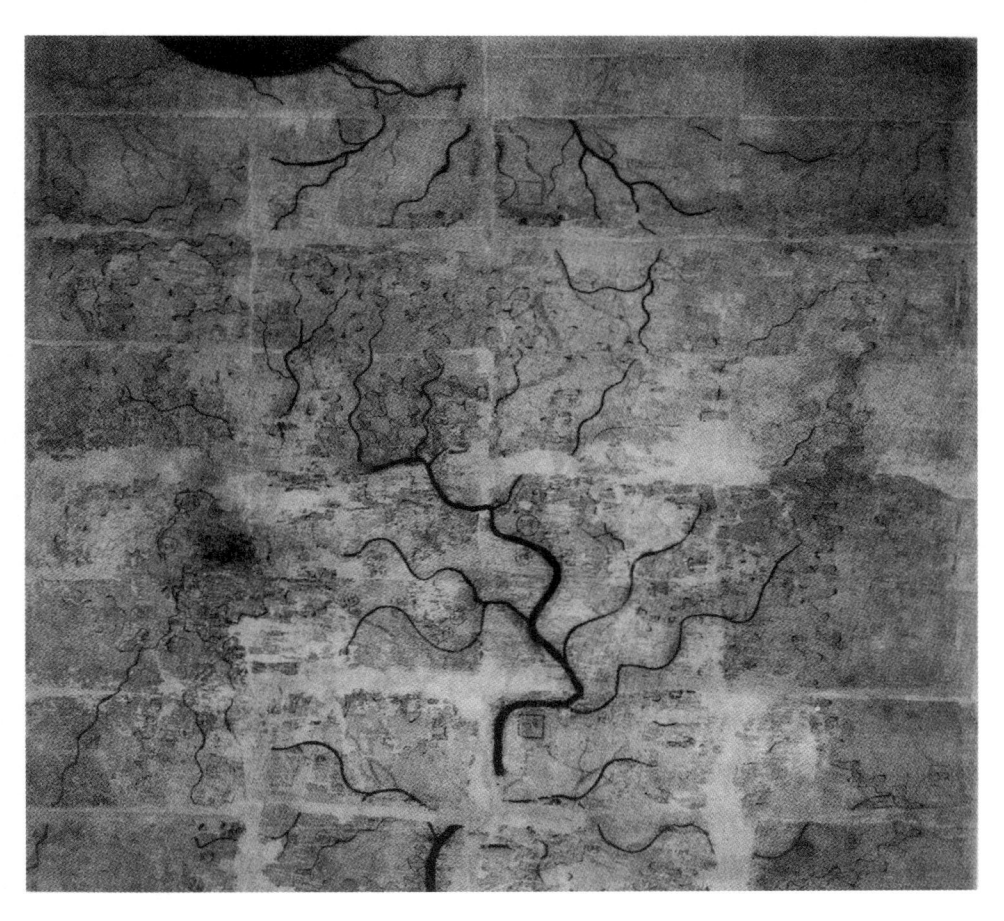

图2-5-1 湖南马王堆汉墓出土的帛画《地形图》，成图时间约在公元前168年以前。图的方位为上南下北，左东右西。在图的上部绘出了珠江入海口的南海湾，这是中国现存最早的绘有海岸线的地图（故宫博物院藏）

第三章　魏晋南北朝的丝绸之路记载

一　朱应、康泰的南洋报告

在南海海上丝绸之路形成的过程中，人们逐步增强了对海上航行及其航路的认识，形成了南海海上航行交通路线图。古代渔民在南海诸岛从事渔业生产的过程中，对那里的自然情况、岛礁位置、航行路线、渔场分布以及岛礁名称等情况进行了持续的记录。这种航海记录和航海图为远洋航行提供了极大的方便。

大约在赤乌七年至十四年（244—251），孙权派宣化从事朱应、中郎康泰出使扶南。"扶南"是古代中国人对位于今柬埔寨境内、朱笃和金边之间的湄公河沿岸的一个王国的称呼，是东南亚历史上第一个大国。朱应、康泰受到扶南王范寻的热情接待，他们还在扶南王宫廷里遇到了印度穆伦荼朝所派的使臣。朱应和康泰在扶南留居数年，探询通往大秦的海路。唐人姚思廉的《梁书·海南传》记载：

海南诸国，大抵在交州南及西南大海洲上，……及吴孙权时，遣宣化从事朱应、中郎康泰通焉。其所经及传闻，则有百数十国，因立记传。

吴时，遣中郎康泰、宣化从事朱应使于寻国。国人犹裸，唯妇人着贯头。泰、应谓曰："国中实佳，但人亵露可怪耳。"寻始令国内男子着横幅。横幅，今干缦也。大家乃截锦为之，贫者乃用布。

其时吴遣中郎康泰使扶南，及见陈、宋等，具问天竺土俗……

朱应、康泰一行远至林邑、扶南诸国，是中国古代有历史记载的、最早航海到东南亚、南亚的旅行家。回国后，朱应写下了《扶南异物志》一卷，康泰著《吴时外国传》（另作《吴时外国志》或《扶南记》《扶南传》），记述了他们出使扶南等国的见闻。这两部著作的成书时间，可能在3世纪60年代末或70年代初。这两部著作都已失传，但《隋书·经籍志》和新旧《唐书》之艺文志、经籍志均载有"朱应《扶南异物志》一卷"。康泰的著作未见隋唐经籍志、艺文志著录，但《水经注》及唐、宋诸大类书广征博引，有《扶南传》《扶南记》《外国传》《吴时外国传》《扶南土俗传》等名目。也有的学者认为，所传康泰的各种不同名称的著作可能是同一部书，朱应、康泰二人之作也可能是同一种。有可能，朱应、康泰的"记传"乃一人之作而冠以二人之名，一人为实际作者，另一人因是主使官而名列其前。

朱应、康泰既为交通海南诸国的最早的专使，他们所撰的见闻录自然也成了我国记载古代南海交通的一部重要专著，留下了他们对南海诸国认知的资料。这些佚文记载了30余个国家和地区的方位、里程、物产、人口、风俗、气候、贸易、宗教和工艺等情况。范文澜说："朱应著《扶南异物志》，康泰著《外国传》（两书唐以后亡佚），介绍海外地理知识，与甘英、班勇介绍陆上西方诸国（《后汉书·西域传》所本）同是文化史上重大的贡献。"[①]

康泰在《扶南传》中记述了南海地理情况。如海中珊瑚洲地形的概貌："涨海中，倒珊瑚洲，洲底有盘石，珊瑚生其上也。"（《太平御览》卷六九）文中的"珊瑚洲"即珊瑚岛与沙洲，露出水面之上，虽高潮亦不能淹没。它们是以珊瑚虫等为主的生物作用而造成的礁块。"洲底"的"盘石"，即火山

[①] 范文澜：《中国通史简编》（修订本）第2编，北京：人民出版社1964年版，第214页。

锥或海中岩石。康泰在书中还记述了南海中某些岛屿的动物和植物："扶南东有涨海，海中有洲，出五色鹦鹉，其白者如母鸡。"(《艺文类聚》卷九一)"扶南之东涨海中，有大火洲，洲上有树。得春雨时皮正黑，得火燃树皮正白。"(《太平御览》卷七六八)

康泰、朱应在出使时，详细了解了扶南及海南诸国的风土人情，如扶南曾遣使至天竺，往返达六七年，康泰即向使者"具问天竺土俗"。《梁书》说朱应、康泰经历和传闻的有百数十国，这个数字当然有些夸大，因为古时往往把现今同一国家的不同地方均冠以"国"字。但从康泰《外国传》的残文来看，其记述确实不限于扶南一地，而包括东南亚、南亚乃至西亚各国数十个地方。光扶南一地就有十来条，专记扶南古代诸王（如混填、混盘况、范旃、范寻等）执政时的法律、征战、物产、造船、风习和对外交通等情况。

康泰《吴时外国传》是研究我国古代南海交通和海上丝绸之路，研究东南亚各国特别是柬埔寨古代史的不可多得的第一手文献。他们的记叙不仅为同时代万震的《南州异物志》和稍后的郭义恭《广志》所袭用，而且《南齐书》《梁书》《南史》等也都据以编辑海南诸国传。

二　葛洪的扶南之行及其记述

东晋时，著名医学家和道教学者葛洪（283—363）曾经到扶南游历。葛洪往扶南并非其本意，而是偶然的机会。葛洪有一友人嵇含，任广州刺史。他请葛洪为参军，并担任先遣。葛洪以为可借此躲避战乱，遂欣然前往。不料嵇含在赴任途中为人所害，葛洪又回乡不成，无奈滞留广州多年。正是在此期间，因"有缘之便"而到了扶南。此行的时间应在光熙元年（306年）至永嘉四年（310年）之间。

在《太清金液神丹经》中，记载了葛洪在扶南游历的经历，还记述了南海航行的历程，书中写道：

行迈靡靡，泛舟洪川。发自象林，迎箕背辰。乘风因流，电迈星奔。宵明莫停，积日倍旬。乃及扶南，有王有君。厥国悠悠，万里为垠。北钦林邑，南函典逊。左牵杜薄，右接无伦。民物无数，其会如云。忽尔尚冈，界此无前。谓已天际，丹穴之间。逮于仲夏，月纪之宾。凯风北迈，南旅来臻。怪问无由，各有乡邻。我谓南极，攸号朔边。乃说邦国，厥数无原。句稚、歌营、林扬、加陈、师汉、扈犁、斯调、大秦、古奴、蔡牢、弃波、罽宾、天竺、月支、安息、优钱。大方累万，小规数千。过此以往，莫识其根。

　　……出日南寿灵浦，由海正南行，故背辰星而向箕星也，昼夜不住，十余日乃到扶南。

葛洪往扶南的航线是从日南寿灵浦出发，向南行昼夜十余日即到。这次航程与《洛阳伽蓝记》所记之扶南到中国的航线，即"从扶南国北行一月，至林邑国。出林邑，入萧衍国"恰好吻合，只不过方向相反而已。这段记载实际上就是三国时期南海的交通线路。这说明，与秦汉时代相比较，三国时期人们的南海知识大大丰富了。

葛洪记载了扶南、西图、典逊、杜薄、大秦、月支、安息等20余国之方位及物产等。葛洪的这些记载，涉及东南亚和南亚的许多国家，记载了它们的地理方位和道里行程，以及国内的特产和民俗风情。虽然多是得自传闻，但已经是比较具体和详细，对于当时中国人对扶南以及其邻国的了解，对这些地方的风土文化以及海上丝绸之路航程的了解，都具有重要的价值。葛洪记载各国的情况：

　　象林，今日南县也。昔马援为汉开南境，立象林县，过日南四五百里，立两铜柱，为汉南界。……出日南寿灵浦，由海正南行，故背辰星，而向箕星也。昼夜不住十余日，乃到扶南。

　　扶南，在林邑西南三千余里。自立为王，诸属国皆君。长王号炮到大国，次王者号为鄙叹小国，君长及王之左右大臣，皆号为昆仑也。扶南地多朱砂珍石，从扶南北至林邑三千里，其地丰饶，多朱丹、硫黄，典逊在扶南南四去五千里，本别为国。……今属扶南，其地土出铁。其南又有都昆、比嵩、句稚诸国，……典逊去日南二万里，扶南去林邑似不过三千七八百里也。……

杜薄阇婆，国名也。在扶南东涨海中洲，从扶南船行直截海度，可数十日乃到。其土人民众多，稻田耕种，女子织作白叠花布，男女白色，皆着衣服，土地饶，金及锡铁丹砂如土，以金为钱货，出五色鹦鹉、豕鹿、羛水牛、大羊、鸡鸭，无犀象及虎豹，男女温谨，风俗似广州人也。

无伦国，在扶南西二千余里，有大，左右种桃椰及诸华果，白月行其，阴凉蔽热，十余里一亭，亭皆有井，食菱饭、蒲桃酒，木实如胶，若饮时以水沃之，其酒甘美。其地人多考寿，或有得二百年者。

句稚国，去典逊八百里，有江，日西南向，东北入，正东北行，大崎头出服海中，水浅而多慈石，外徼人乘舶船皆铁叶，至此崎头，阂慈石不得过，皆止句稚，贸易而还也。

歌营国，在句稚南，可一月行乃到其国。又湾中有大山林迄海边，名曰蒲罗。中有殊民，尾长六寸，而好啖人。……由形言之，则在人兽之间，末黑如漆，齿正白银，眼正赤，男女裸形无衣服，父子兄弟姊妹露身对面伺卧，此是歌营国夷人耳，别自有佳人也。

林杨，在扶南西二千余里，……用金银为钱，多丹砂、硫黄、曾青、空青、紫石英，好用绛绢白珠，处地所服也。

加陈国，在歌营西南海边，国海水服浅，有诸国梁人常伺行人，劫掠财物，贾人当须辈旅乃敢行。

师汉国，在句稚西南，从句稚去船行，可十四五日乃到其国，国称王，皆奉大道，清洁修法度，汉家威仪，是以名之曰师汉国。上有神仙人，及出明月珠，但行仁善，不忍杀生，土地平博，民万余家，多金玉硫黄之物。

扈梨国，古奴斯调西南，入大湾中七八百里，有大江源，出昆仑西北，流东南，注大海，自江口西行，距大秦国万余里，乘大舶载五六百人，张七帆时风一月，乃到大秦国。大道以中斯调国，海中洲名也。在歌营国东南,可三千里。其上有国王居民,专奉大道,似中国人言语,风俗亦然。治城郭市里街巷,土地沃美,人士济济,多出珍奇,金银、白珠、瑠璃、水精及马珂。又有火珠,大如鹅鸭子,视之如冰,着手中洞洞,如月光照人掌,夜视亦然。以火珠白日向日,以布艾属之承其下,须臾见光火从珠中直下,洒洒如屋溜下物,勃然烟发火乃然,犹阳燧之取火也。其向阴有水出者,名曰夜光珠。如阴合之,取水至于火珠、夜光,俱如一但,以其精所得水火而异其名耳。斯调洲土东南望夜视,常见有火光照天,如作大冶,冥夜望其火光之照也,云是炎洲所在也。有火山,冬夏有火光。

隐章国,去斯调当三四万里,希有至其处者。数十年中炎洲人,时乘舶船往斯调耳。一百火珠是此国之所卖有也,故斯调人买得之耳。又有丘陵水田、鱼肉果稼、集粱豆芋等。又有麻厨木,其木如松,煮其皮叶,取汁以作饵。煎而食之,其味甜香绝美,食之如饴,又使人养气,殆食物也。

大秦国,在古奴斯调西,可四万余里,地方三万里,最大国也。人士伟灿,角巾塞路,风俗如长安人。此国是大道之所出,谈虚说妙,唇理绝殊,非中国诸人辈,作一云妄语也。道士比肩,有上古之风,不畜奴婢,虽天王王妇犹躬耕籍田,亲自抅桑织经,以道使人,人以义观,不用刑辟刀刃戮罚,人民温睦,皆多寿考,水土清冻,不寒不热。士庶推让,国无凶人,斯道气所陶,君子之奥丘,显罪福之科教,令万品奉其化也,始于大秦。国人宗道以示八遐矣,亦如老君入流沙化胡也。从海济入大江七千余里,乃到其国。天下珍宝所出,家居皆以珊瑚为税棁,瑠璃为墙壁,水精为阶纪。……

古奴斯调国,去歌营可万许里,土地人民有万余家,皆多白皙易长大。民皆乘四轮车,车驾二马或四马,四会所集也。舶船常有百余艘,市会万余人,昼夜作市,船行皆婢号鸣鼓吹角,人民衣服如中国无异,土地有金玉如瓦石,此国亦奉大道焉。

察牢国,在安息、大秦中间,大国也。去天竺五千余里,人民勇健,举一国人自称王种,国无常王,国人常选耆老有德望者立为王。三年一更，举国尊之。土地所出，与天竺同，尤多珍物，不可名字。察牢国人自慕其地土，生不出国远行，人民安乐。国无刑杀，唯修仁义福德为业，甚雍雍然也。

叶波国，去天竺三千里，人民土地有无，与天竺同。

罽宾国，在月支西北，大国也。土地平博，人民温和，有首蓿草木、杂奇木、檀梓竹漆、郁金香，种五谷蒲萄诸果，治国园地多下湿，必种稻，人民多巧，雕文刻镂织卫之绣，好玲饮酒食，有猕猴、孔雀、珠玑、琥珀、琉璃、水精，其畜与中国同也。……

月支，在天竺北，可七千里，驰马珍物如天竺。土地高冻，皆乘四轮车驾，四五或六七辄之，在车无小，大车有容二十人。有国王称天子，都邑人乘常数十万，城郭宫室与大秦相似，人形胡而绝洁白，被服礼仪，父慈子孝，法度恭卑，坐不蹲踞，如此天竺不及也。或有奉大道者。中分地亦方二万里，多寒饶霜雪，种姜不生，仰天竺姜耳。无蚕桑，皆织毛而为纱谷也。犬羊毛有长二三尺者，男女通续用之。

安息，在月支西八千里，国土风俗，尽与月支同，人马精勇，土方五千里，金玉如石，用为钱。国王死辄更铸钱，有犬马，有大爵。其国左有土地，百余王治，别住，不属月支也。

优钱，在天竺东南七千里，土地人民举止，并与天竺同。珍玩所出，奇璋之物，胜诸月支，如此乃知天地广大，不可意度。此诸国虽远，当后有表，但人莫知其限崖耳。其大秦、月支欲接昆仑，在日南海行之西南也。最是所闻见大国也。

以上葛洪对于西域各国的记述，最远到达罗马，虽然多是得自传闻，但已经是比较具体和详细的了。他记述其地理、物产尤其是药物，以及国俗、对外贸易等，加深了当时中国对扶南以及其邻国的了解。葛洪还记载了一段中国人前往大秦的经历：

昔中国人往扶南，复从扶南乘船，船入海，欲至古奴国，而风转不得达，乃他去。昼夜帆行不得息，经六十日乃到岸边，不知何处也。上岸索人而问之，云是大秦国。此商人本非所往处，甚惊恐，恐见执害，乃诈扶南王，使谐大秦王。王见之，大惊曰：尔海边极远，故复有人，子何国人乎？来何为？扶南使者答曰：臣北海际扶南王使臣，来朝王庭阙，北面奉首矣。又闻王国有奇货珍宝，并欲请乞玄黄，以光鄙邑也。大秦王……乃付紫金夜光，五色玄珠，珊瑚神璧，白和朴英，交颈神玉琼虎，金刚诸神珍物，以与使者，发遣便去。语之曰：我国固贵尚道德，而慢贱此物，重仁义而恶贪贼，爱贞贤而弃淫佚，尊神仙以求灵和，敬清虚以保四气，陋此辈物斑驳玄黄，如飞鸿之视虫蚂。子后复以此货物来往者，将竞吾淳国，伤民耳目，奸争生于其治，风流由此而弊，当劝关吏，不令子得进也。言为心盟戒之，使者无言而退也。还四年，乃到扶南。……使既归具说本末，如此自是以来，无敢往复至大秦者，商旅共相传如此，遂永绝也。

葛洪所记中国人前往大秦，没有其他文献佐证，也不知是何年何月，行者何人。但他明确说是中国的商人。据前文所述当时中国与罗马的交往，有中国商人来到罗马，实际上也是完全可能的。

葛洪在扶南做了多方面的考察，主要考察了那里的地方物产，包括自然物产和人工制品，为他后来的著述准备了很重要的材料。葛洪是道教思想家，热衷于炼丹，所以对扶南以及所经过的其他东南亚国家所产药物尤其关注，像朱砂、硫黄、曾青和石精等都被他看作是能够使人长生甚至成仙的良药，而且类似的药物在这些地区很多，"无求不有"。葛洪还在扶南遇到了其他国家的一些人士，"问其地土，考其国俗"，了解了那些国家的一些民俗风情和道里行程。

葛洪通过扶南之行以及对沿途各国的考察、探寻远西各国的传闻，大大开阔了眼界，增加了对域外知识的了解，同时也对中国传统的世界观念提出了疑问。他说，战国时邹衍提出的"大九州"说，现在看来有些狭隘了。他指出："古圣人以中国神州，以九州配八卦。上当辰极，下正地心，故九州在此耳。其余虽广，非此列云。及其山奇海异，怪类殊种，珍宝丽物，卓谲瑰璋，盈耳溢目，惊心愕意，既见而未闻者，诡哉不常，难可详而载也。"

图3-2-1 清张若澄《葛洪山居图》

中国人对外部世界的了解和知识，是形成中国人"世界观"的基本条件。随着对外交往的扩大，中国人走出去的足迹向更远的地方延伸，视野也在不断地扩大。朱应、康泰和葛洪泛海南下，亲历数国，不仅增加了对东南亚风土人情的了解，也对海上丝绸之路的航路有了进一步直观的了解。这样，中国人对外部世界的认识，就不仅仅局限在通过陆上丝绸之路对西域的认识，还有通过海上丝绸之路对东南亚、南亚以及更远的地方的了解，虽然在这个时期，中国人对海上丝绸之路和海洋交通的认识还不及对陆上交通的重要。

三 《南州异物志》与《职贡图》

除了朱应、康泰以及葛洪的记述之外，还有一些文献记载了当时中国人对南海地理和人文知识的掌握情况。方豪总结魏晋南北朝时期各类史籍所载南海诸国，"总其成，而列为十五国"，这是当时中国所确知的南海国家。这十五国是：林邑国、扶南国、诃罗陁国、呵罗单国、婆皇国、婆达国、阇婆达国、槃盘国、丹丹国、干陁利国、狼牙修国、婆利国、中天竺国、天竺迦毗黎国、师子国。

上文提到朱应的纪行著作书名为《扶南异物志》。"异物志"是汉唐间一类专门记载周边地区及国家新异物产的典籍，主要盛于魏晋南北朝时期。"异物志"主要记载当时周边地区及国家的物产风俗，内容涉及自然环境、资源物产、社会生产、历史传说、风俗文化等许多方面，部分地反映了当时人们对外部世界的认识和知识。

在诸种《异物志》中，以万震《南州异物志》最为著名。吴时万震曾为丹阳太守。今存的《南州异物志》佚文，多见于《齐民要术》《初学记》《太平御览》等书。万震所记，并不限于海南诸国，于西方大秦等国亦多有涉及。书中所记如乌浒、扶南、斯调、林阳、典逊、无论、师汉、扈利、察牢、类人等国的地理风俗物产，多为前代史书所阙，有很高的史料价值。《太平御览》卷七九〇引《南州异物志》："姑奴去歌营可八千里，民人万余户，皆乘四辕车，驾二马或四马。四会所集也。舶船常有百余艘，市会万人，昼夜作市，船皆鸣鼓吹角，人民衣被中国。"《艺文类聚》卷八十四宝玉部贝类引《南州异物志》："交趾北南海中有大文贝，质白而文紫，天姿自然，不假雕琢磨莹而光色焕灿。"《太平御览》卷八〇七珍宝部贝类亦引《南州异物志》："乃有大贝，奇姿难俦。素质紫饰，文若罗珠。不磨不莹，彩辉光浮。思雕莫加，欲琢靡逾。在昔姬伯，用免其拘。"

《南州异物志》记录了从马来半岛到中国的航程，其载"东北行，极大崎头，出涨海，中浅而多磁石"。其中所言"崎头"是我国古人对礁屿和浅滩的称呼，而"涨海"即我国古代对南海最早的称谓。"涨海崎头"指南海诸岛的礁滩。

南朝宋、齐、梁、陈各代政权都对发展海外交通采取积极的态度。关于南朝与南亚和东南亚的海上交通，《梁书·诸夷列传》中说：

> 海南诸国，大抵在交州南及西南大海洲上，相去近者三五千里，远者二三万里，其西与西域诸国接。汉元鼎中，遣伏波将军路博德开百越，置日南郡。其徼外诸国，自武帝以来皆朝贡。后汉恒帝世，大秦、天竺皆由此道遣使贡献。及吴孙权时，遣宣化从事朱应、中郎康泰通焉。其所经及传闻，则有百数十国，因立记传。晋代通中国者盖鲜，故不载史官。及宋、齐，至者有十余国，始为之传。自梁革运，其奉正朔，修贡职，航海岁至，逾于前代矣。

这里说，到梁代时，"其奉正朔，修贡职，航海岁至，逾于前代矣"。海外交通相当发达，与许多国家都有交通往来。由于北方有北朝阻隔，所以宋齐梁陈诸朝的对外交往主要还是面向南海的海上可以联络的国家。

梁朝元帝萧绎是很有造诣的画家，曾作《职贡图》，表现了当时外国来使的情况，展现南北朝时期国家间友好往来的繁盛场面。原画绘有25国使臣，现存图为残卷，描绘12位使者朝贡时的形象，依次为滑国、波斯、百济、龟兹、倭国、狼牙修、邓至、周古柯、呵跋檀、胡密丹、白题、末国的使者。图中绘列国使者立像 12 人，皆左向侧身，身后楷书榜题，疏注国名及山川道路、风土人情、与梁朝的关系、纳贡物品等。使臣着各式民族服装，拱手而立。从他们仆仆风尘的脸上，流露出到南朝朝贡时既严肃又欣喜的表情，同时也传达了不同地域和民族使者的不同面貌和气质，脸型肤色，各具特点。《艺文类聚·杂文部一》卷五五引梁元帝《职贡图序》：

窃闻职方氏掌天下之图，四夷八蛮，七闽九貉，其所由来久矣。汉氏以来，南羌旅距，西域凭陵，创金城，开玉关，绝夜郎，讨日逐。睹犀甲则建朱崖，闻葡萄则通大宛，以德怀远，异乎是哉。皇帝君临天下之四十载，垂衣裳而赖兆民，坐岩廊而彰万国。梯山航海，交臂屈膝，占云望日，重译至焉。自塞以西，万八千里，路之狭者，尺有六寸。高山寻云，深谷绝景，雪无冬夏，白云而共色；冰无早晚，与素石而俱贞。逾空桑而历昆吾，度青邱而跨丹穴。炎风弱水，不革其心；身热头痛，不改其节。故以明珠翠羽之珍，细而弗有；龙文汗血之骥，却而不乘。尼丘乃圣，犹有图人之法；晋帝君临，实闻乐贤之象。甘泉写阏氏之形，后宫玩单于之图，臣以不佞，推毂上游，夷歌成章，胡人遥集，款关蹶角，沿溯荆门，瞻其容貌，讯其风俗，如有来朝京辇，不涉汉南，别加访采，以广闻见，名为贡职图云尔。

《艺文类聚·巧艺部》卷七四有梁元帝《职贡图》赞：

北通玄菟，南渐朱鸢。交河悠远，合浦回邅。兹海无际，阴山接天。邈哉鸟穴，永矣鸡田。

这卷《职贡图》以及元帝所撰的"序"和"赞"，都表现了当时海外交通的盛况。

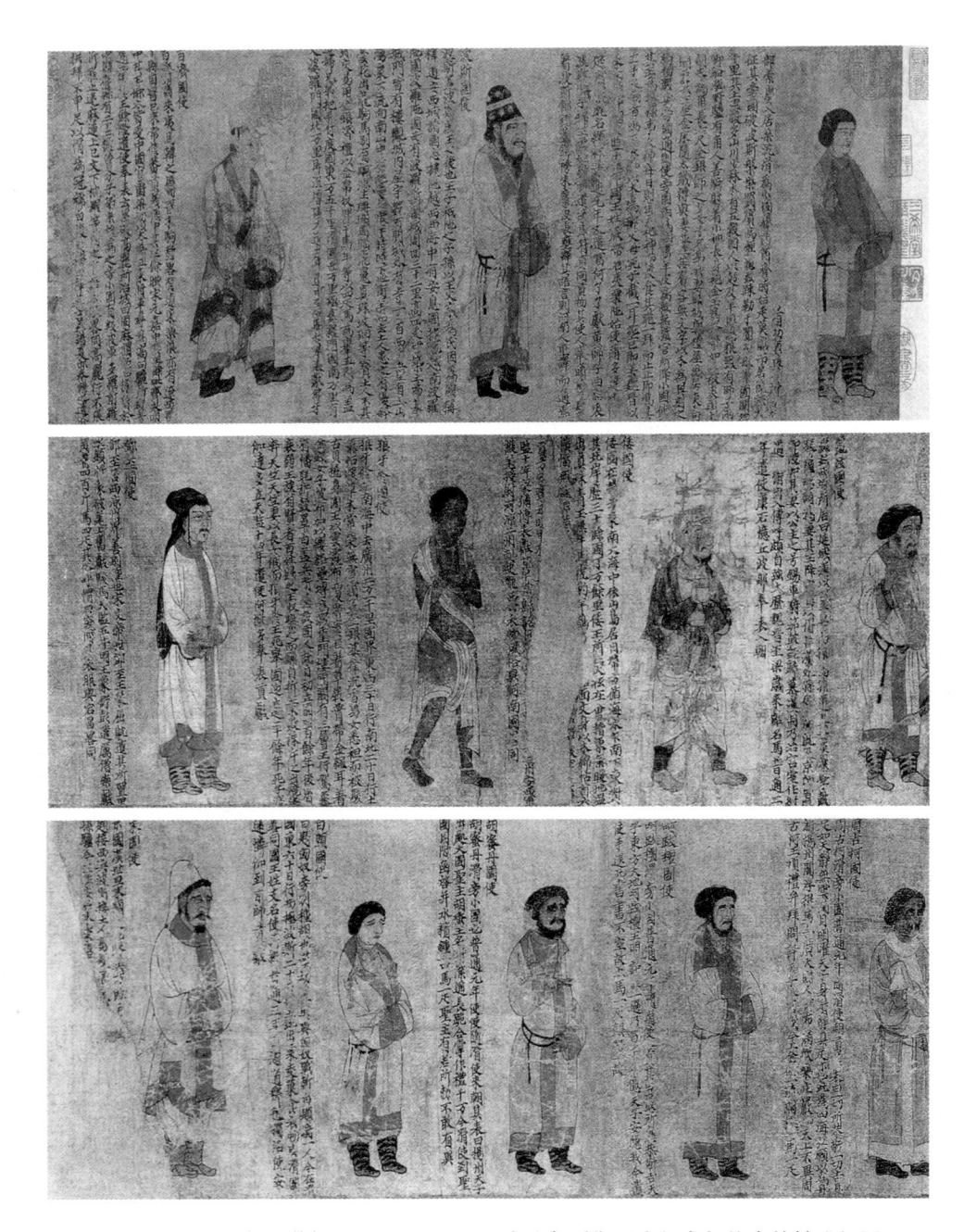

图3-3-1 南朝梁萧绎《职贡图》，展现南北朝时期国家间友好往来的繁盛场面

四 法显《佛国记》记载的丝绸之路

自从佛教传入中国以后,历代西行求法的中国僧侣前赴后继,据历史学家方豪统计,西晋至南北朝时期西行求法可考者有近150人。在当时交通极艰苦的情况下,有这么多人不畏艰辛劳苦,从事佛教的传播事业,实在是世界文化交流史上了不起的大事。许多西行的求法者记录了他们求法活动中的经历和见闻,形成"求法行纪"一类的极有价值的著作。其中如法显的《佛国记》、玄奘的《大唐西域记》、义净的《大唐西域求法高僧传》《南海寄归内法传》、新罗僧慧超《往五天竺国传》等著作。这类著作作为求法僧人个人经行的记录,遵循中华文化传统的"知行"和"实录"精神,忠实于见闻,举凡著者经行之地的地理形势、道里山川、物产交通以及社会状况、风土人情等,都翔实地加以记述;而著者们又是虔诚信徒,对于宗教信仰、佛教胜迹以及相关神话传说等记载尤为详细。因此,这类著作中就包含有关各国、各民族历史、地理、宗教、民俗、艺术、文化等多方面的、极其丰富的内容。这些著作,比起正史或笔记一类的著作,叙述往往更加详细,材料一般更可靠。因为前者是史官或文人学士所作,或录自官方档案,或综括所见各书,或得于他人传闻,精粗杂糅,常有想象之辞;而后者则是求法僧们身所经历,亲闻目见后所写成。这类行记是关于丝绸之路的重要文献。

在魏晋南北朝时期西行求法的中国僧侣中,以法显最为著名。法显是第一位沿着陆路西行,而乘着海船从南洋回到汉地的取经高僧。而且,他是我国僧人到"西天"(印度)研究佛学的第一人。《续高僧传·玄奘传》亦说:"前后往天竺者,首自法显。"

在丝绸之路的历史上,像法显这样海陆两道丝绸之路都走过的,还有元代来华的旅行家马可·波罗和鄂多立克,他们的往返行程也分别经过了陆上丝绸之路和海上丝绸之路。

法显(334—420)是山西平阳郡武阳(今山西临汾市西南)人。后秦弘始元年(399年)春天,法显同慧景、道整、慧应、慧嵬4人一起,从长安动

— 47 —

典籍里的丝绸之路

身,向西进发,开始了漫长而艰苦卓绝的旅行。法显出行时,已是年届63岁的老人,比28岁时西行取经的玄奘大了35岁。法显回国后,将自己西行取经的经历和见闻写成了一部不朽的世界名著即《佛国记》。《佛国记》中记载了大量的西行途中的见闻,给中国带回来大量有关印度佛教的信息,具有丰富的学术价值。

《佛国记》记载了法显一行的来往行程。法显一行从长安出发,沿着这时已经畅通的丝绸之路,一路向西。第二年,穿过河西鲜卑人建立的西秦与南凉,到了北凉的张掖,也就是今天的甘肃省张掖市,遇到了同样去西域求法的智严、慧简、僧绍、宝云、僧景5人,与之会合,组成了10个人的"巡礼团"。智严、宝云等人是从凉州出发的,他们可能都是凉州一带的人,因此对西域的情况了解更多,求法的热情也很高。后来又增加了一个慧达,总共11人。

这个"巡礼团"从张掖继续西行,到敦煌时,得到敦煌太守李浩的资助,西出阳关渡"沙河"(即白龙堆大沙漠)。法显等5人随使者先行,智严、宝云等人在后。白龙堆沙漠气候非常干燥,时有热风流沙,旅行者到此,往往被流沙埋没而丧命。法显后来在《佛国记》中描写这里的情景说:"上无飞鸟,下无走兽,遍望极目,欲求度处,则莫知所拟,唯以死人枯骨为标帜耳。"他们冒着生命危险勇往直前,走了17个昼夜,1500里路程,终于渡过了"沙河"。

他们来到了白龙堆以西的第一个绿洲城市鄯善。这里就是汉朝时的楼兰故土。但此时罗布大泽附近的土地盐碱化严重,已经没有了当年楼兰的繁荣景象。法显一行没有在鄯善国多做停留,而是继续前行,到了焉夷国。他们在焉夷国住了两个多月,宝云等人也赶到了。当时,由于焉夷国信奉的是小乘教,法显一行属于大乘教,所以他们在焉夷国受到了冷遇,食宿都无着落。不得已,智严、慧简、慧嵬3人返回高昌筹措行资,僧绍随着西域僧人去了罽宾。法显等7人得到了前秦皇族苻公孙的资助,开始向西南进发。他们先沿天山南麓而行,然后再越塔里木河,穿越塔克拉玛干大沙漠。塔克拉玛干大沙漠地处塔里木盆地中心,这里异常干旱,昼夜温差极大,气候变化无常。行人至此,艰辛无比。法显写道:"行路中无居民,沙行艰难,所经之苦,人理莫比。"

他们走了 1 个月零 5 天，总算平安地走出了这个"进去出不来"的大沙漠，到达了于阗国。

于阗是当时西域的一个大国，位于丝绸之路要冲，往来商旅众多，经济富庶，国泰民安。于阗也是西域佛教的一大中心，奉养了数万僧人。当地人对大乘和小乘佛法一视同仁，所以法显一行在这里受到了不错的待遇。他们在这里住了 3 个月，当时正值佛诞节，他们有机会观看了佛教"行像"仪式。这种极具特色的崇拜仪式给法显留下深刻印象。他们还在于阗见到众多闻所未闻的经书抄本，让他们大开眼界。

接着继续前进，经过子合国，翻过葱岭。葱岭"冬夏种雪，有恶龙吐毒风，雨沙砾。山路艰危，壁立千仞"。他们渡过新头河到了那竭国。慧景到那竭国后病了，道整陪他暂住。法显和慧应、宝云、僧景等人经宿呵多国、犍陀卫国而到了弗楼沙国，即今巴基斯坦白沙瓦。慧达一个人去到弗楼沙国，与法显他们会面。弗楼沙国是北天竺的佛教中心，仍然留存着当年帝国修建的宏伟寺院和庄严佛塔。这些佛寺里依旧有当年的佛钵，来客都会用谷物或者鲜花将它填满。慧达、宝云和僧景在这里参访了佛迹以后便返回了中国，慧应在这里的佛钵寺病逝。

法显独自去了那竭国，与慧景、道整会合，三人一起南度小雪山，即阿富汗的苏纳曼山。此山冬夏积雪，三人爬到山的北阴，突然遇到寒风骤起，慧景受不住寒流的袭击被冻死。法显抚摸着慧景的尸体，无限感慨地哭着说："取经的愿望未实现，你却早死了，命也奈何！"

然后，法显与道整奋然前行，翻过小雪山，到达罗夷国。罗夷国也盛行佛教，有三千多和尚，大小乘都有。法显在这里夏坐，这是他西行后第五年，公元 403 年。夏坐之后，法显他们又经跋那国，即今巴基斯坦北部之邦努。从此东行三日，再渡新头河，到达毗荼国，即今旁遮普。当地土邦王侯在得知他们来自遥远的秦地后，十分赞扬他们的求法精神，于是对僧团慷慨解囊，支持他们继续求学。

接着，他们经过摩头罗国，渡过了蒲那河，进入中天竺境。这时，距他们离开长安已经有 5 年了。法显在印度各地活动 8 年，访求佛经，学习梵文和进行考察。法显和道整用了 4 年多时间，周游中天竺，巡礼佛教故迹。

典籍里的丝绸之路

　　他们先到摩头罗国，即今印度北方邦之马土腊。遥捕那河流经此处，即今之朱木拿河。他们从此向东南行，到了今北方邦西部的僧伽拖国。法显在龙精舍夏坐，这是他西行第六年的夏坐。

　　夏坐完毕，他们向东南行，先后经过劂饶夷城和沙祇大国，来到了佛教的发祥地憍萨罗国舍卫城，即今北方邦北部腊普提河南岸之沙海脱—马海脱。这里佛的遗迹很多，有大爱道故精舍、须达长者井壁、鸯掘魔得道、般泥洹、烧身处。出城南门1200步，有须达精舍，即"祇洹精舍"。法显参访了释迦牟尼的诞生地迦维罗卫城，在今尼泊尔境内，与印度北方邦毗邻。

　　405年，法显来到了佛教极其兴盛的达摩竭提国巴连弗邑（华氏城），今比哈尔邦之巴特那。巴连弗邑原是古印度孔雀王朝阿育王都城，公元前2世纪，阿育王统一了除半岛南端以外的印度全境。他大兴佛教，于国内广建寺塔，留下大量的佛教文化遗址。城南有耆阇崛山，这就是有名的灵鹫峰。法显瞻仰了王宫，深为王宫"累石起墙阙，雕文刻镂，非世所造"的豪华壮美所折服。法显特别对有关佛教的民俗活动感兴趣，曾经挤在观众中参加了城内居民迎佛像进城供奉的"行像"活动。

　　法显在这里住了三年，应该是他西行后的第七年到第九年。他学习梵书梵语，抄写经律。他特别注意采撷各地的民俗和宗教传说，为复原中古时代的印度文化传统提供重要材料。与法显同行的道整在巴连弗邑十分仰慕人家有沙门法则和众僧威仪，追叹故乡僧律残缺，发誓留住这里不回国了。

　　法显一心想着将戒律传回祖国，便一个人继续旅行。他周游了南天竺和东天竺，又到了恒河三角洲的多摩梨国，其首都故址在今印度西孟加拉邦西南之坦姆拉克。法显在这里住了两年，写经画（佛）像。

　　409年底，法显离开多摩梨，搭乘商舶纵渡孟加拉湾，到达了师子国。师子国即现今南亚的斯里兰卡。法显在师子国旅居二年，住在王城的无畏山精舍。法显在他所著的《佛国记》中记录了师子国佛教的许多重要情况。

　　东晋义熙七年（411年）八月，法显坐上印度商人的大舶，循海路回国。舶行不久，即遇暴风，船破漏水。商人为减轻船只载重，险些要丢掉法显的佛像和佛经。幸好遇到一座小岛，商船得以补好漏处又前行。就这样，在危难中漂泊了一百多天，到达了一个叫耶婆提国的地方。关于这一旅程，《佛国记》

中这样写道：

> 得此梵本已，即载商人大船。上可二百余人。后系一小船。海行艰险，以备大船毁坏。得好信风，东下二日，便值大风，船漏水入。商人欲趣小船，小船上人恐人来多，即斫绳断。商人大怖，命在须臾，恐船漏水，即取粗财货掷着水中。法显亦以君墀及澡罐并重物掷海中。但恐商人掷去经像。唯一心念观世音及归命汉地众僧："我远行求法，愿威神归流，得到所止。"如是大风昼夜十三日，到一岛边。潮退之后，见船漏处，即补塞之。于是复前。海中多有抄贼，遇辄无全。大海弥漫无边，不识东西。唯望日、月、星宿而进。若阴雨时，为逐风去。亦无准。当夜暗时，但见大浪相搏，晃然火色。鼋、鼍水性怪异之属。商人慌惧，不知那向。海深无底，又无下石柱处……如是九十日许，乃到一国，名耶婆提。其国外道，婆罗门兴盛，佛法不足言。停此国五月日。复随他商人大船，上亦二百许人，赍五十日粮，以四月十六日发。……东北行，趣广州。

这个"耶婆提国"在哪里，历来有不同的说法，有说是苏门答腊岛或爪哇岛。法显在这里住了5个月，又转乘另一条商船向广州进发。不料行程中又遇大风，船失方向，随风漂流。在船上粮水将尽之时，忽然到了岸边。船上各人虽知已到汉地，但不知道到了汉地的哪一处，法显上岸询问猎人，方知这里是青州长广郡（山东即墨）的崂山。

乘风踏浪，历尽艰险，法显终于回到了祖国的土地。这一天是东晋义熙八年（412年）七月十四日。法显63岁出游，前后共走了30余国，历经13年，回到祖国时已经76岁了。《佛国记》总结说：

> 法显发长安，六年到中国，停六年，还三年达青州。凡所游历，减三十国。沙河已西，迄于天竺，众僧威仪法化之美，不可详说。窃惟诸师未得备闻，是以不顾微命，浮海而还，艰难具更，幸蒙三尊威灵，危而得济，故竹帛疏所经历。欲令贤者同其闻见。

典籍里的丝绸之路

　　法显跋山涉水，经历了人们难以想象的艰辛。归国后，他自己回忆说："顾寻所经，不觉心动汗流。所以乘危履险，不惜此形者，盖是志有所存，专其愚直，故投命于不必全之地，以达万一之冀。"

　　法显以年过花甲的高龄，完成了穿行亚洲大陆又经南洋海路归国的远途陆海旅行的惊人壮举。梁启超说："法显横雪山而入天竺，赍佛典多种以归，著《佛国记》，我国人之至印度者，此为第一。""自显之归，西行求法之风大开。"[①] 法显西行以及其所撰写的西行游记，大大拓展了中土僧人的眼界，在当时就产生了巨大的反响，为中国僧人树了一个西行求法的榜样，激励了后人去学习效法，之后的许多僧人都以法显的事迹为楷模，作为自己取经的动力。

　　此后，中国僧侣西行求法者越来越多，至隋唐时期达到了高潮。他们中的不少人都是受到法显大师西行事迹的鼓舞。

　　法显西行对中国佛教文化产生了深远的影响。在法显之前，虽然已有朱士行往西域求法，但他未到天竺的印度，并且未返汉地。汉人西行求法，有去有回，并带返大量梵本文献的第一位汉僧，乃是法显。法显带回大量佛经，并亲自参与翻译工作，为中国戒律学、佛性论思想和毗昙学的发展做出了杰出贡献。

　　法显在《佛国记》中介绍了西域和印度大小乘佛教流行的情况，介绍了印度佛教的供养制度。关于佛教史迹，法显详细记载了佛陀降生、成道、初转法轮、论议降伏外道、为母说法、为弟子说法、预告涅槃、入灭等八大名迹之盛况；记载了佛石室留影、最初的佛旃檀像、佛发爪塔以及佛顶骨、佛齿和佛钵、佛锡杖、佛僧伽梨等的保存处所和守护供养的仪式；记载了佛陀的大弟子阿难分身塔、舍利弗本生村以及阿阇世王、阿育王、迦腻色迦王所造之佛塔；过去三佛遗迹诸塔以及菩萨割肉、施眼、截头、饲虎等四大塔，祇洹、竹林、鹿野苑、瞿尸罗诸精舍遗址，五百结集石室，七百僧检校律藏纪念塔以及各地的著名伽蓝、胜迹。书中记载，不论是大乘或小乘各派，都把佛的遗骨、遗物、遗迹，视作信奉的中心。这些信息告诉人们，不但佛圆寂后受到供养，连其遗物、弟子以及阿罗汉等也受到供养。

　　《佛国记》是中国人最早以实地的经历，根据个人的所见所闻，记载一千

[①] 梁启超：《佛学研究十八篇》，北京：群言出版社2013年版，第181页。

五六百年以前中亚、南亚，部分也包括东南亚的历史、地理、宗教的一部杰作，是中国和印度间陆、海交通的最早记述，中国古代关于中亚、印度、南洋的第一部完整的旅行记，在中国和南亚地理学史和航海史上占有重要地位，在世界学术史上也有着重要的地位。法显对于5世纪之前的西域、中亚以及印度的政治、经济、民族、文化、风俗习惯等方面的真实叙述，是研究这一地区古代历史最可宝贵的历史文献。

在法显《佛国记》之后，有玄奘的《大唐西域记》、义净的《南海寄归内法传》及《大唐西域求法高僧传》与之遥相辉映。这4部著作所涉及的时代相互衔接，内容相互补充印证，共同构成了建构7世纪之前印度历史状况的可信坐标和基本材料。现今凡是涉及这一段时期西域、印度历史的著作和相关研究，欲越过或忽略中国僧人的这些著述，几乎是难于进行的。日本学者足立喜六把《佛国记》誉为西域探险家及印度佛迹调查者的指南，他说："《佛国记》为1500年前之实地考察的记录，凡关于中亚、西亚、印度、南海诸地之地理、风俗及宗教等，实以本书为根本资料。故其价值，早为世界所公认。至其年代与事实之正确及记述之简洁与明快，亦远出于《大唐西域记》之上。"[①]

方豪指出："法显之功绩不仅在译经及弘宣教旨，其所记历程虽仅九千五百余言，然精确简明，包括往返西域历程及航海经验，尤为今日研究中西交通史及中亚中古史地者必需之参考数据。"[②] 法显此次西行，是从长安出发，经过张掖、敦煌到鄯善，然后从鄯善北上至焉耆，再经过龟兹至于阗。法显走的是丝绸之路的"北道"。至焉耆后，法显一行又转向西南，取道塔克拉玛干大沙漠，直达"南道"重镇于阗。法显等人从于阗前行，经过子合国，进入葱岭山中的于麾国、竭叉国，最后到达北天竺境内。法显回国取的是海道，即从巴连弗邑沿恒河东下，到达多摩梨帝海口，然后从此乘船西南行，到达师子国。在师子国乘船东下，后经马六甲海峡到达加里曼丹岛，又乘船沿着东北方向直奔广州，在西沙群岛附近遭遇风暴，在海上漂流70余日最后到达山东崂山南岸。法显《佛国记》对其亲身经历的往程与归程的基本情况，做了较为

---

① [日]足立喜六：《〈法显传〉考证》，蒋瑞藻译，北京：商务印书馆1937年版，第1页。
② 方豪：《中西交通史》上卷，上海：上海人民出版社2008年版，第150页。

典籍里的丝绸之路

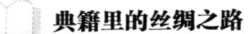

详细的记载,成为人们研究中国古代陆上丝绸之路和海上丝绸之路的最为可信的资料。其涉及的地域范围甚为广泛,包括北起我国新疆境内,南及印度河、恒河流域。后来我国正史的"地理志"都程度不同地吸收了法显的材料。

图3-4-1 法显像

图3-4-2 《佛国记》

五 董琬出使西域报告

魏晋南北朝时期，中原王朝继续保持了汉代以来对西域交流的高度重视。"五胡"时期和北朝历代都积极经营西域，加强了与西域的联系，保证了丝绸之路的畅通。南朝虽然面对北朝的阻隔，仍然设法与西域建立联系。所以，在这一时期，中原与西域的联系和人员往来继续得到扩大，商贸也得到了发展，特别是有许多"胡商"进入中原，成为担当中原与西域物质文化交流的骨干力量。在这一时期，西域承担了佛教向中国传播的中转站，许多印度僧侣和西域高僧来到中原，为佛教文化的传播做出了重要贡献。与此同时，丝绸之路上的技术文化交流也比较突出，尤其是中国养蚕制丝技术的向西转移，西方玻璃制造技术的向中国转移，是这一时期中西文化交流的重要事件。

《三国志·魏书》记载了多次西域国家与魏朝的交通往来，西域龟兹、于阗、康居、乌孙、疏勒、月氏、鄯善、车师等纷纷向曹魏进奉朝贡。特别是任敦煌太守十余年的仓慈不仅吸引胡商来敦煌，还为胡商去内地经商提供方便，结果是"西域人入贡，财货流动"。《晋书·四夷传》记载，西晋时，晋与西域各国保持密切关系。晋武帝举行登基大典时，有许多外国的代表参加，"四夷会者数万人"。

西晋之后，北方虽然政权多有更迭，战乱频仍，但始终保持了西域贸易道路通畅，中西经济文化交流仍然十分活跃。大宛、大月氏、粟特国、康居、天竺、波斯等国都通过丝绸之路与当时的中国北方政权有贸易往来。《魏略·西戎传》记载当时通西域的交通说：

> 从敦煌玉门关入西域，前有二道，今有三道。从玉门关西出，经婼羌转西，越葱岭，经县度，入大月氏，为南道。从玉门关西出，发都护井，回三陇沙北头，经居卢仓，从沙西井转西北，过龙堆，到故楼兰，转西诣龟兹，至葱岭，为中道。从玉门关西北出，经横坑，辟三陇沙及龙堆，出五船北，到车师界戊己校尉所治高昌，转西与中道合龟兹，为新道。

"五胡"十六国时期（4—5世纪），黄河流域及其以北的广大地区，北方、西方的少数民族入住了一百多年。北方的鲜卑，西方的羯、氐、羌和分散在西北的匈奴、小月氏诸民族，大都和中亚一带雅利安系统的民族有往还。在这一百多年里，许多在今甘肃、宁夏一带建立的地方政权，由于政治、经济等原因，更有意识地保持着向西方的通道。北魏建立政权、统一北方后，因为它的统治集团中的主要部分是拓跋鲜卑，和中亚游牧民族同属游牧经济，生活习俗有着较多的接近之处，所以他们在中西文化交流上，不仅没有阻力，还起了促进推动的作用。这种情况不仅贯穿整个北魏，而且贯穿整个北朝。这也为以后隋唐时期中西文化交流出现新的高潮奠定了基础。

北魏太延三年（437年），太武帝遣董琬等一行出使西域，北魏与西域之间开始互通使节。董琬等人出使西域是中西交通史上的重要事件。董琬回国后，对当时西域的地理和交通等方面的情况提出详细的出使考察报告。这份报告被收录在《北史·西域列传》中。

董琬向朝廷报告了出使西域的经过，以及出使期间的西域见闻，并首次明确地提出西域的地理分区。《北史·西域传》记载：

> 始琬等使还京师，具言凡所经见及传闻傍国，云："西域自汉武时五十余国，后稍相并，至太延中，为十六国。分其地为四域。自葱岭以东，流沙以西为一域；葱岭以西，海曲以东为一域；者舌以南，月氏以北为一域；两海之间，水泽以南为一域。内诸小渠长，盖以百数。"

董琬以简略的文字记述了西域四个地理区域的范围。西域自汉武时五十余国，后稍相并，至太延中为十六国。分其地为四域：自葱岭以东，流沙以西为一域；葱岭以西，海曲以东为一域；者舌以南，月氏以北为一域；两海之间，水泽以南为一域。但董琬所说的四个区域的具体地理范围，现代学者则有不同看法。第一区域为相当于今新疆天山山脉以南的地区，当时主要是许多土著的城郭之国。关于第二区域，有人认为指今帕米尔以西至波斯湾一带，也有人认为以董琬等人的行踪看，海曲不应指波斯湾，而是指今里海南端，这里是当时嚈哒所直接占领的地区。第三区域为阿姆河中、上游南、北岸一带地区，当时为贵霜王朝的主要根据地。第四区域有人以为两海即今里海及地中海、水泽即今黑海，则此区指今小亚细亚；也有人认为两海仅指巴尔哈什湖和咸海，而水泽则为大泽之误，它可能指今里海的北部。这里一直是游牧生活地区。不论这里有什么不同看法，但都认为董琬的报告已经包含很远的地区了。这种四个区域的划分反映了当时中国人对西部世界的认知状况。

董琬还报告说，西域自汉武帝时为五十国，后稍合并，到北魏太延时，为十六国。他没有具体说到都有哪十六国，但可以肯定的是有鄯善、且末、于阗、疏勒、龟兹、焉耆、车师等国，天山以北的有乌孙、悦般等国。

董琬还带来了对西域交通道路变化的新认识。据董琬的报告，通往西域的道路有四条：

> 其出西域，本有二道，后更为四：出自玉门，度流沙，西行二千里至

鄯善，为一道；自玉门度流沙，北行二千二百里至车师，为一道；从莎车西行一百里至葱岭，葱岭西一千三百里至伽倍，为一道；自莎车西南五百里，葱岭西南一千三百里至波路，为一道焉。自琬所不传而更有朝贡者，纪其名不能具国俗也。

董琬的报告是北朝时中国人关于西域情况的一份重要的认知材料，增进了人们对西域形势和地理知识以及丝绸之路的了解。

《北史》关于董琬报告的记载是抄自《魏书·西域传》。《魏书》是以北魏当时所修的各种国史为根据并参考了当时政府的档案。它这部分史料来源有三个方面：（1）董琬的报告。（2）5世纪中叶，北魏曾向萨珊波斯派遣使臣韩羊皮，北魏和波斯之间开始了直接交往，因此，《魏书》中出现了关于波斯较详细的记录。（3）北魏迁都洛阳后，曾于516—518年派宋云、慧生出使西域，二人归来都有行纪。《魏书》也参考了他们的文献。因此，《魏书·西域传》的资料大都是根据当时的见闻，比较可靠，是这时期最重要的文献记录。

图 3-5-1　北魏时期敦煌壁画《狩猎图》

第三章　魏晋南北朝的丝绸之路记载

图 3-5-2　敦煌莫高窟第 296 窟壁画《丝绸之路商旅图》

六　惠生和宋云的西域游记

北魏时，佛教的传播得到朝廷的大力支持，比如著名的大同云冈石窟和洛阳龙门石窟，都是北魏时开始建造的。北魏初虽有魏太武帝的毁佛事件，但以后北魏历代皇帝都虔信佛教，并给予佛教发展以大力的支持。曾一度垂帘听政的胡太后对佛教更是推崇，史载"太后性聪悟，多才艺，姑既为尼，幼相依托，略得佛经大义"。神龟元年（518 年）冬，胡太后派遣洛阳崇立（灵）寺比丘惠生与使者宋云等向西域求经。宋云是敦煌人，当时为侍太后的主衣子统，是太后身边的近臣。

惠生和宋云从洛阳出发，越陇山西行 40 日，到北魏的西界赤岭（青海西宁日月山），穿流沙，由此进入吐谷浑境，受其庇护取道今青海省入西域，经青海湖、柴达木盆地，越阿尔金山，"路中甚寒，多饶风雪，飞沙走砾，举目皆满"。一路西北行 3500 余里，抵达鄯善国。当时鄯善为吐谷浑所辖，统治此地的是吐谷浑"宁西将军"，拥有部曲三千。他们见到"城中居民可有百家，土地无雨，决水种麦，不知用牛，耒耜而田。城中图佛与菩萨，乃无胡貌,访古老,云是吕光伐胡时所作"。再向西,宋云一行到末城,"城傍花果似洛阳,惟土屋平头为异也"。以西二十里捍麼城,即汉代扜弥,城南"有一大寺,三百余众僧,有金像一躯,举高丈六,仪容超绝,相好炳然;面恒东立,不肯西顾。……及诸像塔乃至数千,悬彩幡盖,亦有万计。魏国之幡过半矣。幡上隶书,多云'太和十九年、景明二年、延昌二年',唯有一幡,观其年号是姚兴时幡"。这位姚兴是后秦三主,于394年至415年在位,法显西行正在此时期。宋云所见姚兴时幡,很可能就是法显所赠。再西行至于阗国:

> 王头著金冠,似鸡帻,头后垂二尺生绢,广五寸,以为饰。威仪有鼓角金钲,弓箭一具,戟二枝,槊五张。左右带刀,不过百人。其俗妇人袴衫束带,乘马驰走,与丈夫无异。死者以火焚烧,收骨葬之,上起浮图。居丧者剪发劈面,以为哀戚。发长四寸,即就平常。唯王死不烧,置之棺中,远葬于野,立庙祭祀,以时思之。

此后,他们又经过朱驹波国、汉盘陀国,进入葱岭之钵盂城、不可依山,至钵和国(位于今塔吉克斯坦与阿富汗边界东部的瓦罕谷地),抵达嚈哒统治境,途中历尽艰辛。宋云见到嚈哒"居无城郭,游军而治。以毡为屋,随逐水草"。夏季则前往气候凉爽的草场,冬天又移至向阳温暖的草原。宋云还提到,嚈哒的北邻是铁勒部落,东则与于阗为界,西接波斯。宋云在那里见到40余国的使臣前来嚈哒朝贺,在"四夷之中最为强大"。宋云还注意到嚈哒不信佛法,"多事外神",可能信奉的是祆教。宋云一行谒见嚈哒王,"王张大毡帐。方四十步。周回以氍毹为壁。王著锦衣。坐金床。以四金凤凰为床脚。见大魏使人。再拜跪受诏书"。

宋云等谒见嚈哒王之后,经波斯国、弥国、钵卢勒国,进入乌苌国和犍陀罗国。当他们游历到印度河上游河谷的古国乌苌(今巴基斯坦北部斯瓦特河流域)时,谒见乌苌国王。宋云记载乌苌国:

> 北接葱岭,南连天竺,土气和暖,地方数千里。民物殷阜,匹临淄之

神州，原田肵肵，等咸阳之上土。鞞罗施儿之所，萨埵投身之地，旧俗虽远，土风犹存。国王精进，菜食长斋，晨夜礼佛，击鼓吹贝，琵琶箜篌，笙箫备有。日中已后，始治国事。假有死罪，不立杀刑，唯徙空山，任其饮啄。事涉疑似，以药服之，清浊则验。随事轻重，当时即决。土地肥美，人物丰饶，百谷尽登，五果繁熟。夜闻钟声，遍满世界。土饶异花，冬夏相接，道俗采之，上佛供养。

乌苌国王称北魏为"大魏"，见宋云至，以膜拜之礼接受北魏国书。他听说胡太后笃信佛法，十分欣喜。乌苌国内有懂汉语的人，国王派来询问中国情况，打听中国是否也出圣人。乌苌国王与宋云有过一段很著名的对话。国王问宋云："卿是日出入也？"宋云答道："我国东界有大海水，日出其中，实如来旨。"国王又问道："彼国出圣人否？"宋云具说周公、孔子、老子、庄子之德；接着描述了蓬莱山上的银阙金堂、神仙圣人；又介绍了占卜家管辂、中国最伟大的医学家之一华佗和著名的道教法师左慈。国王听罢宋云的介绍，感叹地说："若如卿言，即是佛国，我当命终，愿生彼国。"

宋云向国王具说周孔庄老之德，介绍蓬莱山上的银阙金堂、神仙圣人，又说"管辂善卜，华佗治病，左慈方术"。国王遥心顶礼，认为魏境就是佛国，"我当命终，愿生彼国"。

正光元年（520年）四月，宋云来到犍陀罗国。他递交国书时，犍陀罗王坐受诏书。宋云起初考虑夷夏有别，只得听之。后经数次交往后，觉得可以交流想法，于是宋云责备道：魏国是大国，为万邦之主，四夷包括犍陀罗均应崇奉之，"山有高下，水有大小，人间处世，亦有尊卑"；并说嚈哒王和乌苌王都拜受诏书，大王应当仿效之。犍陀罗王反驳说，见魏国皇帝则拜，而受国书坐读并无不可。世人得父母书信，尚且坐而读之。大魏就算是如同我父母，我坐读魏国的国书也不悖理。宋云无法说服他。宋云在国内时没有见过真狮子，看到跋提国送给犍陀罗的两头狮子，十分好奇，感觉在国内所见狮子画像与真狮子相去甚远。

此后，宋云、惠生游历了这些地区的诸多佛迹，最西到达那迦罗诃国那竭城（阿富汗贾拉勒阿巴德）。他们的西行共历时 4 年，于正光三年（522 年）回国，取回大乘经论 170 部，摹写了犍陀罗佛图之仪状大小，详记了天竺佛迹佛塔之方位所在，对于当时佛教在中原内地的发展、佛典翻译以及犍陀罗佛教造像、雕刻、绘画艺术的传播起到了十分重要的作用。

宋云等人由于肩负着佛教的使命，因此他们在旅途中，特别注意"寻如来教迹"。"如来教迹"不同于一般的古迹，而是代表佛陀的人格的奇迹与教化的神力，因而"教迹"本身就是神异的。

西行的宋云和惠生，是北魏派出的国家代表，同时负有宣扬国威和华夏文化的使命。这与法显、智猛等出自信仰、属个人行动者有所不同。他们出发时，胡太后敕付五色百尺幡千口、锦香袋 500 枚、王公卿士幡 2000 口。从于阗始，至干陀罗，分别供养于路上所有的佛迹处，前后还为浮图施舍奴婢 4 人，可见此行规模之宏大。

宋云、惠生还各自撰写了一本记载西行见闻的书籍。宋云写《魏国以西十一国事》1 卷，惠生写《惠生行传》1 卷。这两部行记记述了当时从中原往印度的交通路线，对沿途国家、地区的物产、政治、风俗、信仰等进行了具体的记述。尤其是它对于阗国、嚈哒国和葱岭的记述具有珍贵的史料价值，是 6 世纪初期中西关系最详细的记录。日本学者内田吟风认为："宋云的使命主要包括与西方各国进行外交交涉、视察国情等正式的国家使节的内容，而惠生则主要作为胡太后的私人佛教使节。……因此，《宋云行纪》不仅是个旅行记录，而且也是详细记录了各国情况的侦察报告。"[①]

宋云和惠生的这两部行纪在唐、宋时期还流传于世，迄后皆失散不见。所幸这两本书的内容均被杨炫之进行综合记录和整理，以题为《宋云惠生使西域》编入《洛阳伽蓝记》中，成为后世研究中西交通史、佛教史极其宝贵的参考史料。

[①] ［日］长泽和俊：《丝绸之路史研究》，钟美珠译，天津：天津古籍出版社 1990 年版，第 491 页。

图 3-6-1　敦煌莫高窟第 45 窟壁画《胡商遇盗图》

第四章　古希腊罗马文献记载的东西交通

一　希罗多德记载的草原之路

公元前5世纪的学者希罗多德（Herodotus，约公元前484—前425）在《历史》第四卷中曾论述过欧洲和亚洲之间的草原之路。希罗多德根据公元前7世纪一位旅行家阿里斯泰（Aristaeus）所写的题为《阿里玛斯波伊人》的诗，记载了约有10种独立的民族或部落，并叙述了他们的习俗。

阿里斯泰是西方传说中的古希腊著名旅行家和诗人。他曾经跟随庞大的斯基泰商队，从希腊出发，穿越了7个民族的地区，到达阿尔泰山脚下"阿尔及巴埃人"的市场。在那里，他见到了伊塞顿商人（大约是居住在伊犁河流域的塞人），然后跟着返回的伊塞顿商人沿着阿尔泰山南麓继续东游。

公元前9世纪时，欧亚草原最西端的黑海北岸地区，是古代民族辛梅里安人（Cimmerians或Kimmeres）的活动范围。"辛梅里安人"这个名称，是希腊人给起的名字，指的是生活在欧亚草原、操伊朗语的游牧民族，意为"流动的马队"。希罗多德曾到过黑海北岸的希腊殖民者的居留地，他根据在那里的见闻，了解并记述了当时业已消亡的辛梅里安人的若干情况。比希罗多德时代更早的荷马史诗《奥德赛》中，也已提到过辛梅里安人，说他们生活在大洋（指黑海）那边的一条河边，那里雾气弥漫，不见阳光。

第四章　古希腊罗马文献记载的东西交通

在辛梅里安人的东北方向生活着另一个古代民族——斯基泰人。关于斯基泰人生活的地区，希罗多德记述了他们的一个传说。斯基泰人说在他们的北边，由于有羽毛自天降下的缘故，没有人能进入那里去。希罗多德解释说，斯基泰人在谈到羽毛时，不过是用来比喻雪而已。① 由此推测，他们的活动范围大致在黑海北岸以东、伏尔加河上游以南的温带草原区域。由此再往北，则是冰雪交加的寒带区域了。

广义的斯基泰人活跃在公元前 7 世纪至公元前 3 世纪，相当于中国的春秋战国时期。"斯基泰人"是希腊人对这个古代民族的一种他称，源自希腊语"Skythaio"。在关于斯基泰人史诗般传奇事迹的记载中，他们被描写为北方的彪悍民族，靠着旺盛的战斗力、特殊的战术、灵活而机敏的马匹，很快在近东地区的军事与政治上取得了主导地位。斯基泰人在顿河与多瑙河之间、黑海以北到西伯利亚的范围内不断地迁徙，他们与萨拉逊人、凯尔特人接触，吸取了多种文化包括希腊文化的特点，在征服的土地上建立了自己的国家，在公元前 5 世纪至公元前 4 世纪形成斯基泰王国。在欧亚草原民族迁徙的大背景下，随着斯基泰人的迁徙，形成了一条沟通欧亚大陆的草原之路。斯基泰人充当了中西方之间交通和交流的媒介，充当了中国丝绸最大的中介商和贩运者。最早的丝绸贸易就是从草原之路开始的。

希罗多德《历史》中说的这条东西交通道路，是从西往东，斯基泰商人绕里海、咸海之北，横过中亚，来到阿尔泰山地区。

斯基泰人东来，主要是为了寻找黄金。由于可以骑马，人们可以利用更广阔的草场放牧，但生产出的大量马匹或者皮毛会超出有限人群的消费能力，而极端天气或者瘟疫等会导致这些财产大幅缩减。因此，草原社会需要寻找一种安全、便携的等价物，黄金无疑是最优的选择。希罗多德说亚洲北部有很多黄金。黄金可能来自阿尔泰山、准噶尔一带。阿尔泰山就是"金山"的意思，据说那里盛产黄金。希罗多德说黄金是被"叫作阿里玛斯波伊的独眼族从格律普斯那里偷来的"。这个神话中可能包含一个事实，即黄金为阿里玛斯波伊人所有。它通过伊赛多涅斯人（Issedones）之手卖给"秃头者"，斯基泰人再

---

① ［古希腊］希罗多德：《历史》，王以铸译，北京：商务印书馆1985年版，第227页。

典籍里的丝绸之路

从"秃头者"手里买回去。

从斯基泰人的活动范围再往东,在黑海东岸至巴尔喀什湖之间广阔的草原地区,居住着萨尔马特人、马萨格泰人和塞种人等古代民族。萨尔马特人(Sarmatians)的分布范围,大致在中亚的西北部地区。他们的生活方式与游牧的斯基泰人十分接近,但在社会发展水平上却要落后一些。马萨格泰人(Massagetans)的活动范围大致在黑海以东至锡尔河下游之间,其社会发展水平与萨尔马特人相仿。作为游牧民族的马萨格泰人勇武善战,希罗多德曾记载说他们已拥有独立的骑兵和步兵,此外还有弓兵和枪兵。所有战士的枪头和箭头都用青铜制造,因为那里有大量的黄金和青铜。

塞种人的分布地区在更东面,包括塔拉斯河、楚河、伊犁河流域的河谷地带,以及阿莱帕米尔、费尔干、天山的高原地带。这样的地理环境在一定程度上决定了塞种人的生活方式:在炎热的夏季,他们通常把放牧的畜群驱赶到高原牧场;而在寒冷的冬天,则把畜群转移到海拔较低的河谷牧场。西周时有塞人(塞种人)居住在敦煌一带。春秋时月氏民族开始强大起来,向西驱迫塞人。这时塞人沿天山西迁,散居在天山以北,包括阿尔泰山到巴尔喀什湖以东以南的广大草原。公元前8世纪,一部分世居中亚北部的塞人,在萨尔马特人的压迫下,从中亚西北部迁到黑海西北,他们在公元前6世纪时与希猎人在黑海的殖民城邦建立了频繁的贸易往来。天山北麓通向中亚细亚和南俄罗斯的道路,由于这些草原牧民的媒介而通畅。在古代,这里是极其辽阔而并无国界的草原谷地。塞人部落通过他们的游牧方式,在中国和遥远的希腊城邦之间充当了最古老的丝绸贸易商,他们驰骋的吉尔吉斯草原和罗斯草原成了草原丝绸之路最早通过的地方。

在天山山口和阿尔泰山山口,北风怒吼,飞雪漫舞,后面是难以逾越的崇山峻岭和沙漠戈壁。阿里斯泰听当地人说,在崇山峻岭的那边,北风之外,是一个温暖的天地,居住着一个幸福宁静的民族,他们就是希佩博雷安人(Hyperboreans)。其家乡一直到大海之滨,那里土地富饶,人民定居务农,海水永不结冰。"希佩博雷安人"的本意是指"居住在比北风地更遥远地区的人"。

与希罗多德同时代的一些地理学家,也可能见过阿里斯泰的诗篇,所以在他们的书中也对希佩博雷安人的情况进行了描述。他们说,希佩博雷安人居住在"丽白安"山脉之外的北方海洋之滨,那里土地肥沃,还说他们是素食者。这个材料适合于将希佩博雷安人说成中国人的假说。作为农业国,中国人相对于中亚那些完全是游牧与狩猎的部落而言,当然是素食者。至于丽白安山脉,则应指一条或几条中亚的大山脉,如阿尔泰山、塔尔巴哈台或者天山等。

现代的历史地理学家曾试图将这些部落的位置在地图上标定下来。这样,由西往东,杜撒盖塔伊人(Thyssagetae)大概居住在乌拉尔山的南部,伊赛多涅斯人大约在天山之东的某地,而阿里玛斯波伊人则在塔里木盆地和戈壁沙漠之间。"那么,就会得到一个乍看起来令人惊讶的结论:希佩博雷安人不是别种人,而正是居住在关中地区和黄河下游一带的汉族人。"[1] 有许多东方学者,如德经(Joseph de Guignes)等人都持这种看法。

希罗多德提到住在海边的"北风之外的人"。有的研究者认为,汉族人确是居住在"北风之外",意思是说他们居住在中亚严冬达不到的地方,享有比较温暖的气候。西方人关于中国的最初知识都与丝绸有关,他们首先是通过丝绸知道中国的。在希罗多德同时代或之前,西方人对于中国丝绸乃至中国已略有所知。所以,希罗多德对于东方的论述中或许已暗知中国。不过,他所知道的也不会太多。法国学者戈岱司(George Coedès,1886—1969)认为,"希罗多德的知识不可能延伸到如此辽远。……然而,可能从希罗多德时代起,中国的丝绸就传到了西方。……希罗多德多次谈到米提亚人(Mèdique)的织物不是别的东西,而正是丝绸"[2]。

根据希罗多德的记载,公元前7世纪时,自今黑海东北隅顿河河口附近,经伏尔加河流域,北越乌拉尔岭,自伊尔的什(Irtish)而入阿尔泰、天山两山之间的商路,已为希腊人所探索。就希罗多德提到的几段行程推断,总路程可能要走四五个月以上。

希罗多德深信这条商路的存在,他指出:"直到这些秃头者所居住的地方,这一带土地以及居住在他们这边的民族,我们是知道得很清楚的。因为在

---

[1] [英]李约瑟:《中国科学技术史》第1卷,袁翰青译,北京:科学出版社1990年版,第177页。
[2] [法]戈岱司:《希腊拉丁作家远东古文献辑录》,耿昇译,北京:中华书局1987年版,第11页。

斯基泰人当中，有一些人曾到他们那里去过"。现代学者根据希罗多德笔下草原居民驻地的分析，做出如下大致的推测：西从多瑙河，东到巴尔喀什湖，是宽广的草原之路，中间需要越过第聂伯河、顿河、伏尔加河、乌拉尔河或乌拉尔山。再往东，与蒙古高原相通的大道有三条：

第一道，在东及巴尔喀什湖西缘时，从东南折向楚河谷地，而后进入伊犁河流域。从这里沿着天山北麓一直向东，直到东端的博格达山以北。从博格达山北麓向北，还可以走向蒙古高原的西部。

第二道，从伊犁河流域偏向东北，进到准噶尔盆地，直抵阿尔泰山西南山麓；或者从东钦察草原东进至额尔洛斯河中游，沿着其支流的河谷和宰桑湖南缘进至阿尔泰山。在绵延的阿尔泰山脉上，有不止一处可以越过的通道。著名的达坂（山口）有3个，即乌尔莫盖提、乌兰和达比斯。

第三道，从东钦察草原东缘向东，渡过额尔洛斯河抵鄂毕河，然后沿着鄂毕河上游卡通河谷地进至蒙古高原。这条路上有阿尔泰山和唐努乌梁山之间的崎岖山地，相当艰险。[①]

希罗多德描述的草原之路也被学者们称为"斯基泰贸易之路"。

二　罗马人记载的中国之路

古罗马人对通往东方的交通路线已经有所了解。安息在古波斯交通的基础上，建立了自己的交通网络。希腊人将该网络称为"驿站网络"。安息人允许罗马商人进入巴比伦尼亚地区，但禁止他们加入那些打算横穿波斯、直达河中地区和丝绸之路通往中国的商队。公元1年，罗马皇帝奥古斯都下令对波斯湾两岸进行详细考察，就该地区的贸易活动写出考察报告，并记录海上航线如何与红海相通。他还密切关注经波斯深入中亚内陆通道的实地考察。有一位叫伊

---

① 石云涛：《早期中西交通与交流史稿》，北京：学苑出版社2003年版，第104—105页。

西多尔（Isidore）的希腊人曾为罗马人收集帕提亚（安息）的情报，他提供了一份被称作《帕提亚驿程志》（*Parthian Stations*）的文献。他绘制了一条入侵帕提亚的路线。如果奥古斯都下令征服帕提亚帝国，那么这条路线的目的就是在罗马军队发动战争时有通道可行。这份古文献提供了一条从古罗马—叙利亚边界穿过古波斯到伊朗东部边界的古代行驶路线。这条路线是：沿着幼发拉底河进入巴比伦，然后穿过伊朗高原，到达阿拉霍希亚（阿富汗南部）的帕提亚管辖区的东部边界。它记载了东方重要城镇之间的距离，并仔细标注了从幼发拉底河到亚历山大德鲁波利斯（今阿富汗坎大哈）之间所有的重要据点。伊西多尔提出，在沿途有一些"皇家驿站"，这些驿站就是公元前5世纪大流士建立的古代道路的一部分。这也就是丝绸之路经过波斯地区的一大段路线。这是与《汉书·西域传》时代相仿的西方丝绸之路的早期记载。

罗马地理学家梅拉（Pomponins Mela）则指明了通往东方的道路和中国人所居住的地点。他在《地理志》中这样写道：

> 从东方出发，人们在亚洲所遇到的第一批人就是印度民族、赛里斯人和斯基泰人。赛里斯人住在临近东海岸的中心，而印度人和斯基泰人却栖身于边缘地带。
>
> ……然后又是一片猛兽出没的空旷地带，一直到达俯瞰大海的塔比斯山；在辽远处便是高耸入云的陶鲁斯山脉。两山之间的空隙地带居住有赛里斯人。[①]

罗马博物学家普林尼（Gaius Plinius Secundus，23—79）在其著名的《自然史》中也写道：

> 在喀劳狄执政年间，由锡兰前往罗马的使节们介绍说，锡兰岛的一侧朝东南方向沿着印度延伸，有一万节之遥；这些使节曾在赫摩迪山以外地

[①] [法] 戈岱司：《希腊拉丁作家远东古文献辑录》，耿昇译，北京：中华书局1987年版，第8—9页。

典籍里的丝绸之路

区见过赛里斯人,并与他们保持着贸易关系;使团长拉西亚斯的父亲曾到赛里斯国……①

2世纪初的罗马地理学家马利努斯(Marinus of Tyre)在《地理学导论》一书中记载了罗马商人到洛阳进行丝绸贸易的经过。有一位名叫马埃斯·蒂蒂安努斯(Maes Titianos)的希腊商人,世代经营赛里斯贸易。他的父亲和他都经常派遣商队前往赛里斯,虽然他本人未到过东方,他的商行却掌握了有关贸易路线的详细资料。按照马利努斯的记载,公元99年(东汉永元十一年),马埃斯委托代理人组成商队,从马其顿出发,经过达达尼尔海峡、幼发拉底河上游氾复城(今叙利亚北部门比季),进入安息西境的阿蛮城(今伊朗西部哈马丹)。沿里海南岸行至安息国都和椟城(今伊朗达姆甘)、安息东境亚里(今阿富汗西境赫拉特)、木鹿城(今土库曼斯坦南境马里),其后进入贵霜境内,到大夏国都监氏城(今阿富汗瓦其拉巴德),再沿喷赤河东行至葱岭最高点休密人居地,然后下山,经瓦罕走廊,进入中国境内。当时正是班超驻守西域,商队被带到班超的营地,他们被同意前往洛阳。此后,他们沿塔什库尔干河北行至无雷(今新疆塔什库尔干县境内),在此顺塔什库尔干河转向东行,经德若、西夜至莎车,其后东行至于阗、精绝(今新疆民丰县境内),穿大漠直抵罗布泊西岸的楼兰,再经山国、敦煌,最后在公元100年(永元十二年)11月到达洛阳。在洛阳,这支罗马商队受到了汉和帝的接见,并赐予"金印紫绶"。这支商团在返回罗马时贩运了大批中国丝绸和其他手工业品。他们回到罗马后,给马埃斯提供了一份报告书,汇报了他们的冒险经历,而马埃斯就此写了一份报告给他的商务伙伴。一些罗马学者读过这份报告书,其中就包括马利努斯。托勒密曾援引过马利努斯的这段记载,并复原了商队的行走路线。

罗马史家弗洛鲁斯(Florus)在《罗马史要》(*Epitome*)一书中记载,在公元前27年和公元前14年,有中国及印度使节不远万里来觐见帝国第一位皇帝奥古斯都。在此书的"帕提亚人的和平与奥古斯都的加冕礼"一章中记载说:

---

① [法]戈岱司:《希腊拉丁作家远东古文献辑录》,耿昇译,北京:中华书局1987年版,第11—12页。

……所以，我们见到了斯基泰人和萨尔马特人都派遣使者前来与我们媾和。也见到有住在同一天下的赛里斯人和印度人，他们带来的礼物中有宝石、珍珠和训练过的大象。他们特别吹嘘旅途的漫长，历时4年才走到。仅仅从这些人的肤色就可以看出他们来自另一个天地。①

斯基泰和印度都是与罗马有较多接触的远方民族，弗洛鲁斯把中国（赛里斯）人和他们对等看待，也说明了中国在罗马"国际事务"中的地位。但

图4-2-1 古罗马时代一幅马赛克镶嵌画的局部，描绘一艘双排桨海船正在驶离港口的景象

---

① ［法］戈岱司：《希腊拉丁作家远东古文献辑录》，耿昇译，北京：中华书局1987年版，第16页。

在中国的文献中却没有遣使大秦的相应记载。而奥古斯都在位的年代，正值西汉末年衰乱之际，很难有遣使之举。弗洛鲁斯所说的"赛里斯使节"，如确有其人，或应类似"安敦使团"那样的中国商人或旅行家。当时两地丝绸贸易十分兴盛，有一些中国人来到罗马也是很有可能的。

三 《爱脱利亚海周航记》记载的东方航线

完成于公元1世纪中叶的《爱脱利亚海周航记》（Periplus of the Erythraean Sea）提供了研究罗马帝国与印度及其以远地区交通的重要资料，表明罗马帝国的商人十分重视印度半岛东岸及其以远地区。

《爱脱利亚海周航记》是一名住在埃及的希腊水手写的，有人说他是一名常年在印度洋上航行的亚历山大时期的希腊—埃及商人。据英国地理学家本布里爵士（Edward Herbert Bunbury）说，"这是一部商人著述的专为商人们所用的著作"。书中划分了五个主要的贸易区：红海西部、东非、阿拉伯半岛南部、波斯湾东部和印度。货物被划分为9大类：饮食、纺织品和服装、日常用品、原材料、宝石、香料和芳香剂、药物和染料、牲畜、奴隶。

《爱脱利亚海周航记》中记述了西方商船往来于红海、波斯湾和印度东西沿岸的航线。"爱脱利亚海"意为"东方的大海"，指的是今天的红海、阿曼海乃至印度洋部分海域。书中写道，在那些利穆里（Limurice）或北方人登陆的当地市场和港口中，最重要的是吉蔑（Kamara）、波杜克（Podouke）、索巴特马（Sopatma）等著名市场，这几个地方互为毗邻。

红海沿岸诸地与印度洋沿岸地区的贸易有着悠久的历史。埃及人很早就已经驶出红海。公元前1世纪，红海—阿拉伯海诸地的海上贸易已经发展起来。公元前336至公元前146年，埃及处于希腊托勒密王朝的统治之下。希腊人继承埃及人的传统，继续沿红海向南航行。来自印度、东非的商品在今红海南端的曼德海峡两岸，即阿拉伯半岛的亚丁、索马里与埃塞俄比亚之间的吉布提附近过驳卸货，转由红海沿岸的商人贩运到地中海边。在奥古斯都执政时，埃及被纳入罗马帝国的版图。位于尼罗河三角洲的亚历山大港是罗马帝国通往东方的门户。

公元1世纪，罗马人已经注意到了印度与中国的贸易交往；公元2世纪，罗马人的活动范围扩展到孟加拉国湾东海岸地区和整个印支半岛，并从海陆两路到达中国，同中国建立起了直接的贸易关系。因而，这以后的罗马文献中对中国的记述就逐渐清晰和明朗了，并且包括了通往中国的交通路线。《爱脱利亚海周航记》写到了位于恒河口以东地区，这里首先是黄金之国"金州"，它面对一个同名的岛屿，此岛使用一种名叫"科兰迪亚"（Kolandia）的大帆船与南印度保持商业往来。经过该地区之后，再沿岸北上，一直到达一个具有一座名叫秦尼（Thinai）的内陆大城市的地方。此地通过两条不同的道路向印度出口丝线和丝绸。第一条道路经过大夏到达婆卢羯车（Barygaza，即今布罗奇）大商业中心，另一条沿着恒河到达南印度。《爱脱利亚海周航记》写道：

> 经过印度东海岸之后，如果直向东驶，那么右边就是大洋。若再沿着以下地区前进，并让这些地区始终在自己左方，那就可以到达恒河及位于其附近的一片地区——金洲，这是沿途所经各地中最东部的地方。……恒河之滨也有一个同样称为"恒伽"的市场。香叶、恒河甘松茅、固着丝以及号称恒河麻布的优良麻织品，都在那里转口。经过这一地区之后，就已经到达了最北部地区，大海流到一个可能属于赛里斯国的地区，这一地区有一座很大的内陆城市叫作秦尼。那里的棉花、丝线和被称为Sêrikon（意为丝国的）的纺织品被商队陆行经大夏运至婆卢羯车，或通过恒河而运至穆利。要进入该国（赛里斯国）并非易事，从那里来的人也极为稀少罕见。赛里斯地区恰好位于小熊星座下面，而且据说它是蓬特和里海对岸的毗邻地区（即东方）。[①]

《爱脱利亚海周航记》中所载的"秦尼"指的就是中国。

---

① ［法］戈岱司：《希腊拉丁作家远东古文献辑录》，耿昇译，北京：中华书局1987年版，第17—18页。

典籍里的丝绸之路

《爱脱利亚海周航记》着重介绍了当时的四条重要的海上航线：

（1）顺着红海的非洲海岸航行到卡尔达富角的南端；
（2）从红海海岸出发，绕阿拉伯半岛直至波斯湾深处；
（3）沿印度海岸航行；
（4）通向中国的航路，但这条航线不是很明确。

有研究者认为，《爱脱利亚海周航记》是欧洲文字中最早记中国为"Thinai"的，也是古代人第一次谈到从陆海两路接近中国的。作者把所记各港口、城市都放在世界范围的商业贸易网中，这也就是在经济贸易的意义上把中国纳入了世界体系。据《爱脱利亚海周航记》记载，印度向罗马出口的主要商品有香料、珍珠、象牙、丝绸、平纹细布等奢侈品，以及猴、孔雀、鹦鹉等玩赏动物。罗马统治者奥古斯都占领埃及的亚历山大里亚以后，罗马妇女穿的衣料多为印度细布，手指和耳朵上都佩戴珍珠饰物，连鞋上也缀有珠宝，由印度贩来的中国丝绸贵同黄金。罗马也向印度输出亚麻布、酒、红珊瑚、铜、锡、铅、琥珀、希腊女奴、乐伎等。《爱脱利亚海周航记》还说，大量丝绸从中国运到巴克特里亚，一些大捆的丝绸顺着印度河和恒河而下，被运到印度的各个港口，然后被装上罗马帝国来印度的船舶。帕提亚商队会收购运抵巴克特里亚的其他丝绸，他们将携带商品从陆路横越波斯，前往泰西封与古代巴比伦尼亚各大主要商业城市。然后，叙利亚商队将这些丝绸和其他东方商品从巴比伦尼亚运到地中海东部海岸。

法国东方学家戈岱司说，《爱脱利亚海周航记》"是一部特别重要的文献"。"应该感谢这位作者，他虽不是渊博之士，却直朴无华地记叙了他之所见所闻。他的记叙极为生动，并常常比托勒密的图表更有教益。"《爱脱利亚海周航记》中"有关远东的三四段记载对中国在公元 1 世纪末左右和邻国以及西方的贸易关系作了比较准确的概述。它们证明作者对东亚总的地貌有了准确的概念，其中最大的功绩就在于向我们提供了关于某些游记的真实面貌"。作者"不会不知道有另一条经过大夏的沙漠商队之道（正是经过这条路，有关丝绸之国的资料才传到地中海地区），但他也向我们指出了一条海路"。①

图 4-3-1　古罗马壁画，画的是港口景色

四　托勒密记载的东方交通路线

公元 2 世纪最著名的地理学家托勒密（Claudius Ptolemaeus，约 90—168）在其《地理志》中，援引地理学家马利努斯的记载，提到马埃斯·蒂蒂安努

---

① ［法］戈岱司：《希腊拉丁作家远东古文献辑录》，耿昇译，北京：中华书局 1987 年版，导论第 16—18 页。

典籍里的丝绸之路

斯掌握的有关贸易路线的详细资料。

《地理志》中写了各地的经纬度数值,精确度达到 1/12 度。托勒密描述了塔里木盆地的自然概貌。他对所谓伊麻奥斯山外侧的斯基泰人的叙述如下:"伊麻奥斯山斯基泰人的四至如下:在西部与伊麻奥斯山内侧的斯基泰人及塞种人地区,以沿北向山脉的弯道为界;北部是一片未知之地;东部是赛里斯国,沿着一条直线而划分,其边缘地区的经纬度大致分别为 150 度和 63 度,160 度和 35 度;在南部是内恒河流域的印度的一部分,按照上述各线边际相接处的纬度为界。"伊麻奥斯山相当于帕米尔。这里描绘的是葱岭地区的斯基泰人。其北方,即乌孙人和康居人占据的伊丽河、都赖水(塔拉思河)草原,对希腊人来说是一片"未知的土地"。其东方是赛里斯,确切地说,指东汉控制下的西域。

托勒密的《地理志》中同时提到秦尼国(Sinae)和赛里斯国(Seres)之名。似乎他不清楚这两个名称实际上是指一个国家。可能是因为 Seres 之名是从陆路传来的,而 Sinae(或 Sina)是从海路而来的。《地理志》中对赛里斯国有着比较详细的描述,写道:

> 赛里斯国的四至如下:西部是伊麻奥斯山外侧的斯基泰,沿上文所指的路线延伸;北部是一片未知之地,与图勒位于同一条纬度线上;东部也是一片未知之地,沿一条子午线的方向延伸,该子午线两端的方位是 180 度和 63 度,180 度和 35 度。其余是外恒河以南的印度的另一部分……赛里斯国四周环绕着一座叫作阿尼巴的山脉……赛里斯国的绝大部分地区由两条河流所流经……赛里斯国的首都赛拉城,白昼最长为十四小时四十五分,东距亚历山大城的时差为七小时五十分钟或整八小时。[①]

托勒密认为在印度和赛里斯国之外,在赛里斯国首都的东部,还存在一块不大为人知的土地,"那是一个覆盖着淤泥的湖沼",它滋润着亚洲大陆直到

---

① [法]戈岱司:《希腊拉丁作家远东古文献辑录》,耿昇译,北京:中华书局 1987 年版,第 31—32、49 页。

东海岸。那里芦苇丛生，这些芦苇长得坚挺粗壮，人们甚至能从其上部攀缘而越过沼泽面。这种假设的结果使赛里斯国处于内陆。他列举了许多山脉，这些高山几乎包围了整个国家。

他说到"赛里斯国的绝大部分地区由两条河流所流经"。奥伊哈尔德斯河（Oikhardes，应指塔里木河），上文已经提到，有一源头在奥扎基亚山区（应指天山）附近；而在阿斯米拉亚山（Asmiraia，应指昆仑山脉的一部分）为另一源头，位于 174 度、47 度 30 分的地方；在卡西亚山（应指昆仑山）附近有一弯曲处，位于 160 度和 49 度 30 分的地方；在这同一山脉中又有其第三个发源处，位于 161 度和 44 度 15 分的地方。一条叫作博提索斯（Bautisos）的大江，在卡西亚山附近有发源处，位于 176 度和 39 度的地方；在埃模达山（应指喜马拉雅山）附近，位于 168 度和 39 度的地方，有一弯曲处；这一山脉中还有一发源处，位于 160 度和 39 度的地方。[①] 上述奥伊哈尔德斯河的三条支流，应分别相当于塔里木河的三条上源喀什噶尔河、叶尔羌河和于阗河。即发源于奥扎基亚山区附近的，是喀什噶尔河，或阿克苏河；发源于阿斯米拉亚山的是于阗河；而发源于卡西亚山脉的第三条支流是叶尔羌河。但托勒密未言及上述三河汇流后下游的流向和所经地。

他列举了 15 个左右的民族和大量的城市。总之，他是第一个把赛里斯人的国家称为赛里斯国，把他们的首都称为赛拉的地理学家。托勒密记载说：

马利努斯没有报道过从金洲到卡蒂加拉之间的节数，但他说亚历山大曾经记载，从金洲国开始，整个陆地都面向南方；沿着此地航行，在 20 天内即到达扎拜城；然后再从扎拜城向南稍偏左航行"若干天"，即可到达卡蒂加拉。

我们从航海家们那里也搜集到了关于印度及其所属各省以及该地内部直至金洲，再由金洲直至卡蒂加拉的其他详细情况。据他们介绍说，为了

[①] ［法］戈岱司：《希腊拉丁作家远东古文献辑录》，耿昇译，北京：中华书局 1987 年版，第 30—33 页。

典籍里的丝绸之路

前往该处，必须向东航行；从该处返航，须向西驶。另外，人们还认识到全航程的时间是经常变化的，无规律的。①

托勒密详述了自幼发拉底河口，经美索不达米亚、安息、木鹿、大夏等地进入中国的路线和方位。这是西方古典作家第一次对丝绸之路的记载。托勒密《地理志》中根据马利努斯的材料，从那些由西方到过赛里斯国的人那里知道：

他们还说，不只有一条路从那里途经石塔前往大夏，而且还有一条从该地取道路华氏城而通往印度的路。②

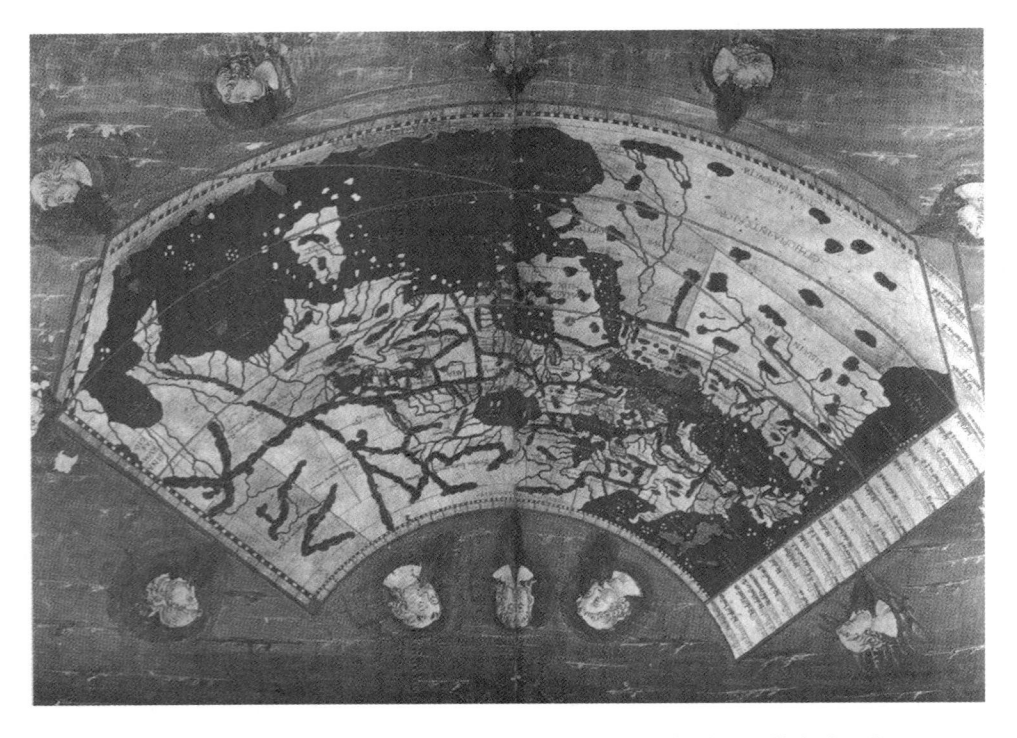

图 4-4-1　托勒密世界地图，载于 1477 年意大利出版的《托勒密地图集》

---

① ［法］戈岱司：《希腊拉丁作家远东古文献辑录》，耿昇译，北京：中华书局 1987 年版，第 29 页。
② ［法］戈岱司：《希腊拉丁作家远东古文献辑录》，耿昇译，北京：中华书局 1987 年版，第 36 页。

华氏城的希腊名称叫巴林波特拉（Palimbothra）。这条不经过巴克特里亚的路，一定是取道昆都士经过迦毕试（遗址在喀布尔北的帕格曼），由塔克西拉南下的大路。托勒密说，赛里斯国紧靠粟特国的东部，从石城到赛里斯国首都"丝城"需要7个月的行程。外国商人们一拥入丝城，便抢购丝绸。从丝国首都出发，又有两条交通要道：一条是经石城而通向大夏，另一条通向印度。托勒密的这些记载，要比前人有关的描述具体得多了。

五　蔡马库斯记载的丝绸之路

公元330年，罗马皇帝君士坦丁（Constantine I the Great，306—337年在位）在巴尔干半岛东部的拜占庭地方建立罗马帝国的新都，即君士坦丁堡，并赐予其"新罗马"（Nova Roma）的正式名称。4世纪末，罗马帝国分裂为东西两个帝国。

拜占庭帝国不仅保持了原本属于古罗马帝国的领土，而且进一步囊括了中东和希腊地区，据有地中海周围的欧洲、亚洲和非洲的大片区域。在以拜占庭为中心的帝国东部，融会古希腊文化、基督教东正教和罗马政治观念以及东方（如波斯）文化因素，逐渐在政治制度和文化上表现出自成一格的独特性，形成一个不同于古希腊和古罗马的新型帝国，近代学者称之为"拜占庭帝国"。对当时东部帝国的统治者和民众而言，这个东部帝国仍然是罗马帝国的正统，承续着帝国的光辉和使命，故其君主自称为"罗马皇帝"，民众自称为"罗马人"，而新都"君士坦丁堡"称作"新罗马"。罗马帝国与外族交往以"Rum"自称。

拜占庭帝国同先前的罗马帝国一样，对东方奢侈品特别是中国的丝绸充满强烈的渴求，但萨珊波斯像从前的安息王朝一样，牢牢控制着横贯其境的丝绸之路，保持着丝绸贸易的垄断权。波斯帝国利用这种垄断地位，迫使拜占庭帝国在两国关系中让步，拜占庭帝国自然不甘就范。在海路和陆路两个方面均受制于波斯的情况下，拜占庭帝国试图从其他路线绕过波斯到达东方丝源。

拜占庭与中国最初以突厥为媒介而间接有所联系。6世纪中叶，西突厥所掌有的中亚领土正处在东西交通的枢纽地带，无论是横贯波斯的传统丝绸之路，还是贯穿欧亚大陆的草原之路都经过这一地区。强大的突厥草原帝国迅速向西扩张，势力及于里海北岸，沿黑海、里海和咸海北岸到达东方的欧亚草原之路重新活跃起来。在突厥统治下，粟特这个古老商业民族长期形成的经商传统益见扩张。粟特人经营活动范围西抵黑海沿岸，东达内蒙古草原乃至长江流域。他们依靠西突厥提供的政治后盾，通过与中原地区的商贸活动积聚了大量丝绢。粟特人想通过突厥可汗的威望打开波斯市场。突厥可汗应粟特人的请求，两次派遣突厥—粟特使团前往波斯，但从一开始波斯就坚决抵制突厥—粟特人的如意算盘。为了显示不需要来自突厥的生丝，波斯王收购突厥使团带来的全部生丝，当其面全部焚毁。突厥可汗第二次派出使团时，波斯人将突厥—粟特使团成员大部分鸩杀。两次行动未果后，粟特人建议突厥可汗直接与拜占庭帝国进行交易。

568 年末，突厥—粟特使团在粟特首领马尼亚赫（Maniach）率领下，携带珍贵的丝绸礼品和突厥可汗的书信，通过沿南俄草原和高加索山区到达了君士坦丁堡，受到查士丁二世（Justin Ⅱ，565—578 年在位）的接见。突厥—粟特使团向查士丁二世呈献以"斯基泰文字"写成的国书，皇帝厚待使者，详细询问突厥的风土人情及其在中亚的征服活动，突厥使者据实以答。双方经过谈判后结成反波斯的联盟。

为了回应西突厥的通使，拜占庭皇帝派遣西里西亚人蔡马库斯（Zemarchus）于 569 年 8 月随马尼亚赫回访西突厥。西突厥室点密可汗在丝绸装饰的气派非凡的汗帐内接见拜占庭使者，盛情款待。此后，室点密遣蔡马库斯自怛逻斯回国，并派遣突厥人塔格马及马尼亚赫之子（此时马尼亚赫已死）随蔡马库斯往访君士坦丁堡。拜占庭使团于 571 年秋返回君士坦丁堡。突厥使二次至拜占庭，要求查士丁二世废除以前拜占庭与波斯的和约，引起了此后拜占庭与波斯之间 20 年的战争。

南北朝时中国人已知西方有一拂菻国，即拜占庭，并知此拂菻国亦即汉代所说的大秦，即罗马。隋朝裴矩记通西域三道，说北道"度北流河水，至拂菻国，达于西海"。裴矩所说北道，亦可称为"拂菻道"。拂菻道的开辟是 6 世纪中叶突厥汗国兴起的产物。其时正为西突厥与拜占庭互通，裴矩记通拂菻

第四章　古希腊罗马文献记载的东西交通

之道，必闻之于往来西域之商胡。此道也是拜占庭使臣蔡马库斯奉使西突厥之道。蔡马库斯的出使报告中记载了这条道路的情况：

> 罗马使团……越奥伊赫（Oech）河前行，跋涉长途后抵达一大湖；蔡马库斯一行在此休整3日，遣乔治（George）先行，向皇帝报告访突厥使团正在返回途中。
>
> 乔治与12名突厥人向拜占庭出发，所经行程全为沙漠，无水供应，但为捷径。蔡马库斯沿大湖有沙碛的岸边前行12日，跨过一些极为难行的地方，来到艾赫（Ikh）河，又进至达伊赫（Daikh）河，行经一些湖泊地带后，到达阿提拉（Attila）河，此后行至乌古尔族（Ugurs）领地，其人告诉罗马使团，在科芬（Kophen）河畔丛林地带4000名波斯人正设伏以待，准备在他们路过此地时将其擒获。乌古尔首领在这里仍然服从西扎布鲁的统治。……使团向阿兰人领地行进，胆战心惊，小心翼翼，因为他们非常害怕奥罗穆斯基（Oromuski）部落。
>
> 蔡马库斯闻此，遣10名运输工携丝绸往经缪希米亚（Miusimia）而行，以便迷惑波斯人，使其误以为丝绸运输队既在前行，则使者必在第二天到达。运输工离去后，蔡马库斯一行经达莱因（Dareine）前行，将波斯人可能设有埋伏的缪米希亚撇在自己的左侧，抵达阿坡西利（Apsilii）。抵达罗戈托里乌姆（Rogatorium）城后，又进至黑海岸边，乘船抵达菲希斯（Phasis）河，换船抵特拉比宗（Tribizond）。自此乘驿站的马匹返回拜占庭，晋见皇帝复命，完成了出使突厥的使命。①

蔡马库斯这里记载的是6世纪中叶"拂菻道"的情况，其艰难险阻自不待言。这条道路是在波斯以北，穿越咸海与里海之间的荒漠地区。当时主要的线路大概有两条：一条是由锡尔河出发，通过咸海的北岸；另一条是沿着阿姆河，通过咸海南岸。两条线路一般是在乌拉尔河口附近的地方会合，然后通向

---

① ［英］裕尔：《东域纪程录丛》，张绪山译，昆明：云南人民出版社2002年版，第177—178页。

典籍里的丝绸之路

伏尔加河。从伏尔加河开始，或者沿着顿河和黑海北岸到达君士坦丁堡，或者穿越高加索，到达黑海的港口。这条道路虽然不如从波斯通往罗马的道路那样便捷，但是在经由波斯的通道被阻塞之后，它的开通恢复了东西方间的交往。到了7世纪中叶以后，随着可萨汗国的兴起，拂菻道上继续有商旅往来并且活跃起来。

六 《世界基督风土志》记载的丝绸之路

拜占庭时代的欧洲人对通往东方的路线也有一些了解。生活在5世纪的赫拉克勒斯的马尔希安（Marcien d'Heraclee）在《外海航行记》中记载：

> 要格外小心翼翼地航行和测量位于左岸的亚洲部分的节数，即风浪平静的阿拉伯海、厄立特里亚海，然后是波斯湾及整个印度海，一直到秦奈民族所居住的地方和已知地的边缘。
>
> 如果从阿拉伯湾和厄立特里亚海（它从海湾到海角变得越来越窄了）出发，那眼前就会展现出充分开阔的印度海，在纵深方向一直向晨曦和太阳升起的地方延伸，一直到达秦奈民族的居住地，后一块地盘位于有人居住地的边境，与东方的未知之地区相傍。
>
> 在外恒河两岸的印度，有一金州地，接着便是大海湾，外恒河两岸的印度和秦奈国领土之间的边界就位于此海湾的中间。然后就是秦奈民族，其国都叫作秦奈，这是已知之地与未知地的分界处。[①]

出生在亚历山大的希腊人科斯马斯（Cosmas Indicopleustes）在约530—550年间完成了《世界基督风土志》（Universal Christian Topography）一书。科斯马斯生活在拜占庭皇帝查士丁时代。这是东罗马一个相对繁荣、强盛的时

---

① ［法］戈岱司：《希腊拉丁作家远东古文献辑录》，耿昇译，北京：中华书局1987年版，第89页。

第四章 古希腊罗马文献记载的东西交通

期。据科斯马斯自述,他从青年时代起就四方漂泊经商,航行过地中海、红海、波斯湾和阿拉伯海,遍访西奈半岛以及从埃及到赤道以北的红海西岸的广大地区,包括现在的埃及、苏丹、埃塞俄比亚和索马里。因其航海经历,他被称为"印度水手"(Indicopleustrs)。他晚年回到亚历山大里亚定居,在那里放弃尘俗生活,出家成为修士,将全部精力用于对《圣经》的理论诠释和地理学、世界志的写作。

《世界基督风土志》注意到的中国,是西方世界向往的"丝绸之国"。不过科斯马斯对这个"丝绸之国"的称呼并不是希腊—罗马世界所熟悉的传统的"赛里斯"或"秦奈",而是一个陌生的"秦尼扎"(Tzinitza)和一个稍有差异的"秦尼斯达"(Tzinista)。对于这两个形式稍异的称呼,法国东方学家戈岱司认为,它们都是梵文 Cinasthāna 的希腊文译法。英国汉学家裕尔在肯定两个名称均指中国的同时,似乎倾向于其起源的两种可能性:"科斯马斯称呼中国的名字是一个引人注目的 Tzinitza,……它又表现为更确切的形式 Tzinista,代表古印度语 Chinasthána,波斯语中的 Chinistan。所有这些名称都与西安发现的叙利亚文石碑中对中国的称呼 Tzinisthan 是一致的。"[①] 科斯马斯早年经商,遍游地中海、红海、波斯湾和阿拉伯海,丝绸贸易为其经营的重要内容。他与波斯人有过商贸交往,并有可能从波斯商人或景教徒那里得闻"丝绸之国"的名称。

科斯马斯对于中国的未知,具有非常准确的认识,他知道中国位于极东的亚洲海岸,"左边被海洋所环绕,就如同巴巴里(Barbary,索马里地区)的右边被同一个海洋环绕一样"。他还知道,驶向中国的船只,在向东航行很长一段里程后,必须转向北方行驶,其航行所经过的距离,至少如同驶向迦勒底的船只从霍尔木兹海峡到幼发拉底河口所经过的距离。

科斯马斯认为,丝绸之国位于印度最辽远的地方,它濒临大洋,那些从海上前往的西方人会发现它位于北方,距锡兰岛相当远。从该国有两条路通往波斯,一条是陆路,另一条是海路。由中国到波斯的陆路要比中国到波斯的海路,其距离比人们想象的要近得多。科斯马斯从印度和锡兰方向指出中国的相

[①] [英] 裕尔:《东域纪程录丛》,张绪山译,昆明:云南人民出版社 2002 年版,第 17 页。

📖 **典籍里的丝绸之路**

对位置：

> 我们看到，有些人为可鄙之利不惮千难万险到大地的尽头去寻找丝绸，……我可以提一下，产丝之国位于印度诸邦中最遥远的地方，当人们进入印度洋时，它位于左侧……这个国家叫秦尼扎，其左侧为海洋所环绕，正如同巴巴利的右侧被同一海洋所环绕一样。被称为婆罗门的印度哲学家们说，如果从秦尼扎扯一条绳子，经波斯到罗马领土，那么大地恰好被分成两半。他们也许是对的。[①]

科斯马斯提到了丝绸之路的两条路线，一条是从陆地上经过各国辗转到达波斯，另一条是海路到达波斯。他指出了波斯在丝绸之路上的要冲地位。波斯利用这样的有利条件，曾经在历史上长期垄断了东西方的丝绸贸易。罗马人与波斯人的多次战争，时常都与对丝绸之路的垄断和反垄断有关。科斯马斯对中国和波斯的相对位置加以比较说：

> 秦尼扎国向左方偏斜相当严重，所以丝绸商队从陆地上经过各国辗转到达波斯，所需要的时间比较短，而由海路到达波斯，其距离却大得多。首先，从海上去秦尼扎的人，从塔普罗巴奈及以远地区驰向其目的地，需要穿越很长的路程，其距离犹如波斯湾进入波斯，甚至更大些；其次，从波斯湾到塔普罗巴奈及其以远地区（从那里人们左转往到秦尼扎），需要穿越整个印度洋，其距离也是非常大的。所以，经陆路从秦尼扎到波斯的人就会大大缩短其旅程。这可以解释波斯何以总是积储大量丝绸。秦尼扎以远既不能航行也没人居住。[②]

科斯马斯还罗列了从东方到西方的各个国家和地区，顺序是：如果有人用一条直线来测量从秦尼扎到西方之间大地的距离，那么他将发现大约有400

[①] ［英］裕尔：《东域纪程录丛》，张绪山译，昆明：云南人民出版社2002年版，第188页。
[②] ［英］裕尔：《东域纪程录丛》，张绪山译，昆明：云南人民出版社2002年版，第188页。

站,每站以 30 英里计。其测计方法是:从秦尼扎到波斯边境,包括翁尼亚、印度和巴克特里亚国,约为 150 站;波斯全境为 80 站;从尼西比到塞琉西亚为 13 站;从塞琉西亚经罗马、高卢和伊比利亚,到位于大洋边的外伽第斯,计 150 余站。全部距离共计 400 站左右。

古代锡兰即斯里兰卡是一处贸易繁盛之地,是海上丝绸之路的中转站。《基督教世界风土志》中说:

> 该岛(锡兰岛)地处中心位置,从印度、波斯和埃塞俄比亚各地很多船只经常访问该岛,同样它自己的很多船只也远航他方。从遥远的地区——我指的是秦尼斯达(Tzinista)和其他输出地——它接受的是丝绸、沉香、丁香、檀香和其他产品。这些产品又从该岛运往这一边的其他市场,如没来、卡利安那、信德(Sindu,即印度河口的 Diul Sindh)、波斯、希米雅提(即也门)和阿杜里(红海非洲之滨的 Zula)。没来出产胡椒;卡利安那出口黄铜、胡麻木和布匹,亦为一大贸易市场;信德出产麝香、海狸皮及甘松香。该岛也输入上述各地的物产,转而输往更遥远的港市;同时该岛向两个方面输出自己的物产。①

科斯马斯的记载证明当时锡兰岛已成为东西方海上重要的丝绸贸易中心。科斯马斯同时代的另一位拜占庭作家普罗可比的记载为此提供了进一步的有力佐证。531 年左右,查士丁尼皇帝不堪忍受波斯萨珊朝对生丝的垄断,要求其盟友埃塞俄比亚人和希米雅提人前往锡兰购买丝绸,然后转卖给罗马人。埃塞俄比亚人和希米雅提人接受了请求,但未能实现诺言。普罗可比解释失败的原因:"波斯人总是占据印度(锡兰)船开进的每一个港口(因为他们是邻国),通常收购了所有货物,埃塞俄比亚人不能进港购得丝绸;而希米雅提人则无法渡过如此广阔的沙漠,与如此好战的民族(波斯)对抗。"

科斯马斯作为曾有过广泛商旅经历的商人,他的东方闻纪,代表了 6 至 7

---

① [英] 裕尔:《东域纪程录丛》,张绪山译,昆明:云南人民出版社 2002 年版,第 195 页。

世纪拜占庭人对东方特别是中国的认知,其中关于通往东方的陆上丝绸之路和海上丝绸之路的记述,更是非常宝贵的历史资料。

图 4-6-1 科斯马斯的地中海与印度洋地图(11 世纪抄本)

七 西摩喀塔有关中国的记述

拜占庭历史学家西摩喀塔(Theophylactus Simocatta)于 628 年编写了《历史》一书,其中包括有关中国的记述。

西摩喀塔大约于 580 年以后出生在埃及的亚力山大里亚,父母为政府部门的官员。他在亚力山大里亚完成早期的学业。20 多岁时他可能到达了君士坦丁堡。610 年,拜占庭帝国的希拉克略(Heraclius,610—641 年在位)发动兵变，推翻依靠兵变夺取莫里斯（Maurice，582—602年在位）皇帝权位的福卡斯（Phocas，602—610年在位），此时西摩喀塔可能已在其手下供职。希拉克略为莫里斯皇帝举行迟到的葬礼时，西摩喀塔为莫里斯及其家族写了一篇颂辞。自此时起至641年，他可能担任过咨询官（referendarii），充当皇帝的司法助手和重要的传令官。随后还可能担任过君士坦丁堡的城市长官及主簿官（antigrapheus），还有可能在君士坦丁堡主教塞尔儒斯（Sergius）麾下任职，在他的鼓励下从事历史写作。641年西摩喀塔出任希拉克略政府的帝国法官（theios dikastes）。他在620—630年间完成了平生最重要的著作《历史》。这部著作记述了莫里斯皇帝执政时期拜占庭帝国经历的重大历史事件，有关中国的记载见于他的这部著作中。

西摩喀塔关于中国的认识可能得自出使西突厥的拜占庭使臣，他也很有可能利用了7世纪20—30年代在君士坦丁堡可以得到的30—60年前保存下来的官方档案，包括他的前辈弥南德（Menander the Guardsman）对拜占庭—突厥外交活动的记载。

西摩喀塔对中国记述与古希腊罗马文献显著不同的一点是，他不是把中国称为"秦尼"或"塞里斯"，而是称之为"陶格司"（Taugas）。"陶格司"这个词，现在一般翻译为"桃花石"。"陶格司"是历史学家张星烺的译法。有的研究者认为，西摩喀塔关于中国的认识，与他之前的拉丁文和希腊文文献关系较远，而与他之后的阿拉伯人的有关中国记载倒比较接近。

西摩喀塔对中国的认知，由于间接得自传闻，故也有不确之处。例如，说中国都城为亚历山大东征时所建，当系误传。但在其他方面的记述，却都比较确切。例如，他说在都城数里外别建一城之事，当是隋文帝所筑大兴城亦即唐时长安城。古代突厥族和西亚都称长安为"克姆丹"（Khumdan），西摩喀塔称"库伯丹"（Khubdan），系同一字，不过拼写略有不同。西摩喀塔又说库伯丹城内有两条大河贯流。据宋敏求《长安志》及李好文《长安图》，长安城内确有二河，自渭水分出，在西北朱红门与启军门间入城。所以，库伯丹就是长安无疑。粟特人从相当早的时期就开始以"库伯丹"一名称呼长安。早在4世纪初叶，此名称已见于粟特人信中。西安发现的781年的景教碑的叙利亚文中，景教徒也是以Khumdan（或Khubdan）指西安。这些事实表明，在西摩喀塔时代的前后两个世纪中，库伯丹（Khumdan）是中亚和西亚民族对长安的称呼。

西摩喀塔记载说：在北方草原上被打败的阿瓦尔人（Abaroi）中有许多逃到"桃花石"（Taugaste）城。Taugaste 城是一座非常著名的城，距突厥地区和印度边界一千五百英里。这里居住着一个勇敢的和人口众多的民族，其世袭皇帝名叫 Taisan，即希腊文"天子"的意思。[①] 西摩喀塔记述中最令人感兴趣的是所谓黑衣国和红衣国的记载。多数学者认为，这一记载实即隋军灭陈、统一中国。所言中央之大河，即长江，北为隋，南为陈。当时隋兵制衣尚黑，陈兵尚红，故有黑衣国和红衣国之传说，如唐代说阿拉伯为白衣大食和黑衣大食。隋军灭陈为 589 年，距西摩喀塔所著《历史》，过去不到 40 年。这段描述中提到的阿瓦尔人很可能是我国史料中的柔然。

西摩喀塔对中国历史风俗事物的记载，有的学者说，"有着异常准确的叙述"，被认为是"马可·波罗之前欧洲文献中保存的对中国最密切的一瞥"。

西摩喀塔的中国记载中，最为引人注目的是"桃花石"一名。在历史上，古希腊罗马世界对中国的称呼有两个：沿海路向东探索接近中国南部时，多称中国为"秦""秦奈""支那"（Sin, Chin, Sinae, China）；沿横贯伊朗高原的丝绸之路接近中国北部时，则多称中国为"赛里斯"（Seres）。但在 6 世纪初叶以后，除了传统的"赛里斯"这一名称外，古希腊罗马世界又以另外的两个名称指称中国：一是 6 世纪初期科斯马斯提供的"秦尼扎"（Tzinitza），二是西摩喀塔记载中出现的这个新名称"桃花石"。

"桃花石"一名见诸域外文字，目前所知以西摩喀塔为最早。西摩喀塔的"桃花石"之名来自突厥人，此名之为突厥人使用当在此前。8 世纪以后，"桃花石"以 Tabγač 的形式频繁出现于突厥碑铭中，作为一个民族名称使用，同时又作修饰词和限定词使用，如"Tabγač 的可汗""Tabγač 的民众""Tabγač 的官衔"等，但它指称中原政权，是没有疑问的。西摩喀塔时代之后，中亚及西亚民族也以 Tabγač 或 Tabghāj 之类的名称指示中国。

[①] ［法］戈岱司：《希腊拉丁作家远东古文献辑录》，耿昇译，北京：中华书局 1987 年版，第 104 页。

第五章 隋唐记载的丝绸之路

一 《西域图记》与隋代丝绸之路

隋朝立国后，致力于丝绸之路的开发，加强了对西域的联系和经略。当时的西域诸国，如高昌、焉耆、龟兹、疏勒、于阗、康国、安国、石国、米国、史国、曹国、何国、钹汗、挹怛等，或者深受汉文化的影响，或者是汉人建立的政权。西域各国的经济发展也与内地有很密切的联系。它们都迫切希望加强与隋朝、与内地的联系。隋炀帝也有意向西发展，一方面进行军事扩张，开拓疆域；一方面遣使与海、陆两道丝绸之路沿途国家进行交通。《隋书·地理志》说："东南皆至于海，西至且末，北至五原，隋氏之盛，极于此也。"

大业初年，炀帝曾派遣韦节、杜行满一行出使西域，展开了与西域的联系和交往，最远至印度王舍城。王舍城即罗阅，是古印度摩揭陀国悉苏那伽王朝（前5—前4世纪）的都城，城西南的佛陀伽雅为释迦牟尼成道之地。有学者研究认为，韦、杜西使一行很可能抵达康国后分道。韦节经由史国、挹怛，抵达罽宾和王舍城；杜行满则往赴安国，并偕安国使者于大业五年（609年）归朝；与韦、杜一起出发的李昱则先随杜行满抵达安国，复自安国往赴波斯。韦节等人的出使，扩大了隋对西域的了解，促进了丝绸之路的通畅。

韦节回国后撰有《西蕃记》一书。其书已佚，只在《通典》卷一九三

《边防九》中有片段节录。其中写道:"劫国,隋时闻焉。在葱岭中。""施罗伊国,隋时闻焉。在乌茶国北,大雪山坡上。""越底延国,隋时闻焉。理辛头河北。南至婆罗门国三千里,西北至赊弥国千余里,东北至瓜州五千四百里。"韦节抵达挹怛国,"亲问其国人,并自称挹阗"。

《西蕃记》对康国记载颇为详细,有许多不见于以前文献的记载。书中说:

> 康国人并善贾,男年五岁则令学书,少解则遣学贾,以得利多为善。其人好音声。以六月一日为岁首,至此日,王及人庶并服新衣,剪发须。在国城东林下七日马射,至欲罢日,置一金钱于帖上,射中者则得一日为王。俗事天神,崇敬甚重。云神儿七月死,失骸骨,事神之人每至其月,俱着黑叠衣,徒跣抚胸号哭,涕泪交流。丈夫妇女三五百人散在草野,求天儿骸骨,七日便止。国城外别有二百余户,专知丧事,别筑一院,院内养狗。每有人死,即往取尸,置此院内,令狗食之,肉尽收骸骨,埋殡无棺椁。

在韦节等出使西域不久,炀帝又派裴矩驻于张掖,并往来于武威、张掖间,以主持和西域的联系及商业交通事宜。张掖成为当时中西贸易的中心,"西域诸蕃款张掖塞与中国互市"。兴盛时有40多个西域国家的商人集中在这里经商。自此,丝绸之路畅通无阻,中原与西域的交往得以恢复和发展。由于隋朝积极的外交活动,中原地区与西域各国重新加强了经济贸易方面的往来,西域与内地的联系和经济文化交流日趋频繁,"西域诸蕃,往来相继"。

韦节的出使和裴矩的经营,使隋朝扩大了对西域的认识,增加了对西域地理交通以及文化等方面的了解,扩大了中西交通的规模,发展了中西之间的经济贸易和文化交流。

裴矩在张掖期间,与西域商贾多有交往。《旧唐书·裴矩传》说:"矩知帝方勤远略,欲吞并夷狄,乃访西域风俗及山川险易、君长姓族、物产服章"。裴矩在其《西域图记》的序中说:"复以春秋递谢,年代久远,兼并诛讨,互有兴亡,或地是故邦,改从今号,或人非旧类,因袭旧名,兼复部民交错，封疆移改，戎狄音殊，事难穷验。"因而，"寻讨书传，访采胡人"，在与西域商贾的交往中，请他们讲述其国的风俗与山川险易，了解各国的地理形势、气候物产和风俗习惯，并把这些材料积累起来，于大业四年（608年）撰成《西域图记》一书。裴矩将此书献给炀帝，受到炀帝的赞赏。

《西域图记》共3卷，记44国事，且附地图画像。这本书已佚，其序保存在《隋书·裴矩传》中，是中西交通史的宝贵资料。据其序文，可知其书内容的大概：

> 臣闻禹定九州，导河不逾积石；秦兼六国，设访止及临洮。故知西胡杂种，僻居遐裔，礼教之所不及，书典之所罕传。自汉氏兴基，开拓河右，始称名号者，有三十六国。其后分立，乃五十五王。仍置校尉、都护，以存招抚。然叛服不恒，屡经征战。后汉之世，频废此官。虽大宛以来，略知户数，而诸国山川未有名目。至如姓氏风土，服章物产，全无纂录，世所弗闻。复以春秋递谢，年代久远，兼并诛讨，互有兴亡。或地是故邦，改从今号；或人非旧类，因袭昔名。兼复部民交错，封疆移改，戎狄音殊，事难穷验。于阗之北，葱岭以东，考于前史，三十余国。其后更相屠灭，仅有十存。自余沦没，扫地俱尽。空有丘墟，不可记识。
>
> 皇上膺天育物，无隔华夷。率土黔黎，莫不慕化。风行所及，日入以来，职贡皆通，无远不至。臣既因抚纳，监知关市，寻讨书传，访采胡人。或有所疑，既详众口，依其本国服饰仪形，王及庶人，各显容止，即丹青模写，为《西域图记》，共成三卷，合四十四国。仍别造地图，穷其要害。从西顷以去，北海之南，纵横所亘，将二万里。谅由富商大贾，周游经涉，故诸国之事，罔不遍知。复有幽荒远地，卒访难晓，不可凭虚，是以致阙。而二汉相踵，西域为传，户民数十，即称国王，徒有名号，乃乖其实。今者所编，皆余千户，利尽西海，多产珍异。其山居之属，非有国名，及部落小者，多亦不载。
>
> 发自敦煌，至于西海，凡为三道，各有襟带。北道从伊吾，经蒲类海铁勒部、突厥可汗庭，度北流河水，至拂菻国，达于西海；其中道从高

昌、焉耆、龟兹、疏勒，度葱岭，又经钹汗、苏对沙那国、康国、曹国、何国、大小安国、穆国，至波斯，达于西海；其南道从鄯善、于阗、朱俱波、喝盘陀，度葱岭，又经护密、吐火罗、挹怛、帆延、漕国，至北婆罗门，达于西海。其三道诸国，亦各自有路，南北交通。其东女国、南婆罗门国等，并随其所往，诸处得达。故知伊吾、高昌、鄯善，并西域之门户也。总凑敦煌，是其咽喉之地。

以国家威德，将士骁雄，泛漾汜而扬旌，越昆仑而跃马，易如反掌，何往不至！但突厥、吐浑分领羌胡之国，为其拥遏，故朝贡不通。今并因商人密送诚款，引领翘首，愿为臣妾。圣情含养，泽及普天，服而抚之，务存安辑。故皇华遣使，弗动兵车，诸蕃既从，浑、厥可灭，混一戎夏，其在兹乎！不有所记，无以表威化之远也。

序文叙述了西域各国的变迁，记载了从敦煌出发西行至西海（地中海）的三条路线，分析了击灭吐谷浑、突厥，"混一戎夏"的可能性和必要性，并提出了对西域征抚并用的战略方针。

《西域图记》介绍了当时中西交通的三条最主要的道路，将它们称作北道、中道和南道。裴矩所记的这三条大道，以敦煌为总出发点，伊吾、高昌、鄯善则分别为三条大道的起点。岑仲勉考裴矩所记三道："矩所称南道之东段（葱岭以东），即《汉书》之南道，其西段则通至印度。彼所称中道之东段（葱岭以东），即《汉书》之北道，其西段则接入《汉书》之南道。又彼所称北道之东段，乃天山北边之交通路线，《汉书》未之载，其西段则接入《汉书》之北道。序中三个西海，含义不一；南道之'西海'指印度洋，中道之'西海'指波斯湾，北道之'西海'指地中海。"[1]

裴矩的《西域图记》"更明确地记录了从中原通向西海（地中海到波斯湾）的路程，其北、南两道和《汉书》《魏略》的记录相比，都有了延伸和变化，这个延伸变化，反映了在南北朝一段中西交通的发展情况"[2]。

---

[1] 岑仲勉：《隋唐史》上册，北京：中华书局1982年版，第47页。
[2] 宿白：《考古发现与中西文化交流》，北京：文物出版社2012年版，第130页。

第五章 隋唐记载的丝绸之路

《西域图记》记西域各国里程，如"龟兹国，都白山之南百七十里，东去焉耆九百里，南去于阗千四百里，西去疏勒千五百里，西北去突厥牙六百余里"。按照《西域图记序》，隋朝交通路线所记最远是"拂菻国"和"西海"，即拜占庭和地中海。

《西域图记》反映了当时中国人对丝绸之路的认知，也说明当时丝路的畅通情况。至唐代，丝绸之路更加通达繁荣，往来的使节、商旅、僧侣和旅行家络绎不绝、相望于途，成为唐朝经略西域，发展与西亚、欧洲经济文化交流的交通干道。英国汉学家崔瑞德指出："通往中亚和西方的各条路线对隋唐来说具有非常重大的意义。它们当然是通商要道，中国人就是通过它们出口丝织品以换取种类繁多的外国货的。但当中国正处于其世界思想极为盛行、受到的外来影响甚于以前或以后任何时候之际，它们也是主要的文化联系的环节。通过这些路线，许多中国的思想和技术传到西方……"[1]

隋炀帝积极发展对西域的联系，获取西域"宝物"即发展通商关系是主要目的之一。日本学者白鸟库吉指出："大凡世界上的交通路线都是发生于各国互相企图获得外国特产物品的欲望。"所以，裴矩所称三道之中的"南道"和"中道"可以说起自"西域人企求华丝，华人欲得印度、波斯、罗马等地的物产的欲望"。至于北道则实起于"企图获得北道中部乌拉尔及西伯利亚地方毛皮"，可称之为"毛皮路"。[2]

《西域图记》不只是一部西域地理著作，还是隋唐两朝开发丝绸之路的指导纲领。在《西域图记》中，裴矩指出了突厥、吐谷浑阻遏西域诸国贸易交通，导致丝路不畅的现状，提出击败吐谷浑、分化突厥、开发西域的构想。隋炀帝将"四夷经略"委任裴矩，使他部分实现了这一战略构想。

隋朝也曾派遣使臣出使南洋。如常骏出使赤土国，便是人们时常提起的中国与东南亚交通上的一个著名事件。这个赤土国，据考其地约在马来半岛南部[3]，"其地多赤，因以为号"。大业三年（607年），屯田主事常骏、虞部主

---

[1] ［英］崔瑞德编：《剑桥中国隋唐史》，中国社会科学院历史研究所西方汉学研究课题组译，北京：中国社会科学出版社1990年版，第35页。
[2] 朱谦之：《中国景教——中国古代基督教研究》，北京：东方出版社1993年版，第60页。
[3] 也有人主张，赤土国之故地在今苏门答腊。

典籍里的丝绸之路

事王君政等人从"南海郡乘舟",出使赤土国。《隋书·南蛮传》记载常骏等人的行程:

> 大业三年,屯田主事常骏、虞部主事王君政等请使赤土。帝大悦,赐骏等帛各百匹,时服一袭而遣。赍物五千段,以赐赤土王。其年十月,骏等自南海郡乘舟,昼夜二旬,每值便风,至焦石山而过,东南泊陵迦钵拔多洲。西与林邑相对,上有神祠焉。又南行,至师子石。自是岛屿连接。又行二三日,西望见狼牙须国之山。于是南达鸡笼岛,至于赤土之界。

常骏一行到达赤土国界时,国王利富多塞遣使以船舶30艘迎接隋使。在他们返航回国时,赤土国王又遣王子那邪迦"随骏贡方物,并献金芙蓉冠、龙脑香,以铸金为多罗叶,隐起成文以为表,金函封之,令婆罗门以香花奏蠡鼓而送之"。大业六年(610年)常骏经交趾返回,"既入海,见绿鱼群飞海上。浮海十余日,至林邑东南,并山而行。其海水阔千余步,色黄气腥,舟行一日不绝。云是大鱼粪也。循海北岸,达于交趾"。常骏根据他们的行程撰写了《赤土国记》,丰富了当时和后世关于南海历史、交通的知识。

常骏出使赤土国是中国古代见诸记载的一次重要的航海与外交活动,其行程比三国吴时朱应、康泰更远。此后,赤土国多次遣使朝贡。隋与赤土的友好交往,为隋朝发展海外交通创造了必要的条件。其他一些南洋国家也曾遣使入隋朝贡,与隋朝通好。

常骏等人出使赤土国,以及各国使臣入隋,扩大了隋对南海诸国的认识,增加了对于南海诸国以及南海交通的知识。据王应麟《玉海》卷十六《地理·异域图书》"唐西域记"记载,唐高宗时,唐州刺史达奚弘通曾泛海西行,横渡印度洋,便是从赤土出海。他途经36国,抵达虔那。一般认为虔那在今阿拉伯半岛南部。达奚弘通西行,应该说是建立在隋时扩大了对南海诸国认识的基础之上的。

第五章 隋唐记载的丝绸之路

图 5-1-1 敦煌壁画《张骞通西域图》

二 玄奘与《大唐西域记》

隋朝在炀帝时代虽然大力开展了对西域的交通，但是由于国祚短促，交通的深度和广度都有较大局限。在隋朝发展与西域联系的基础上，唐朝进一步加强了对西域的政治、经济和文化联系，加强了对西域的经略与控制。无论是政治上还是军事上，唐朝都在西域取得了比前代更大的成就，丝绸之路空前繁荣。在唐代前期，无数南北相通的横行线路，不仅把东西走向的各条基本干线联结起来，而且组成了东西南北纵横交错、十分复杂的交通网。

随着东西交往的发展和人们地理知识的丰富，唐代对陆路丝绸之路西段的了解和记载远远超过了隋代。例如：唐初玄奘的《大唐西域记》，详细记录了波斯以东的西域各国及天竺各国的地理情况；德宗朝宰相贾耽撰写的《皇华

典籍里的丝绸之路

四达记》和出土的吐鲁番文书中,都详细记载了葱岭东西,尤其是葱岭以东塔里木盆地的道路状况和由唐朝设置的烽燧馆驿。9世纪阿拉伯地理学家伊本·胡尔达兹比赫《道里邦国志》也记叙了巴格达北通中亚、南达印度的道路状况,其中从怛逻斯到热海南岸的拔塞干城的道里和沿线诸城绝大部分与贾耽记载的路程相符合。此外,如义净所撰《大唐西域求法高僧传》、开元十五年(727年)新罗僧人慧超的《往五天竺国传》、8世纪中叶杜环《经行记》等有名的地理著作,也大大丰富了陆上丝绸之路西段的知识。

唐初玄奘的《大唐西域记》记录了比较完整的交通路线,是丝绸之路史上十分重要的文献。

玄奘(602—664)俗名陈祎,13岁出家为僧。唐武德九年(626年),天竺僧波颇抵长安,玄奘得闻印度戒贤于那烂陀寺讲授《瑜加论》总摄三乘之说。于是,玄奘发愿西行求法,直探原典,重新翻译,以求统一中国佛学思想的分歧。贞观三年(629年),28岁的玄奘踏上了西去取经的漫漫旅程。玄奘孤身涉险,一路上历尽了艰辛。据《大唐大慈恩寺三藏法师传·序》中记载:玄奘初西行时,"时行百余里,失道觅野马泉不得,下水欲饮,袋重,失手覆之,千里行资一朝斯罄。又失路盘回,不知所趣,乃欲东归还第四烽。行十余里,自念:我先发愿,若不至天竺终不东归一步,今何故来?宁可就西而死,岂归东能而生!于是旋辔,专念观音,西北而进。是时四顾茫然,人鸟俱绝"。

一路之上,玄奘以超人的意志,忍饥挨饿,越沙漠,翻雪岭,顶风雪,斗盗贼,九死一生,命若悬丝。他心中只有一个信念:"去伪经,存真经,不至天竺,终不东归一步!"

玄奘从长安出发,经陇山古道,历秦州、兰州、凉州、瓜州,出玉门关后,渡莫贺延碛,到伊吾,至高昌,从高昌继续西行,至"阿耆尼国……西南行……至屈支国……西行六百余里,经小沙碛,至跋禄迦国……西北行三百余里,度石碛,至凌山。此则葱岭北原,水多东流矣……山行四百余里,至大清池……清池西北行五百余里,至素叶水城。城周六七里,诸国商胡杂居也……自素叶水城,至羯霜那国……素叶城西行四百余里,至千泉……千泉西行四五十里,至怛逻私城……"

第五章 隋唐记载的丝绸之路

玄奘从呾逻斯（今哈萨克斯坦江布尔）经过赭时（今乌兹别克斯坦之塔什干）、康国（即撒马尔罕）、羯霜那国（即史国，今乌兹别克斯坦之沙赫里夏勃兹），又西南行200多里至铁门（今乌兹别克斯坦恰克恰里山口），再循东南方向渡阿姆河，经吐火罗斯坦至印度。玄奘所经阿耆尼国即焉耆国（今新疆焉耆），屈支国即龟兹（今新疆库车）、跋禄迦国即姑墨（今新疆阿克苏），所过凌山即拔达岭（今别迭里山口），大清池即热海（今伊塞克湖），素叶水城即碎叶城（今托克马克）。

玄奘是先沿着丝绸之路东段关陇南道西行，然后在西域境内依丝绸之路中段中道，最后循着丝绸之路西段北道前行。

贞观十六年（642年），玄奘启程回国。他溯恒河西北行，渡印度河上游，经弗栗恃萨傥那国（今阿富汗喀布尔河流域）进入吐火罗国故地，再穿过瓦罕走廊达摩悉铁帝国（瓦罕之南），东行至波谜罗川（即瓦罕河谷）越过葱岭，至揭盘陀国（今新疆塔什库尔干），但未从丝绸之路中段西域南道东行，而是经乌铩国（今新疆莎车），绕道佉沙国（今新疆疏勒）、斫句迦国（今新疆叶城）到达瞿萨旦那国（今新疆和田），由西域南道，经尼壤（今新疆民丰）、折摩驮那国（今新疆且末）、纳缚波故国（今新疆若羌），到达罗布泊地区，再到敦煌，沿丝绸之路东段南道，于贞观十九年（645年）回到唐长安。

玄奘留学印度15年，旅途往返两年，先后共计17年，行程5万多里。

玄奘归国后，将沿途各国的风土习俗以及政治、历史、宗教上的遗迹轶闻，写成《大唐西域记》，在佛教史学及古代西域、印度、中亚、南亚之史地、文化上，乃至于中西交流史料上，均富有极高之价值。

《大唐西域记》记载了玄奘亲身经历和传闻得知的138个国家和地区、城邦，包括今中国新疆和中亚地区、阿富汗、伊朗、巴基斯坦、印度、尼泊尔、孟加拉国、斯里兰卡等地的情况，分12卷，共10余万字。卷一所述从阿耆尼国到迦毕试国，即从新疆经中亚抵达阿富汗，是玄奘初赴印度所经之地；卷二为印度总述，并记载了从滥波国到犍陀罗国，即从阿富汗进入北印度；卷三至卷十一所述从乌仗那国至伐剌拿国，包括北、中、东、南、西五印度及传闻诸国；卷十二所述从漕矩吒国至纳缚波故国，即经行的帕米尔高

典籍里的丝绸之路

原和塔里木盆地南缘诸国概况。书中对各国的记述繁简不一，通常包括国名、地理形势、幅员广狭、都邑大小、历时计算法、国王、族姓、宫室、农业、物产、货币、食物、衣饰、语言、文字、礼仪、兵刑、风俗、宗教信仰以及佛教圣迹、寺数、僧数、大小乘教的流行情况等内容。特别是对各地宗教寺院的状况和佛教的故事传说，都做了详细的记载。记事谨严有据，文笔简洁流畅。

《大唐西域记》对五印度各国的历史文化、宗教信仰、风土人情、山脉河川、地理特征记载十分详细。中印两国交往历史悠久，至少从汉代开始，两国之间的人员和物质文化交流持续不断。但国人对印度的称谓，因时因地而异，极不统一。玄奘在《大唐西域记》中写道："详夫天竺之称，异议纠纷，旧云身毒或曰贤豆，今从正音，宜云印度。"又说："印度之人，随地称国，殊方异俗，遥举总名，语其所美，谓之印度。"所以，印度国名的译定始于玄奘。由于古印度在吠陀时代就存在着种姓制度，且唯婆罗门种姓地位至高无上，因此，玄奘也取其这一特征，称印度为"婆罗门国焉"。印度国名还得名于今印巴两国境内的一条大河，中国古称"信度河"或"辛头河"，玄奘定名后，改称印度河（Indus）。书中所记印度地理的概要，极为精到，很能描绘出印度真实的轮廓。例如：

> 五印度之境，周九万余里，三垂大海，北背雪山。北广南狭，形如半月。划野区分，七十余国。时特暑热，地多泉湿。北乃山阜隐轸，丘陵舃卤；东则川野沃润，畴陇膏腴；南方草木荣茂；西方土地硗确，斯大概也。

《大唐西域记》的一个重大贡献还在于其巨大的史料价值。古印度在哲学、自然科学方面有很高的造诣，然而并没有留下翔实的史籍。印度民族文化有一个特点，即不大重视历史的记述，印度人没有写史的传统，古代留下的史料实不多见，对时间和空间这两方面有幻想过多、夸张过甚的倾向，因而印度本国关于古代历史的记载十分缺乏。《大唐西域记》对印度历史上许多重大事件都有记述。例如，书中记述了释迦牟尼的生卒年份。这对于印度历史年代的确定起着十分关键的作用。因为这两个年份定下来之后，此前此后各个大事的年代才有了可靠的依据。

关于7世纪上半叶的印度政治形势和笈多王朝瓦解后出现的诸王割据局面，在《大唐西域记》里都有翔实的记述。书中对羯若鞠阇国（曲女城）做了较为详细的叙述："象军五千，马军二万，步兵五万自西徂东，征伐不臣。象不解鞍，人不释甲。于六年中，臣服五印度。"《大唐西域记》记载了戒日王对北印度控制后，"座三十年，兵戈不起，政教和平，务修节俭，营福树善"的政绩。对他轻徭薄赋、施赈济贫、褒奖学术和保护宗教等许多方面也作了记述。印度史学家正是根据玄奘记述和其他资料来评定戒日王的功过的。关于7世纪上半叶印度的风土习俗、岁时物产、土地制度、种性演变、商业税收等，在《大唐西域记》里也均有记述。印度历史学家恩·克·辛哈写道："他的记述是有关戒日王时代的印度社会和宗教情况资料的真正宝藏。"

书中关于佛教史的史料更多。例如，佛教史上几次著名的集结情况书中都有记载。除南传佛教所承认的由阿育王主持的在华氏城的第三次结集外，还有第一次王舍城千人结集，第二次吠舍厘七百圣贤结集，在迦腻色迦王的赞助下第四次也是最后一次在迦湿弥罗的五百圣贤结集。《大唐西域记》卷二概括论述了当时印度的部派分歧："部执峰峙，诤论波涛，异学专门，殊途同致。十有八部，各擅锋锐；大小二乘，居止区别。"《大唐西域记》还谈到了佛教与其他宗教的关系，并展示了大、小乘势力的消长和宗派分布的情况；对大乘佛教的许多大师，如马鸣、龙树、提婆等人的活动都有很多描述；对佛教圣迹、寺数、僧数、大小乘教的流行情况等都有详细的记载。此外，还记载了大量的佛教故事传说。从《大唐西域记》中也可以看出，当时的印度佛教和印度教相比已走向衰败。"伽蓝毁倾，寺宇荒凉，僧众稀少。"相反，印度教和耆那教却兴盛起来，信徒日众。

总之，《大唐西域记》以其丰富的知识，大大扩展了中国人对西域和印度等地的认识，丰富了中国关于西域和印度的知识系统，进一步开阔了中国人对世界的眼界，为当时大唐中央政府经营西域提供了确切的资料。同时，也成为

典籍里的丝绸之路

后世研究古代南亚次大陆和中亚诸国历史、地理的经典性著述,更成为各国学者研究古代中亚各国和 7 世纪前印度历史的重要依据。辛哈指出:"中国的旅行家如法显、玄奘,给我们留下了有关印度的宝贵记载。不利用中国的历史资料,要编一部完整的佛教史是不可能的。"① 他还说,玄奘游记是易利沙王朝期间印度政治局势和宗教的一个真正的宝库。英国史学家文森特·史密斯(Vincent Smith)说:"玄奘对印度历史的贡献是怎样估计也不会过分的。"英国史学家韦尔斯说,玄奘的《大唐西域记》"把一系列照亮这时期中国、中亚和印度的闪烁光辉昭示了我们"②。苏联历史学家约·彼·马吉多维奇也评论玄奘说:"从现代词汇意义来说,他是一个对新地的真正探索者。"③ 我国文史学家郑振铎在评价《大唐西域记》时说:"此书的价值绝为宏伟,是一部最好的散文的旅行记述。前者宋云、法显游印时,并有所记,然持以较玄奘这作,则若小巫之见大巫。这部《西域记》大类希腊人朴桑尼(Pausanias)所著的《希腊游记》(The Description of Greece)。朴桑尼之作,在今日,其价值益见巨大。《西域记》亦然。今日论述印度中世史者,殆无不以此书为主要的资料。而其中所载之迷信、故迹、民间传说等等,尤为我们的无价之宝。更有甚者,经由了这部伟著,无意中有许多印度传说乃都转变而成为中土的典实;像著名之《杜子春传》,便是明显地系由《西域记》中的一个故事改写而成的。"④

《大唐西域记》由于其重要的学术价值,很早就受到国内外学者的重视,并展开了很充分的研究。我国学者冯其庸指出,自 19 世纪以来,《大唐西域记》前后被译成法、英、德、日、印地等文字,引起了外国学者的高度重视。一百多年来世界各国还出版了许多以《大唐西域记》为中心的研究专著。玄奘为中印文化的交流做出了不可磨灭的贡献。

---

① [印]辛哈、班纳吉:《印度通史》第 1 册,张若达、冯金辛译,北京:商务印书馆 1973 年版,第 31 页。

② [英]韦尔斯:《世界史纲——生物和人类的简明史》,吴文藻等译,北京:人民出版社 1982 年版,第 638 页。

③ [苏]马吉多维奇:《世界探险史》,启瑞译,北京:世界知识出版社 1988 年版,第 11 页。

④ 郑振铎:《插图本中国文学史》上卷,上海:上海人民出版社 2005 年版,第 302—303 页。

图 5－2－1　玄奘三藏像（东京日本国立博物馆藏）

图 5-2-2 西安兴教寺玄奘、窥基、圆测灵塔

图 5-2-3 《大唐西域记》

图 5-2-4 《五天竺图》。
日本贞治三年（1346年）手绘地图（日本法隆寺收藏）

三 义净的海路西游及其著作

玄奘不畏艰险西行取经的壮举，给后代的佛教学者们以极大的鼓舞。所谓"玄奘西征，大开王路，僧人慕高名而西去求法者遂众多"。在玄奘之后，又

典籍里的丝绸之路

陆续有中国僧人赴印度开展求法取经活动,其中以义净最为著名。

义净(635—713)7岁就出家为僧,跟随普遇法师及慧智法师学习。义净深为法显、玄奘的事迹所鼓舞,将他们作为自己的榜样,满怀仰慕之情,《宋高僧传》称其"仰法显之雅操,慕玄奘之高风"。玄奘与义净是同时代人。玄奘年长义净30多岁,其西行求法的成功及回国后的声名显赫对义净的鼓舞更大、更直接。在义净11岁时,即贞观十九年(645年),玄奘在印度游学十几年后回到长安,这在当时是一件轰动朝野的事。此时的义净尽管年纪不大,但至少从其老师那里听闻了玄奘法师的事迹。

图 5-3-1 义净像

唐高宗总章三年（670年），义净去印度求经的念头更加强烈，并得到了并州处一法师、莱州弘伟法师等几位好友的支持，相约结伴而行。第二年，他经扬州到广州，因几位同伴无法按约同行，他只好与另一位来自晋州的年轻僧人善行乘波斯商人的船南行。

咸亨二年（671年）的年末，义净到达了南海中的室利佛逝国。义净在室利佛逝停留了六个月，学习梵语。从室利佛逝又到达末罗瑜国，在末罗瑜又停留两个月，这时已经是咸亨三年（672年）的十二月。义净再乘船北行，经过裸人国，在咸亨四年的二月八日到达东印度的耽摩立底国。他在耽摩立底停留了一年，继续学习梵语。咸亨五年的五月，义净离开耽摩立底，往中印度，最后到达中印度摩揭陀国的那烂陀寺。

那烂陀寺是当时印度最大的佛教寺庙，玄奘就曾在此游学，这也是义净求法的最终目的地。义净在那烂陀寺学习佛教，前后停留近12年。他除在那烂陀寺学习外，还远到印度南部和东部二三十个小国家访问，拜访僧俗各界人士，探讨学问。垂拱元年（685年），义净离开那烂陀，仍取道海路回国。他再次回到耽摩立底，从耽摩立底登船到达羯荼国，再从羯荼国回到南海中的室利佛逝。武周天授二年（691年），义净在室利佛逝写成《大唐西域求法高僧传》和《南海寄归内法传》两部书。这年的五月十五日，他派遣一位名叫大津的僧人，搭乘商船先到广州，把这两部书和"新译杂经论十卷"送到洛阳。武后长寿三年（694年），也即延载元年的夏天，义净从室利佛逝回到广州。

义净的《大唐西域求法高僧传》和《南海寄归内法传》，是可以与法显《佛国记》、玄奘《大唐西域记》相媲美的佳作。这两部著作的史料价值也很高，成为后人研究中印关系史、中西交通史、印度史、南洋史、宗教史和文化史的宝贵典籍。

《大唐西域求法高僧传》2卷，记述了从641年到691年间到印度和南海访问的57位分别来自大唐、新罗、睹货罗、康国、土蕃的禅师、法师的事迹，此外兼述经济、风俗及旅行路线，为研究7世纪南洋诸国状况和国际交通的重要资料。

海上丝绸之路在汉代已有明确记载，唐代则有了新的发展，海路逐渐成为东西交通的主要通道。杜佑在《通典》卷一八八对此总结说：

典籍里的丝绸之路

> 海南诸国，汉时通焉。大抵在交州南及西南，居大海中洲上，相去或三五千里，远者二三万里。乘舶举帆，道里不可详知。外国诸书虽言里数，又非定实也。其西与诸胡国接。元鼎中，遣伏波将军路博德开百越，置日南郡。其徼外诸国，自武帝以来皆献见。后汉桓帝时，大秦、天竺皆由此道遣使贡献。及吴孙权遣宣化从事朱应、中郎康泰使诸国，其所经及传闻，则有百数十国，因立记传。晋代通中国者盖鲜。及宋齐，至者有十余国。自梁武隋炀，诸国使至，逾于前代。大唐贞观以后，声教远被，自古未通者，重译而至，又多于梁隋焉。

义净是海上丝绸之路中最为著名的僧人，他往返俱循南海海路。义净《大唐西域求法高僧传》记述了他本人及其他求法僧经南海诸国到印度的路程及所经历的国家，真实地记录了唐代南海海上交通路线。这条海上交通路线从广州（或交州）出发，乘船舶约20天，到今苏门答腊港（即巴邻旁）的佛逝国，再往西至末罗瑜国，到马来半岛的羯荼国，北行十余日到裸人国，再西北行半月许即到当时南印度的耽摩立底国，返程大体相同。从义净《大唐西域求法高僧传》的记载可知，唐代南海交通的路线并非一道，或从广州登舶，或从交趾登舶，或从占波登舶，或经佛逝，或经诃陵，或经郎迦戍，或经裸人国抵达东印度耽摩立底，或从羯荼西南行到南印度那伽钵亶那，或复从师子国泛舶北上到东印度诸国，或转赴西印度。

义净记载了海上交通的危险和艰险。他记载，并州僧常慜及弟子"冀得远诣西方，礼如来所行圣迹"的事迹，他们坐商船从广东出发，走海路辗转去往印度。中途遇到风暴，商船破损漏水，乘客纷纷逃逸。常慜看到大家急于逃生，就把所有机会都让给了身边的人。船舱里人没有醒的，遇到困难爬不动的，在禅师的帮助下，都安全离开了大船，而禅师自己已是精疲力竭。眼看海水逐渐没过腰身，法师欣慰地看着已经安全的大众，开始合掌念佛，一句一句的佛号，一声一声地往下沉，逃了命的人也跟着念起了佛号。有很多人让法师跳到小船上，但他害怕压沉了别人的小船，只是坚持念佛，直至沉到水底。

义净《大唐西域求法高僧传》详细记述了唐代西行求法僧人前往印度的路线，而对他们归来时的路线语焉不详。佛经《根本说一切有部百一羯磨》

第五章 隋唐记载的丝绸之路

卷四中的一条注就记载了唐代西行求法高僧从印度归国的返程路线：

> （耽摩立底）即是升舶入海归唐之处，从斯两月泛舶东南，到羯荼国，此属佛逝。舶到之时，正当二月。若向师子洲，西南进舶，传有七百驿。停此至冬，泛舶南上，一月许到末罗游洲，今为佛逝多国矣。亦以正二月而达，停止夏半，泛舶北行，可一月余，便达广府，经停向当年半矣。若有福力扶持，所在则乐如行市。如其宿因业薄，到处实危若倾巢。

除了海上路线，义净还提到了一条新的路线，即从印度经尼泊尔、吐蕃（今西藏）到长安的路线，这条路线当时被称为"吐蕃—尼婆罗道"，现在则称为"西南丝绸之路"。在《大唐西域求法高僧传》中，义净说中国僧人玄照自印度回国，路经尼婆罗国，蒙国王发遣，遂至吐蕃，重见文成公主，深致礼遇，资给归唐。从西藏到印度的路线前代均无记载，最早的记载见于唐贞观十七年（643年）唐朝出使摩揭陀国的李义表和王玄策。唐代这条路线的开辟，无疑缩短了中国与南亚地区陆上交通的路线，有重要意义。

义净还说，3世纪间，中国20多名僧人从蜀川牂牁道出至中印度的路线，即经今滇、川边境及缅甸北部往阿萨姆的道路。义净还有关于东印度有支那寺的记载。"支那寺"建于3世纪，是当时的印度笈多国王为来此的中国僧人所建。当时，"有唐僧二十余人从蜀川牂牁道而至，向莫诃菩提礼拜。王见敬重，遂施此地，以充停息，给大村封二十四所。于后唐僧亡没，村乃割属余人。现有三村入属鹿园寺矣。准量支那寺至今可五百余年矣"。

从这一记载看，这些僧人属于西晋时从四川到印度的中国僧侣，是赴印求法的先驱者。印度不仅为他们建寺，还赐予村庄、土地，给予优厚待遇，让他们安心传经学法。在时隔500余年后，当地人民仍对这些中国僧人怀有感情。该地国王见到义净时，还表示："若有大唐天子处数僧来者，我当为重兴此寺，还其村封，令不绝也。"

后来慧琳《一切经音义》在注释"牂牁"时，曾"检《括地志》及诸地理书、《南方记》等"书的记载，详细记载了西南丝绸之路的状况。《括地志》是唐朝初年由唐太宗第四子魏王泰主持修撰的大型地理书。慧琳对这条路的沿革、道里、风俗、地理、气候等做了较详细的说明：

> 若从蜀川南出，经余姚、越巂、不喜（不韦）、永昌等邑，古号哀牢王，汉朝始慕化，后改为身毒国，隋王之称也。此国本先祖龙之种胤也，今并属南蛮，北接互羌，杂居之西，过此蛮界，即入土蕃国之南界。西越数重高山峻岭，涉历川谷，凡经三数千里，过土蕃界，更度雪山，南脚即入东天竺东南界迦摩缕波国，其次近南三摩怛吒国、呵利鸡罗国及耽摩立底国等。此山路与天竺至近，险阻难行，是大唐与五天陆路之捷径也，仍须及时。盛夏热瘴毒虫，不可行履，遇者难以全生。秋多风雨，水泛又不可行。冬虽无毒，积雪冱寒，又难登陟。唯有正、二、三月乃是过时，乃须译解数种蛮夷语言，兼赍买道之货，仗土人引道，展转问津，即必得达也。

《南海寄归内法传》是义净多年游历印度与南海之后，根据自己的所见所闻，对当时印度和南海僧徒的日常法式状况的实际记录。它以"内法"即佛教戒律为中心论题，共分4卷、40章，除卷二"尼衣丧制"两题合一之外，基本上是一题一章。其每一章在介绍西方寺院、僧人某个方面的情形后，都与中土寺院、僧人的情形进行对比，提出批评意见。在书中，他也明确表达了希望中土僧人奉行、推广他在《南海寄归内法传》中关于律制、律学的主张，即"愿诸大德兴弘法心，无怀彼我，善可量度，顺佛教行。勿以轻人，便非重法"。义净在回国之前就已将这部特别详细地记载印度、南海佛教的僧伽制度和戒律规定的书先行寄回国内，呈给了朝廷。这也表明义净急切地希望中土僧团能意识到自身在律学、律制上的失当，并进而依他的主张更改。

义净在书中真实地记录了印度、东南亚地区当时的社会、政治、经济状况和这些地区人民与中国人民的友好交往。义净目睹了7世纪佛教在印度发展的盛况。例如，他曾描述当时的东印度地区三摩呾吒国统治阶级对佛教的尊崇：

> 到三摩呾吒国，国王名曷罗社跋咤，其王既深敬三宝，为三邬波索迦，深诚彻信，光绝前后。每于日日选拓模泥像十万躯，读《大般若》十万颂，用鲜花十万朵亲自供养。所是荐设，积与人齐。整驾将行，观音

先发。幡旗鼓乐，涨日弥空。佛像僧徒，并居前列，王乃后从。于王城内僧尼有四千许人，皆受王养供。每于晨朝，令使入寺，合掌房前，急行疾问："大王奉问法师等宿夜得安和不？"僧道曰："愿大王无病长寿，国祚安宁。"使返报已，方论国事。五天所有聪明大德、广慧才人、博学十八部经、通解五明大论者，并集兹国矣。

印度当时各小邦国的统治者，几乎无一不是佛教的忠实信徒，因此佛教僧侣在国家政治生活中占有相当重要的分量。另外，佛教寺院本身也占有大量土地、资产。寺院还有一些清规戒律用来约束僧人，寺院中僧人等级身份不同，有上座寺主、都维纳等。僧人举行仪式时，"安置坐床及木枯小席等，随尊卑而坐"。僧侣不列入国家户籍，有自己的户籍，如《寄归传》卷二称："如求出家，和僧剃发，名字不干王籍，众僧自有部。"

对印度寺院的组织规模、条例制度，义净在《大唐西域求法高僧传》中特别谈到了印度著名的那烂陀寺的情况，从中可以清楚地看出印度佛教寺院之状况："至如那烂陀寺，人数殷繁……寺有八院，房有三百""寺内但以最老上座而为尊位，不论其德，诸有门钥，每霄封印，将付上座，更无别置寺主、维那。……此之寺制，理极严峻，每半月令典事佐史巡房读制。众僧名字不贯王籍，其有犯者，众自治罚，为此僧徒咸相敬惧。……此寺内僧众有三千五百人，属寺村庄二百一所，并是积代君王给其人户，永充供养"。又如睹货罗僧寺"其寺巨富，资产丰饶"，迦毕寺"寺亦巨富"。

义净在东南亚地区活动也长达10年，对东南亚地区，有很多记载。据义净说，南海诸洲有十余国，"从西数之，有婆鲁师洲；末罗游洲，即今尸利佛逝国也；莫诃信洲；诃陵洲；咀咀洲；盆盆洲；婆里洲；掘伦洲；佛逝补罗洲；阿善洲；末迦漫洲；又有小洲，不能具录也"。据王邦维《南海寄归内法传校注》注解里说，婆鲁师洲即婆鲁师国，故地在今印度尼西亚苏门答腊岛西部；末罗游洲，即末罗游国，或作末罗瑜洲，末罗瑜国，故地亦在苏门答腊岛上；尸利佛逝又作室利佛逝，故地在今苏门答腊岛上巨港；莫诃信洲可能在今加里曼丹岛南岸；诃陵洲，即诃陵国，有说在今爪哇，但似应在今加里曼丹西海岸；咀咀洲，又名单单国，或说在今马来西亚东北岸的吉兰丹，或说在其西岸的天定，或说在今新加坡附近；盆盆洲，或认为在今加里曼丹岛；婆利洲，或说即今巴利岛；掘伦洲，或认为在今越南南端的昆仑岛；佛逝补罗洲、阿善洲、末迦漫洲可能都在爪哇岛上。义净说：

> 诸国周围，或可百里，或数百里，或可百驿。大海虽难计里，商舶惯者准知。良为掘伦初至交广，遂使总唤昆仑国焉。唯此昆仑，头卷体黑。自余诸国，与神州不殊，赤脚敢曼，总是其式，广如《南海录》中具述。骧州正南步行可余半月，若乘船才五六潮，即至上景。南至占波，即是临邑。此国多是正量，少兼有部。西南一月至跋南国，旧云扶南，先是裸国，人多事天，后乃佛法盛流。

掘伦国地方的人种体貌特征是卷发、皮肤较黑，就是唐代人们通称的昆仑国人，其他南海诸国与中国人体貌特征相似。这些地方的人大都不穿鞋袜，而腰以下横缠围有"敢曼"，即今东南亚称为"莎笼"的下裳。其中某些国家还经历了从"裸国"到信奉佛法的文明开化过程。

义净的这两部著作，完成于他从印度取经归来，在室利佛逝停留的年代。因为两部著作均为作者耳闻目睹和亲身经历，其史料价值和真实性甚至要超出一些正史，具有毋庸置疑的可靠性。如果说，《大唐西域记》是一部关于陆路丝绸之路的大书，义净的两部著作则是关于海上丝绸之路的大书。这两部著作曾先后被译成法文、英文、日文出版，是研究唐代中外文化交流史、佛教史和印度东南亚历史不可或缺的文献。

四　杜环在丝绸之路的旅行

唐玄宗天宝十年（751年），阿拉伯帝国阿拔斯王朝的呼罗珊总督阿卜·穆斯林（Abū Muslim）出兵中亚。唐朝的安西四镇节度使高仙芝应中亚诸国之请而领兵去帮助他们抵御大食的侵略，双方会战于怛逻斯（今吉尔吉斯共和国奥利·阿塔北面）。在怛逻斯战役中，有许多唐军士兵被阿拉伯俘虏，其中有许多是具有一定专业技术的工匠，他们后来辗转中亚西亚各地，把中国的生产技术特别是造纸技术传播到那里，为中华技术文化向阿拉伯世界的转移做出了重大贡献。但是，他们绝大多数没有能够返回故乡，而是在各地漂流，埋骨异乡。而在他们中有一个人是幸运的，不仅最终返回故乡，而且在历史上留下了他的名字。他就是杜环。

杜环是《通典》的作者杜佑（735—812）的族侄，怛逻斯战役时被大食军队俘虏，在大食境内漂流10年之久，宝应元年（762年）附海舶返回唐朝。杜环根据他在大食境内流寓的经历及见闻写了《经行记》，留下了中国与阿拉伯交往的最早和可靠的记录。

杜环经历了怎样的旅程和磨难，又是怎样最终回到了故乡，现在都不得而知了。但是，《经行记》记载了13国，即：拔汗那国、康国、师子国、拂菻国、摩邻国、大食国、大秦国、波斯国、石国、碎叶国、末禄国、苫国。这些都可能是他到过的或者听闻的地方。10年之久的漂流，他一定是经历了无数的磨难，走过了相当遥远的行程，到过了很多地方，也见到了或者经历了许多闻所未闻的人和事。我们不难想象，他在海外漂泊了10年，从陆上丝绸之路随军西征到西域地方，最后又从海上丝绸之路乘商船回到广州，这本身就是一个传奇，就是丝绸之路上一次奇妙的旅行。

《经行记》原书已佚，但是杜佑在写作《通典》时，在"边防典"中摘录了其中部分内容，吉光片羽，弥足珍贵。今见之于《通典》的仅有1511字，其中保留了关于早期阿拉伯风俗和伊斯兰教教义的最早的汉文记录，翔实地反映了当时中亚各国和大食、拂菻、苫国的情况，又提到了锡兰、可萨突厥、摩邻国。

《行经记》对阿拉伯的风俗文化多有记录，为研究早期穆斯林风俗提供了宝贵资料。特别值得注意的是，《经行记》中已经涉及了伊斯兰教教义的内容。例如：

（大食）一名亚俱罗，其大食王号暮门，都此处。其……女子出门，必拥蔽其面。无问贵贱，一日五时礼天，食肉作斋，以杀生为功德。系银带，佩银刀，断饮酒，禁音乐。人相争者，不至殴击。又有礼堂，容数万人。每七日，王出礼拜，登高座为众说法曰："人生甚难，天道不易，奸

典籍里的丝绸之路

非劫窃，细行谩言，安己危人，欺贫虐贱，有一于此，罪莫大焉。凡有征战，为敌所戮，必得生天，杀其敌人，获福无量。"率土禀化，从之如流，法唯从宽，葬唯从俭。

其大食法者，以弟子亲戚而作刊典，纵有微过，不至相累。不食猪驹驴马等肉，不拜国王父母之尊，不信鬼神，祀天而已。其俗，每七日一假，不买卖，不出纳，唯饮酒、谑浪终日。

从此（末禄）至西海以来，大食、波斯参杂居止，其俗礼天，不食自死肉及宿肉，以香油涂发。

这是关于伊斯兰教很简要、正确而得体的最早纪录。杜佑在《通典》中记述唐代大秦国的情况时，附录了杜环《经行记》中有关大秦的记载，并记录了女国与摩邻两个国家。《新唐书》卷二二一下《拂菻传》中有关于"摩邻国"的记载："自拂菻西南度碛二千里，有国曰磨邻，曰老勃萨。其人黑而性悍，地瘴疠，无草木五谷，饲马以槁鱼，人食鹘莽。鹘莽，波斯枣也。不耻烝报，于夷狄最甚，号曰'寻'。其君臣七日一休，不出纳交易，饮以穷夜。"杜环是历史上第一个有名可指到达非洲的中国人，他对于这个自然和人文都颇为奇特，又被写作"摩邻"的国度，记载得更为详尽。杜环在他写的《经行记》中着意描述他从耶路撒冷启程，经过埃及、努比亚到埃塞俄比亚的阿克苏姆王国的见闻。阿克苏姆人崇敬的三大神中，在天神、地神之外还有海神摩邻，杜环便管它叫摩邻国。在进入非洲后，杜环亲眼见到埃及、努比亚和埃塞俄比亚流行大秦法（基督教），埃及的国教和努比亚沿海的阿拉伯人信大食法（伊斯兰教），在尼罗河以东苏丹境内从事转口贸易的牧民贝贾人崇奉寻导法（原始拜物教）。杜环写道：

拂菻国在苫国西，隔山数千里，亦曰大秦。其人颜色红白，……好饮酒，尚干饼，多淫巧，善织络。或有俘在诸国，守死不改乡风。琉璃妙者，天下莫比。王城方八十里，四面境土各数千里，胜兵约有百万，常与大食相御。西枕西海，南枕南海，北接可萨突厥。……又曰：摩邻国，在勃萨罗国西南，渡大碛行二千里至其国。其人黑，其俗犷，少米麦，无草木。马食干鱼，人餐鹘莽。鹘莽，即波斯枣也。瘴疠特甚，诸国陆行之所经。胡则一种,法有数般。有大食法,有大秦法,有寻寻法。其寻寻蒸报,于诸夷狄中最甚。当食不语。

杜环关于"摩邻"的内容尤其受到学界高度重视。有学者推测摩邻国位于红海西岸。还有学者通过对相关叙述的考察,提出:符合"在勃萨罗国西南,渡大碛,行二千里"而后至、"马食干鱼""其人黑"等条件的地区,应是位于今撒哈拉沙漠以南、有着宽阔内陆三角洲的尼日尔河上、中游地区。当中世纪,"加纳、马里、桑海"等相继在当地建立灿烂文明,所称的"摩邻"正是当地曼迪人对王国的泛称"马里"。"摩邻"的三"法":"大秦"指的是早期受到罗马文化影响的柏柏尔人,"大食"指的是近期入侵的阿拉伯人,"寻寻"指的是包括曼丁哥、索宁凯、桑海等土著黑色人种;而"寻寻"正是"桑海"一词变形后的译写。摩邻具体指哪个国家,分歧尚多。但是,综合杜环记载的方位、肤色、风俗、物产等各方面的情况来看,摩邻是当时非洲大陆的某个古代国家则是没有疑问的。

杜环最后返航的地方是埃塞俄比亚的马萨瓦港,他从那里回到波斯湾后,当年便搭船返回广州。

五 慧超《往五天竺国传》记载的丝绸之路

在唐朝西行求法运动中,还有一些到中国来求学,然后从中国赴印度的新罗僧人。在中国佛教传播到新罗以后,朝鲜半岛的佛教信徒纷纷西来中土修行学习,形成了一个入唐求法的高潮。唐朝流行的法相宗、天台宗、华严宗、禅宗、密宗、律宗、净土宗等主要佛教派别,都有新罗僧人专门来唐修习。与此同时,新罗僧人有许多人是在唐朝留学之后,跟随大唐西行求法的浪潮,又经由中土前往佛教的起源地天竺求法取经。《大唐西域求法高僧传》记载的7世纪后半叶经由海、陆两道前往天竺求法的56名僧人中,新罗僧人占了7位。这些西行求法的新罗诸僧,都是先在唐朝境内游学,而后由唐朝启程前往天竺。

8世纪以后,仍然有新罗僧人由唐朝前往天竺求法取经。慧超是留唐代新罗僧人西行求法的突出代表。开元七年（719年），慧超大约16岁时，从朝鲜半岛的西海岸华城唐恩浦登船赴大唐学佛。同年，密宗高僧金刚智抵广州，慧超与之相会，受为弟子。开元十一年（723年），慧超离开唐朝，由中国从海路进入印度后，曾经历拘尸那国、彼罗疤斯国等，进入中天竺，再经舍卫国给孤独园、毗耶离城庵罗园、迦毗耶罗城等；然后经南天竺、西天竺，进入北天竺诸国；最后历罽宾、波斯、葱岭、疏勒、龟兹等地，唐开元十五年（727年）冬回到中国。

回长安后，慧超在长安大荐福寺师从金刚智，协助翻译《大乘瑜珈金刚性海曼殊室利千臂千钵大教王经》。金刚智去世后，慧超从不空学习。建中元年（780年），慧超来到五台山，同年在这里的乾元菩提寺圆寂。

慧超著《往五天竺国传》3卷，记录8世纪上半叶印度及南海诸国社会历史情况，此书后来散佚。与慧超同在不空门下的慧琳（733—817）著《一切经音义》，其中有《往五天竺国传》的摘录。在伯希和运往法国的敦煌残卷中，有一件首尾残缺的抄本与慧琳所介绍的《往五天竺国传》吻合，经伯希和与罗振玉研究，确定为慧超著作的残卷。

在《往五天竺国传》中，慧超记载了吠舍厘、拘尸那、摩揭陀、伽毗罗、吐蕃、犍陀罗、犯引、吐火罗、波斯、大食、大拂临、骨咄、突厥、胡密、疏勒、龟兹、焉耆等四十余国的里程、语言、风俗、宗教、物产与国情。传中曾谈到"毗耶离城庵罗园中，有塔见在，其寺荒废无僧"；"迦毗耶罗国，即佛本生城。无忧树见在，彼城已废。有塔无僧，亦无百姓"。说明当时印度佛教已趋衰落。

慧超描述了唐朝与吐蕃两大势力在西域对峙的情况，迦叶弥罗国东北有大勃律、杨同等三国属于吐蕃，而与大勃律相邻的小勃律，虽然"衣着、人风、饮食和语音"均与大勃律相同，但归唐朝管辖。大勃律原先曾是小勃律的一部分，是小勃律王的驻地，后来在吐蕃的压力之下，不得已放弃大勃律，逃入小勃律，其在大勃律的属民归入吐蕃管辖。从迦叶弥罗西北行1月程为犍陀罗，慧超记载了西突厥征服此国的过程，说这里"兵马总是突厥，土人是胡"。突厥贵族在此称王后，受当地文化影响，皈依了佛教，"甚敬信三宝"。当时西域"土人是胡"，兵马是突厥的有不少国家。阿姆河上游喷赤河以北的骨咄（今塔吉克斯坦南部之库里亚布），国王是突厥人，"当土百姓，半胡半突厥"，而其语言"半吐火罗，半突厥、半当土"。这里虽然已经为大食所征服，但国王"及首领百姓"均"敬信三宝，有寺有僧"，流行小乘教法。

慧超还追述了波斯被大食灭亡的大致经历，说大食原来为波斯的"牧驼户"，后来背叛波斯，杀波斯王，吞并其国。慧超注意到波斯人擅长经商，有许多波斯胡商从西海泛舟至南海，向师子国"取诸宝物"，亦向昆仑国"取金"，还航至"汉地"即中国贸易。

葱岭以西之绿洲农耕区，即所谓"昭武九姓"，已经成为大食的属地，当时这里虽然各自有王，但"并属大食所管"。这些绿洲大多信奉火祆教，"不识佛法"，唯有康国"有一寺，有一僧"，但遵从教规已经不很严格。康国以东的跋贺那国是西突厥与大食势力交错的地区。胡国，即粟特之北，"北至北海，西至西海"，东至汉国，均为突厥疆土。

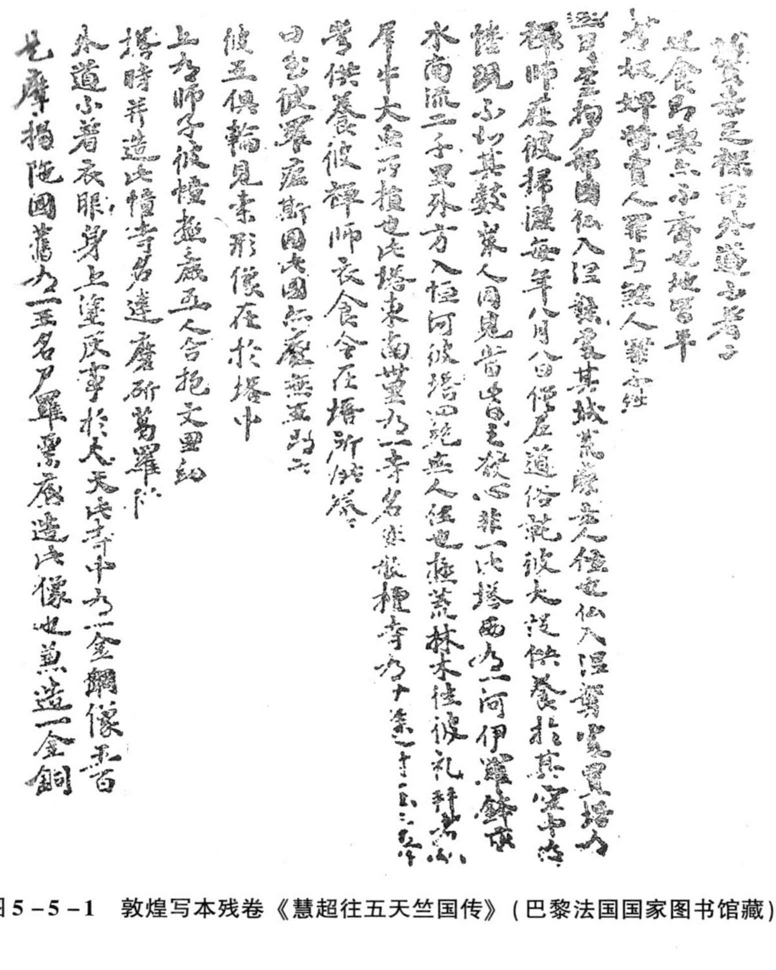

图 5-5-1　敦煌写本残卷《慧超往五天竺国传》（巴黎法国国家图书馆藏）

六 《沙州图经》《释迦方志》
记载的丝绸之路

　　唐代是积极发展对外关系、加强与世界各国交流往来的时代。唐代的对外交通已十分发达，陆路和海路并举，东西南三个方向都十分畅通。

　　德宗贞元时杜佑著《通典》，利用官府所存天宝时的档案，在《州郡典》中给出每个郡的"八到"，即由该郡郡治所在城市通向东、西、南、北、东南、西南、西北、东北八个方向下一城镇的里程。宪宗时宰相李吉甫所撰《元和郡县图志》，也保存了每州"八到"的记录。把这些里程联结的城镇接起来，就是唐朝的交通道路；而把这些里程记录抽出来，我们就可以得到从长安经河西走廊直到最西面的直辖州——西州（吐鲁番）的完整道路记载，也就是唐朝丝绸之路的全记录。

　　敦煌发现的《沙州图经》卷三保留有敦煌县所属"一十九所驿"的条目，详细记录了每个驿站的位置和距东西驿站的里程，其中完整保留了瓜州和沙州之间的驿道情况，如：

　　　　〔沙州〕州城驿，右在州东二百步，因州为名。东北去清泉驿卅里。清泉驿，去横涧驿廿里。横涧驿，北去白亭驿廿里。白亭驿，东北〔去〕长亭驿卅里。长亭驿，东去甘草驿廿五里。甘草驿，东南去阶亭驿廿五里。阶亭驿，东去瓜州常乐驿卅里。

　　由此可以勾画出瓜沙二州之间的驿路。同条还记录了从瓜州常乐县界的新井驿，经广显驿、乌山驿、双泉驿、第五驿、冷泉驿、胡桐驿，到伊州柔远县界的赤崖驿的里程。

　　《沙州图经》卷五石城镇的条目下有"六所道路"的记载，比如其中从石城往东西的两条道路如下："一道南路，从镇东去沙州一千五百里。其路由古阳关向沙州，多缘险隘。泉有八所，皆有草。道险不得夜行。春秋二时雪深，道闭不通。一道从镇西去新城二百卅里。从新城西出，取傍河路，向播仙镇六百一十里。从石城至播仙八百五十里，有水草。"唐朝高宗时将石城镇划归沙州管辖，这里即汉代的鄯善国所在，在今新疆若羌。这里记录的是从这里往东到沙州敦煌，往西到播仙镇（且末）的道路情况。另外，《西州图经》也保留了"道十一达"条，其中两条道路如下："大海道。右道出柳中县界，东南向沙州一千三百六十里，常流沙，人行迷误。有泉咸苦，无草，行旅负水担粮，履践沙石，往来困弊。""银山道。右道出天山县界，西南向焉耆国七百里，多沙碛卤，唯近峰足水草，通车马行。"这是从吐鲁番的高昌城往东到敦煌，往西到焉耆的道路，包括道路通行的情况。

唐高僧道宣《释迦方志·遗迹篇第四》曰："自汉至唐，往印度者，其道众多，未可言尽。如后所纪，且依大唐往年使者，则有三道。"道宣所说"三道"，概括起来说，东道自河州（今甘肃临夏）西出，经今青海、西藏西南行，至尼婆罗国（今尼泊尔）；中道从沙州（今甘肃敦煌）西行，循丝绸之路西域南道，入印度；北道自伊州（今新疆哈密）经今天山山脉和塔里木河之间的通道西行，越过凌山（别迭里山口），经中亚，入印度。这三道中，北道即通常所说的丝绸之路中段北道，中道则是丝绸之路中段南道，东道即是"吐蕃—尼婆罗道"。其中，北道和中道也见于唐代及唐代以前的有关史籍，但以道宣《释迦方志》对其经由和里程记述得最为翔实。

《释迦方志》中的记载尤为值得注意的是中印交通的"吐蕃—尼婆罗道"。两《唐书·地理志》以及唐代其他史籍都未记载这条中印交通线。义净在《大唐西域求法高僧传》中虽然说玄照等人西行求法经过此道，但未交代此道的具体走向。《释迦方志》中对唐代吐蕃—尼婆罗道记载如下：

从河州西北度大河，上漫天岭，减四百里至鄯州。又西减百里至鄯城镇，古州地也。又西南减百里至故承风戍，是隋互市地也。又西减二百里至清海，海中有小山，海周七百余里。海西南至吐谷浑衙帐。又西南至国界，名白兰羌，北界至积鱼城，西北至多弥国。又西南至苏毗国。又西南至敢国。又南少东至吐蕃国，又西南至小羊同国。又西南度旦仓法关，吐蕃南界也。又东少南度末上加三鼻关，东南入谷，经十三飞梯、十九栈

典籍里的丝绸之路

道。又东南或西南，缘葛攀藤，野行四十余日，至北印度尼波罗国（此国去吐蕃约九千里）。

吐蕃—尼婆罗道是一条由西藏经尼婆罗（尼泊尔）至印度的通道，大体走向是：经鄯州（今青海乐都）、鄯城（今青海西宁）至日月山、青海湖附近，转而西南行，经都兰、格尔木，越唐古拉山口，进入今西藏，经安多、那曲，抵拉萨，再由拉萨西南行，经日喀则进入尼泊尔，进而抵达北印度。此路是唐代中印交往的重要通道之一。

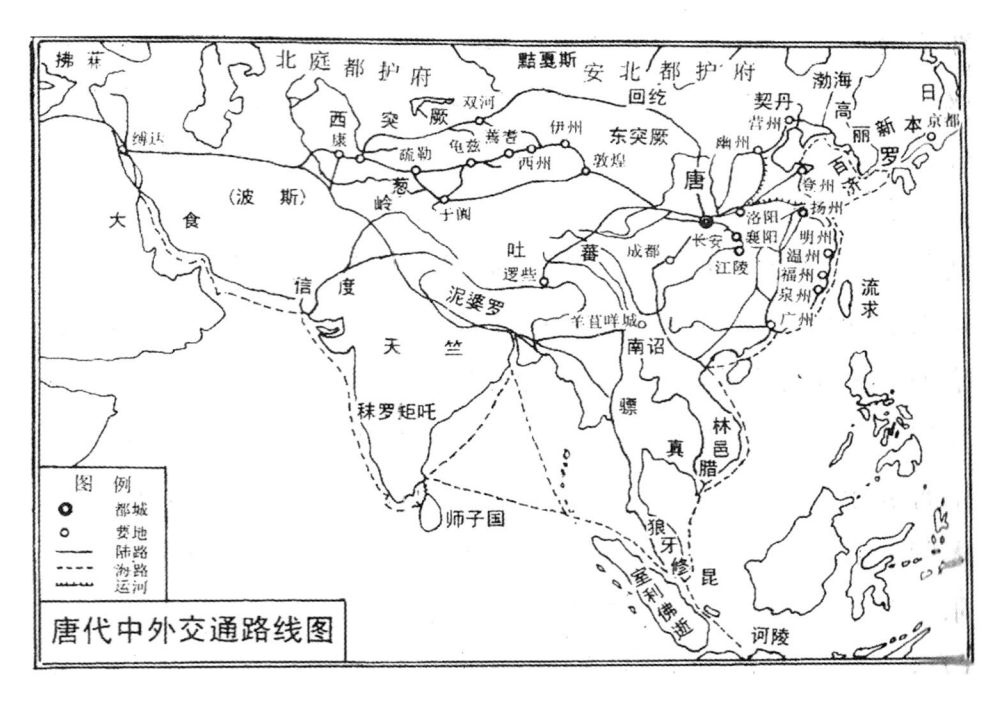

图 5-6-1　唐代中外交通路线图

七　《皇华四达记》记载的丝绸之路

贞元时宰相贾耽在《皇华四达记》中详细记载了当时的海外交通，代表了当时人们对海外的地理知识水平和对其交通情况的认识。

贾耽（730—805）是唐朝著名政治家和地理学家。他一生为官47年，其中居相位13年，事务繁忙，政绩茂异。与此同时，他很关注当时的边疆地理和交通，"筮仕之辰，注意地理，究观研考，垂三十年"。他充分利用各种机会，结合政治、军事研究地理，考察地理。他一方面采掇舆议，进行广泛的调查采访，凡外国使者和从外国出使归来的官员，以及往来的商旅，他都亲自与之交谈，"讯其山川土地之终始"，了解收集"绝域之比邻，异蕃之习俗，梯山献琛之路，乘舶来朝之人，咸究竟其源流，访求其居处。阛阓之行贾，戎貊之遗老，莫不听其言而掇其要；间阎之琐语，风瑶之小说，亦收其是而芟其伪"。另一方面，"寻研史牒"，查阅中央和地方保存的旧有图籍。对"九州之夷险，百蛮之土俗，区分指画，备究源流"。掌握了许多第一手资料，积累起丰富的地理知识。《卢氏杂说》记载，贾耽"好地理学，四方之使乃是蕃虏来者，而与之坐，问其土地山川之所终始。凡三十年，所闻既备，因撰《海内华夷图》，以问其部人，皆得其实，事无虚词"。在调查研究的基础上，他撰写了较丰富的地理著作，绘制了多卷地图。

贾耽研究并绘制地图的目的很明确，是要像东汉伏波将军马援那样用米堆积立体地理模型供军事行动之用，像西汉萧何那样搜集秦国地图帮助刘邦夺天下。他羡慕前哲，绘制地图，要为唐朝的政治、军事服务。贾耽年轻时正值"安史之乱"，河西陇右（今河西走廊）一带被吐蕃所占。对此，贾耽深为忧虑，为了收复失地，他根据裴秀创立的制图六体的原理以及自己采访的材料，绘制了《关中、陇右及山南九州等图》。图中绘有交通路线、军事要塞、行政区、关隘、山川等，很有实用价值。

贾耽从兴元元年（784年）至贞元十七年（801年），经过17年的充分准备，绘成《海内华夷图》。《海内华夷图》幅面大，载负量丰富，"广三丈，纵三丈三尺，率以一寸折成百里。别章甫左衽，奠高山大川；缩四极于纤缟，分百郡于作绩。宇宙虽广，舒之不盈庭；舟车所通，览之咸在目"。此图今已佚，但据贾耽写的献图表文及有关记载尚可得知此图有两个特点：第一，这是我国历史上第一幅大型地图，除绘有国内及毗邻边疆地区的山川、政区形势而外，对域外许多国家和地区的名称、方位、山川等内容，亦有适量的记载。内容包括唐朝疆域沿革、行政区划、古今郡县、山川名称、方位、交通道路等。这既是一幅历史地图，又是当时的形势图。第二，在制图技术上首创墨朱殊文制图法，"古郡国题以墨，今州县题以朱，今古殊文"。这种方法影响久远，为后来的历史地图学家所遵循。例如，李兆洛的《历代地理沿革图》、杨守敬的《历代疆域形势图》，都采用这种方法。

贾耽还撰写了《古今郡国县道四夷述》40卷，是《海内华夷图》的文字说明，但其图、说各自独立成篇，可以看作总地志性质的地理著述。书中对历代地理沿革、边防及城镇都会的变迁、各地人口增减的考订，大大超过前人，对当时政治地理、物产、经济状况的叙述，也比较完备。《新唐书》对《古今郡国县道四夷述》的体例及部分内容，有简要的记述，称该书"考方域道里最详，从边州入四夷……其山川聚落，封略远近，皆概举其目"。贾耽在献表中也说明"郡县记其增减，蕃落叙其衰盛"。

《贞元十道录》4卷，为《古今郡国县道四夷述》的缩写本。此书已佚，清人王谟编《汉唐地理书钞》中有辑本，敦煌有发现《贞元十道录》写本残页。所谓"十道"，指唐贞观元年依自然形势分全国为关内、河南、河北、河东、山南、陇右、淮南、江南、剑南、岭南等十道。书中叙述州郡变化、道的划分与作用、四方贡赋之名产、疆域盈缩、镇戍险要的设置、河流变迁、边徼概况等；又以节度、观察、防御、经略诸使，附于卷末。两《唐书》的《地理志》从中引用了许多关于边州及四夷的材料。

贾耽最重要的著作是《皇华四达记》10卷。按照贾耽的记述，唐"入四夷之路，与关戍走集最要者"，有通道七条。贾耽记其所经地方里数，《新唐书》卷四三下《地理志》转载如下：

> 其入四夷之路，与关戍走集最要者七：一曰营州入安东道，二曰登州海行入高丽渤海道，三曰夏州塞外通大同云中道，四曰中受降城入回鹘道，五曰安西入西域道，六曰安南通天竺道，七曰广州通海夷道。

这些道路，第一条道路"营州入安东道"从东北直接通往朝鲜，第二条道路"登州海行入高丽渤海道"通过渤海湾由海上通往朝鲜半岛并至日本，

第三条"夏州塞外通大同云中道"和第四条道路"中受降城入回鹘道",从西北地区通往漠西回鹘等处,第五条"安西入西域道"通往西域并再向外通至西亚乃至欧洲,第六条"安南通天竺道"和第七条"广州通海夷道"为海路,分别从安南和广州出发,下南海而至印度洋并通往西方。

唐代中国与朝鲜半岛的交通已经十分便利通畅。贾耽叙述唐与外国交通最重要的七条路线中两条与朝鲜有关。一条是陆路,即"营州入安东道",是隋唐时期通往辽东之陆路干道之一。从营州(今河北省昌黎县)出发渡辽水,经"安东都护府",继续往"东南至平壤城",可推知往南走到新罗首都庆州。另一条是海路,即"登州海行入高丽道",从山东半岛的登州出航,渡渤海,再由辽东南岸西行至乌骨江(今鸭绿江)口。此后,前往朝鲜半岛的港岸航路是:

> 乃南傍海壖,过乌牧岛(今身弥岛)、贝江口(今大同江口,可循江溯流至平壤)、椒岛,得新罗西北之长口镇(今长渊县长命镇)。又过秦王石桥、麻田岛、古寺岛(今江华岛)、得物岛(今大阜岛),千里至鸭绿江唐恩浦口。乃东南陆行,七百里至新罗王城(今庆州)。(《新唐书·地理志》)

这条沿岸航路,航程较长,但较为安全,当为惯常之主要航路。

贾耽记载第四条"中受降城入回鹘道"应当就是唐太宗时代所辟的北方游牧诸部君长的"参天可汗道"。此道大致为,从中受降城(今内蒙古包头西昆独仑河入黄河处)启程,向北经呼延谷、归唐栅、鹈鹕泉后进入戈壁,再经鹿耳山、错甲山等地,行八百里至山燕子井,再西北行经密粟山、达旦泊、野马泊、可汗泉、横岭、绵泉、镜泊,七百里至回鹘牙帐,即于都斤山麓鄂尔浑河流域。

从鹈鹕泉还有另一道可至漠北,即经公主城、眉间城、怛罗思山、赤崖等地,向北至回鹘牙帐。

贾耽记载第五条"安西入西域道",即安西都护府通往西域的道路,这些道路可分为若干段落:西州至焉耆,焉耆至安西(龟兹),安西至拨换,拨换

典籍里的丝绸之路

至碎叶，更西到怛逻斯城，拨换至疏勒，拨换至于阗，于阗至疏勒，疏勒至葱岭，于阗至兰城、且末，沙州至兰城乃至于阗，北庭至碎叶。对于这条道的具体内容记录得相当详细，如：

> 自焉耆西五十里过铁门关，又二十里至于术守捉城，又二百里至榆林守捉，又五十里至龙泉守捉，又六十里至东夷僻守捉，又七十里至西夷僻守捉，又六十里至赤岸守捉，又百二十里至安西都护府。

贾耽在《古今郡国县道四夷述》之"安南通天竺道"中，详细记录了这条道路的情况。贾耽记载说：

> 自羊苴咩城西至永昌故郡三百里。又西渡怒江，至诸葛亮城二百里。又南至乐城二百里。又入骠国境，经万公等八部落，至悉利城七百里。又经突旻城至骠国（指都城）千里。又至骠国西度黑山，至东天竺迦摩波国千六百里。又西北渡迦罗都河至奔那伐檀那国六百里。又西南至中天竺国东境恒河南岸羯朱嗢罗国四百里。又西至摩羯陀国六百里。

从中国经南海到印度洋的海上航路，在秦汉之际南越国时期已经贯通。随着航海技术进步、造船技术提高和东西方航海活动的增多，海上贸易大为发展，宗教传播、文化交流也随之频繁，形成了南海交通发展和繁荣的局面。

贾耽在《皇华四达记》"广州通海夷道"中，记述了从广州出发而至大食的航线。贾耽记载的具体航程是：

> 广州东南海行二百里至屯门山，乃帆风西行，二日至九州石。又南二日至象石。又西南三日行，至占不劳山，山在环王国东二百里海中。又南二日行至陵山。又一日行，至门毒国。又一日行，至古笪国。又半日行，至奔陀浪洲。又两日行，到军突弄山。又五日行，至海硖……北岸则罗越国，南岸则佛逝国。佛逝国东水行四五日，至诃陵国，南中洲之最大者。又西出硖，三日至葛葛僧祇国。在佛逝西北隅之别岛……其北岸则个罗

国。个罗西则哥谷罗国。又从葛葛僧祇四五日行,至胜邓洲又西五日行,至婆露国。又六日行,至婆国伽蓝洲。又北四日行,至师子国,其北海岸距南天竺大岸百里。又西四日行,经没来国,南天竺之最南境。又西北经十余小国,至婆罗门西境。又西北二日行,至拔䭷国。又十日行,经天竺西境小国五,至提䭷国。其国有弥兰大河,一曰新头河,自北渤昆国来,西流至提䭷国北入于海。又自提䭷国西二十日行,经小国二十余,至提罗卢和国,一曰罗和异国。国人于海中立华表,夜则置炬其上,使舶人夜行不迷。① 又西一日行,至乌剌国,乃大食国之弗利剌河,南入于海。小舟溯流,二日至末罗国,大食重镇也。又西北陆行千里,至茂门王所都缚达城。自婆罗门南境,从没来国至乌剌国,皆缘海东岸行。至西岸之西,皆大食国。其西最南谓之三兰国。至三兰国正北二十日行,经小国十余,至设国。又十日行,经小国六七,至萨伊瞿和竭国,当海西岸。又西六七日行,经小国六七,至没巽国。又西北十日行,经小国十余,至拨离谯磨难国。又一日行,至乌剌国,与东岸路合。

贾耽记载了从广州经越南、马来半岛、苏门答腊,跨越印度洋,至印度、斯里兰卡,直到波斯湾沿岸各国的航线、航程,以及沿途几十个国家和地区的方位、名称、岛礁、山川、民俗等内容。贾耽"广州通海夷道"具体走向为:从广州屯门出发后,沿着传统的南海海路,穿越南海、马六甲海峡,进入印度洋、波斯湾;在乌剌国,如果沿波斯湾西海岸航行,出霍尔木兹海峡后,可以进入阿曼湾、亚丁湾和东非海岸,经历 90 余个国家和地区,航期 89 天,是 8—9 世纪世界上最长的远洋航线,也是唐朝最重要的对外贸易海上交通线。贾耽所记的这条航线,所及地方已不仅仅是东南亚和南亚,而是将东亚、东南亚、南亚、波斯湾与北非、东非都联结起来了。这条航线的航程之长,航区之广,以及所体现出来的航海实力,在当时是许多擅长航海的民族也难以达到的。

---

① 据《中国印度见闻录》称,在幼发拉底河口,靠近俄波拉和阿巴丹处,有大灯塔 3 座,每夜光芒四射,为船舶进出口之导航设施,可参证之。

典籍里的丝绸之路

贾耽在谈交通路线时，也谈到边疆和域外若干城镇的地理位置、自然面貌等地理内容。如"广州通海夷道"，不仅记载了这条交通路线上的航程和航行日数，同时也记载了这条交通线上30多个国家或地区的名称、方位、山川、民情风俗等。

在唐代前期，时至"安史之乱"以前，由于唐朝在西域的经略，通往西域的交通大开，形成了自汉以来东西陆路交通的极盛高潮。其时中西交往空前繁荣，亦如史籍所载："伊吾之右，波斯以东，商旅相继，职贡不绝"。因此，被称为"丝路的黄金时代"。此外，经由漠北的参天可汗道和现在称为"南方丝绸之路"的中印缅道，以及经过吐蕃尼泊尔通往印度的道路即"吐蕃—尼婆罗道"，也都畅通。

唐代的海上交通也很发达。除了通往日本和新罗的海路以外，通往南海并进而通向印度再西行到波斯湾的"海上丝绸之路"，早在汉代即已开通，三国南北朝时，更有了很大发展。唐代前期西北陆路丝绸之路在中西交通中占据主导地位，但安史之乱以后，陆路阻塞，中西的交通更依赖海路，促使海上丝绸之路更为繁盛起来。

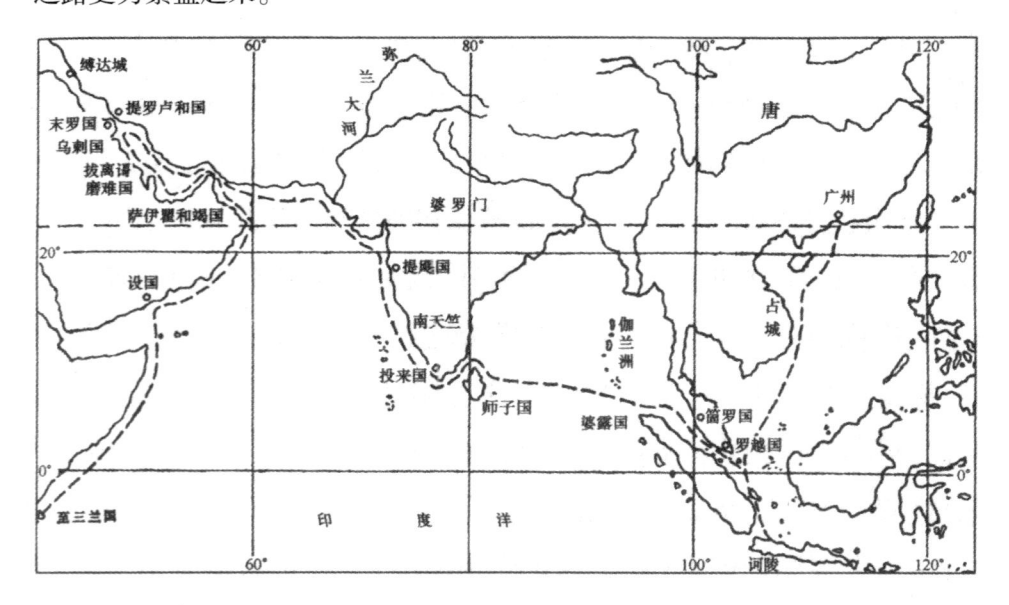

图 5-7-1 贾耽记"广州通海夷道"航路示意图

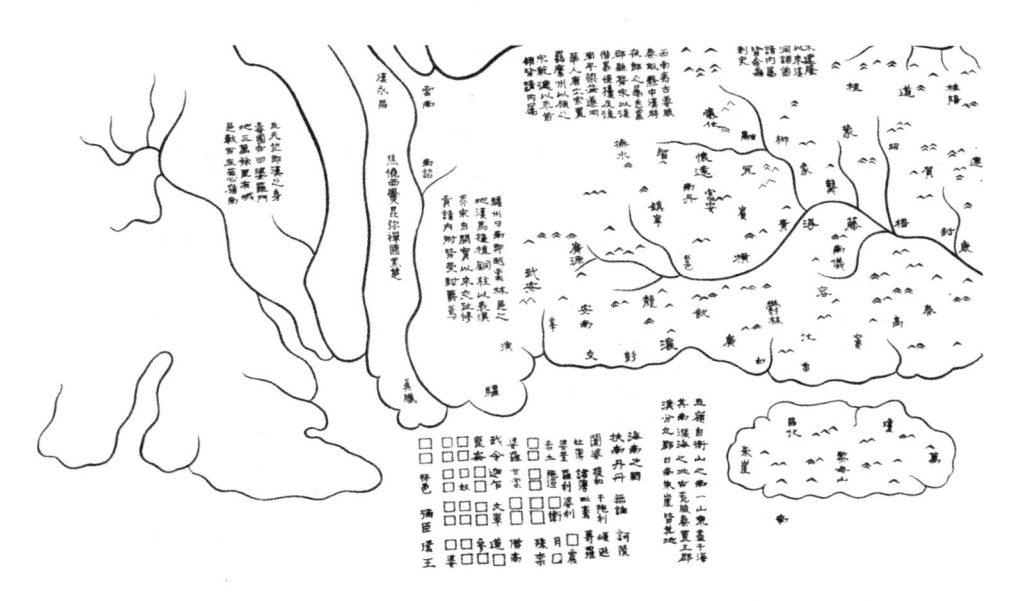

图 5-7-2 以唐代贾耽绘制的《海内华夷图》为蓝本绘制的《华夷图》（局部），1136年刻石（西安碑林博物馆藏）。此图的左下角有几道重要的弯，描绘了唐代以来"下西洋"的海岸线，远及阿拉伯半岛

八 唐诗中的丝绸之路

唐代是一个国力腾达、文化远被的大开放时代，与国外的经济文化交流达到了空前的高潮，丝绸之路畅通无阻，中西商路盛极一时。杜甫诗说"驼马由来拥国门"，《唐大诏令集》说"伊吾之右，波斯以东，商旅相继，职贡不绝"，这些都是描绘唐朝丝绸之路黄金时代中外贸易繁荣的记载。唐朝也是一个诗情勃发的时代，而在唐诗中，处处显露出大唐盛世的青春气息和英雄气概。诗人们的目光远达域外，把丝绸之路作为他们诗歌创作的一个重要的精神意象，留下了数不胜数的壮丽诗篇。据有关学者统计，唐诗中涉及西域、塞外、楼兰的诗篇就占到了三分之一。最奇异光彩的是边塞诗，雄浑磅礴，酣畅淋漓，大气包举，代表着一种边远、征战、瀚海大漠的悲凉和长河落日的壮丽。

在唐诗中，有许多吟咏丝绸之路、西域风光和风情的诗篇，同时，西域地

典籍里的丝绸之路

名往往成为唐诗中的意象出现在诗篇中，这些意象反映了西域在那一代诗人心目的印象和观念。例如，李贺是一位想象力丰富、风格奇诡险怪的诗人，他在诗歌创作中自然而然地流露出了奇妙的异域风情。他在《昆仑使者》一诗中写道：

> 昆仑使者无消息，茂陵烟树生愁色。
> 金盘玉露自淋漓，元气茫茫收不得。
> 麒麟背上石文裂，虬龙鳞下红枝折。
> 何处偏伤万国心，中天夜久高明月。

对远方的奇异想象回荡在诗人的心中和诗作里。西域就是唐代诗人的"远方"，一个托寄情怀、放飞理想的远方。而踏上丝绸之路，走过漫漫荒原，茫茫沙海，渡过大河冰川，走向那遥远的异域，一路上，边城、大雁、飞雪、黄沙、碛口，奇异景象，艰险惊绝，都唤起了诗人的激烈壮怀。背驮白练的驼队，英武强悍的甲兵，往来东西的使臣，走过大碛，踏出满地苍茫，留下一片遐想。"黄河远上白云间，一片孤城万仞山""劝君更尽一杯酒，西出阳关无故人"……在那无垠的沙漠、浩瀚的戈壁、险阻的山脉、雄奇的边关，阵阵驼铃，悠悠羌笛，都激发了人们的无尽想象，更激励着雄浑激昂的英雄气概。

漫漫丝路，万里边关，寄予了诗人们无尽的想象，也令他们描绘出大漠、丝路、边关的万种风情。而关于丝绸之路的诗意描写，首先进入诗人们笔下的，是远方西域那些雄奇壮丽、奇险诡异的独特风光。如王维"大漠孤烟直，长河落日圆"，李贺"大漠沙如雪，燕山月似钩"，寥寥数语，描绘出丝绸之路上的万千风韵，成为流传久远的名句。

长安是丝绸之路的起点。长安作为煌煌都城，许多商队都是在这里出发，再走向遥远的西域。而来自西域的外交使臣、商旅和其他旅行者，也都把长安作为他们的目的地，作为旅途的终点。但是，进入长安，他们已经在汉唐的疆域内行走了很久，真正的边关界限远在甘肃敦煌附近的阳关和玉门关。敦煌是汉唐面向西域的前哨。

所以，在诗人的作品中，有许多提到阳关和玉门关，特别是阳关提到得最多。唐诗中的阳关有的是实写，更多的是边塞意象。在诗人笔下，"阳关"作为一个意象，它既是进入绝域的门户，又是内地与西域连接的枢纽。王维《送刘司直赴安西》说："绝域阳关道，胡沙与塞尘。"走出阳关和玉门关，才算是真正进入"绝域"，进入属于"胡沙与塞尘"的陌生地方。关于阳关的描写，最著名的就是王维《送元二使安西》中的那句："西出阳关无故人"。诗中提到阳关的，还有岑参《寄宇文判官》诗："二年领公事，两度过阳关。"再如李商隐《饮席戏赠同舍》："唱尽阳关无限叠，半杯松叶冻颇黎。"白居易《答苏六》："更无别计相宽慰，故遣阳关劝一杯。"骆宾王《畴昔篇》："阳关积雾万里昏，剑阁连山千种色。"李昂《从军行》："春云不变阳关雪，桑叶先知胡地秋。"

写玉门关的诗，最著名的是王之涣的那句"春风不度玉门关"。这一句和前引那句"西出阳关无故人"的意思是一样的，都是把"阳关"或"玉门关"作为一个明显的边界，一个是自然的边界，那一边天寒地冻，绝域遥远，"春风不度"；另一个是文化上的边界，关外是一片陌生的地方，"无故人"。"无故人"不仅是"无故人"，而且文化上也是陌生的、异域的，是置身于另一种文化环境之中。

写玉门关的诗句，著名的还有：王昌龄《从军行》"青海长云暗雪山，孤城遥望玉门关"；戴叔伦《塞上曲》"愿得此身长报国，何须生入玉门关"；李白《关山月》"长风几万里，吹度玉门关"；岑参《玉门关盖将军歌》"玉门关城迥且孤，黄沙万里白草枯"。

出了阳关或玉门关，就进入西域的广大地域，进入了漫漫长路。在丝绸之路的沿线，分布着许多古国和城镇，居住着不同民族的人们。所谓"通西域"，就是与这些古国和民族建立外交，通商往来。此外，这些国家还时常受到强大的草原民族匈奴、突厥的侵扰或控制，因此也成为汉唐王朝抵御匈奴、突厥的前哨站。汉的主要防御对象是匈奴，唐的主要对手是突厥。无论是突厥还是匈奴，西域都是他们进攻中原王朝、侵扰内地的跳板。汉唐诗词中的征战，主要是指西域边关与匈奴、突厥的战争。

在许多诗词中，都有对西域一些古国和重要城镇的描写，其中写得最多的是"楼兰"。楼兰名称最早见于《史记》，是西域的一个小国，公元前77年，

典籍里的丝绸之路

楼兰国更名鄯善国，并迁都泥城，向汉朝称臣，原都城楼兰城则由汉朝派兵屯田。楼兰地处若羌县北境，罗布泊的西北角、孔雀河道南岸，西南通且末、精绝、拘弥、于阗，北通车师，西北通焉耆，东当白龙堆，通敦煌，扼丝绸之路的要冲。由于孔雀河的改道，罗布泊水面萎缩，生存环境日益恶劣。约公元422年以后，楼兰城民众迫于严重干旱，遗弃楼兰城，逐渐南移。公元448年，北魏灭鄯善国。在唐代时，楼兰国已不复存在。

在唐诗中，"楼兰"常常是一个意象，如王昌龄的诗句"不破楼兰终不还"，不是确指。虽然只是一种意向，但"楼兰"却神奇地活在唐诗中。唐诗中有多处提到楼兰。如岑参在西域从军多年，对于西域多有了解，而且直接参与重大的军事活动，他的诗中写楼兰的也最多。比如《献封大夫破播仙凯歌六首》：

汉将承恩西破戎，捷书先奏未央宫。
天子预开麟阁待，只今谁数贰师功。

官军西出过楼兰，营幕傍临月窟寒。
蒲海晓霜凝马尾，葱山夜雪扑旌竿。

鸣笳叠鼓拥回军，破国平蕃昔未闻。
丈夫鹊印摇边月，大将龙旗掣海云。

日落辕门鼓角鸣，千群面缚出蕃城。
洗兵鱼海云迎阵，秣马龙堆月照营。

蕃军遥见汉家营，满谷连山遍哭声。
万箭千刀一夜杀，平明流血浸空城。

暮雨旌旗湿未干，胡烟白草日光寒。
昨夜将军连晓战，蕃军只见马空鞍。

第五章　隋唐记载的丝绸之路

唐诗中经常提到的西域国家还有高昌。高昌是古时西域交通枢纽，地处天山南路的北道沿线，为东西交通往来的要冲，亦为西域政治、经济、文化的中心地之一。唐太宗贞观年间（627—649），唐军先征服了占领大漠南北的东突厥，接着消灭了依附西突厥的西域高昌国，设置了西州，后又攻灭了焉耆和龟兹，疏勒和于阗则臣服于唐。这样，天山南路全部进入唐之版图。640年，唐朝廷在西州境内的交河设置了安西都护府，统辖焉耆（后为碎叶）、龟兹、疏勒和于阗四都督府，称为"安西四镇"。安西都护府管辖天山以南直至葱岭以西、阿姆河流域的辽阔地区。由于西州在政治、军事上的地位非常重要，唐诗中实写西州的诗比较多。岑参《初过陇山途中呈宇文判官》提到西州：

前月发安西，路上无停留。
都护犹未到，来时在西州。

西州境内的交河城地势险要，安西大都护府最初就设在这里。交河城建筑在一个高达30余米的土台上，台两侧各有一条小河，它们在土台首尾两端交会，使土台成为一个柳叶状的小岛，并得名为交河。由于河水的冲刷，土台边缘成为陡峭的悬崖，使交河地势险要而易于守卫。据有关学者统计，《全唐诗》收录"交河"语汇诗歌共计40首。在不少诗人笔下，"交河"成为西域的代名词。例如，骆宾王有《从军中行路难》诗：

阴山苦雾埋高垒，交河孤月照连营。
连营去去无穷极，拥旆遥遥过绝国。
阵云朝结晦天山，寒沙夕涨迷疏勒。

岑参《火山云歌送别》提到交河：

火山突兀赤亭口，火山五月火云厚。
火云满山凝未开，飞鸟千里不敢来。
平明乍逐胡风断，薄暮浑随塞雨回。

典籍里的丝绸之路

缭绕斜吞铁关树，氤氲半掩交河戍。
迢迢征路火山东，山上孤云随马去。

焉耆西北有大名鼎鼎的铁门关。《新唐书·志》第三十三下记载："自焉耆西五十里过铁门关"。铁门关是西去或东来的必经之地，东晋法显和唐初玄奘西行时都经过此关，当时他们都写到了铁门关两崖壁立、只露一线的险峻。它的独特地理位置和军事上的险要吸引了过往此地的人们的注意，因此"铁门关"常常出现在诗人们的笔下。岑参路过此地时，由于安西四镇的设立，铁门关上已经有了唐朝官吏的驻守管理，其《题铁门关楼》诗说：

铁关天西涯，极目少行客。
关门一小吏，终日对石壁。
桥跨千仞危，路盘两崖窄。
试登西楼望，一望头欲白。

从诗中也可见这里在军事上已经失去了战略意义，只是相当于一个驿站，是过往行人歇脚之处。"铁关"作为意象，在唐诗中代表着中外交往的要道。贯休《遇五天僧入五台五首》之二：

一月行沙碛，三更到铁门。
白头乡思在，回首一销魂。

疏勒位于喀什地区西北部，地处塔里木盆地西缘喀什噶尔绿洲中部，西面是帕米尔高原。"疏勒，在安西府西二千余里"，是西域南道和中道相会之地。从此地西行越葱岭可去往波斯、大食等国家。疏勒是安西四镇之一，唐诗中以此作为绝域之地的象征。例如，骆宾王《从军中行路难二首》之一："阵云朝结晦天山，寒沙夕涨迷疏勒。"王维《老将行》："誓令疏勒出飞泉，不似颍川空使酒。"皇甫冉《和袁郎中破贼后经剡中山水》："节比全疏勒，功当雪会稽。"

贞观二十年（646年）唐朝军队消灭了西突厥，置庭州。庭州地处天山北麓，东连伊州、沙州，南接西州，西通弓月城、碎叶镇，是唐在天山以北的政治、军事重镇。长安二年（702 年），武则天为了进一步巩固西北边疆，在庭州设立了北庭都护府，管辖天山以北包括阿尔泰山和巴尔喀什湖以西的广大地区。北庭都护设立后，提携万里，社会安定、农业、牧业、商业、手工业都得到空前发展，成为西北地区中心。唐玄宗时，又在北庭设立节度使，统领瀚海、天山、伊吾三军，有镇兵万余人，其中瀚海军一万二千人就屯戍在北庭。安西和北庭两个都护府作为唐朝设在西域的最高行政和军事机构，使唐朝在西域有效地行使政治、军事权利。

因为设立了大都护府，所以经常会有使节来往。杜甫《近闻》一诗说："崆峒五原亦无事，北庭数有关中使。"辖天山北路的北庭都护府在唐人心目中是遥远寒苦之地。杜甫《秦州杂诗二十首》之十九："风连西极动，月过北庭寒。"高适《东平留赠狄司马》：

　　马蹄经月窟，剑术指楼兰。
　　地出北庭尽，城临西海寒。

岑参第二次出塞是天宝十三年（754 年）夏秋间至至德二年（757 年）春，在北庭任安西、北庭节度使封常清幕僚。也正是因为这里的边远寒苦和独特的景致，他写下了大量关于北庭都护府的诗，如《寄韩樽》：

　　夫子素多疾，别来未得书。
　　北庭苦寒地，体内今何如？

《北庭作》：

　　雁塞通盐泽，龙堆接醋沟。
　　孤城天北畔，绝域海西头。
　　秋雪春仍下，朝风夜不休。
　　可知年四十，犹自未封侯。

岑参的诗作有不少篇幅反映北庭的风貌。他凭借自己的经历与闻见，用第一手材料，真实地描绘、记叙了北庭风物及军旅生活，从多方面展现了这个军事重镇的自然与人文环境特色，使后世读者由此获得对于北庭真切的感性认识。

岑参的诗作还反映了当时从北庭入长安所取的道路。《天山雪歌送萧治归京》写道：

> 天山有雪常不开，千峰万岭雪崔嵬。
> 北风夜卷赤亭口，一夜天山雪更厚。
> 能兼汉月照银山，复逐胡风过铁关。
> 交河城边飞鸟绝，轮台路上马蹄滑。
> 晻霭寒氛万里凝，阑干阴崖千丈冰。
> 将军狐裘卧不暖，都护宝刀冻欲断。
> 正是天山雪下时，送君走马归京师。
> 雪中何以赠君别，惟有青青松树枝。

诗中"交河""轮台"二句，说明了萧治归京所取的路线，即由北庭至交河，进入丝绸之路的中道，而后东行。"轮台路"即他地道，"晻霭寒氛万里凝，阑干阴崖千丈冰"二句写的正是经他地道翻越天山的情景。结尾四句写赠别，亦切天山风物。

唐诗中多次提到"轮台"。历史上有两个轮台，一为汉轮台，一为唐轮台。汉轮台在天山之南，唐轮台在天山之北。但出现在唐人诗文中的轮台，在许多情况下，并不指轮台县，而是沿用汉轮台的历史典故，以"轮台"代称西北或西部边地。骆宾王于咸亨元年（670年）从军西域，临行作《西行别东台详正学士》诗，写道：

> 塞荒行辨玉，台远尚名轮。
> 泄井怀边将，寻源重汉臣。

沈佺期有乐府诗《梅花落》：

> 铁骑几时回，金闺怨早梅。
> 雪中花已落，风暖叶应开。
> 夕逐新春管，香盈小岁杯。
> 感时何足贵，书里报轮台。

这首闺怨诗中，"轮台"作为历史典故，意义更为泛化，成了边地的一般代称。直至中、晚唐，诗人仍从用典的角度，将轮台作为西北边地的代称。

图 5-8-1　玉门关遗址

第六章 阿拉伯波斯文献记载的丝绸之路

一 《道里邦国志》记载的东西交通

阿拉伯地理学兴起于8世纪中期,到8、9世纪之交,进入蓬勃发展的时期,涌现出许多著名的地理学家。由于当时的阿拉伯是一个世界性的大帝国,阿拉伯人的地理眼界比以往大为扩展。当时阿拉伯人的地理学著作所述的内容往往涉及他们所知的整个世界,其中也包括对中国地理和文化的介绍。这些旅行家的见闻录和地理学家著作中对中国的记述,代表了当时阿拉伯人对于中国的认识。阿拉伯人的中国知识,即他们对中国文化的了解,无论在广度上还是在深度上,都远远超过了欧洲人。实际上,正如许多中国文化的成果,如造纸术、炼丹术、中医学等等,是通过阿拉伯而进一步传到欧洲的一样,欧洲人对于中国的认识在许多方面也都得自阿拉伯人。阿拉伯是中华文化西传的一座桥梁。正如一位英国学者所说:"阿拉伯人事实上成为沟通东西文化者"。[1]

著名学者比鲁尼(Al-Biruni)曾经访问过印度,他的著作中有关印度以西地区的描述具有很高的史料价值,但远东部分仍然照抄古希腊、古罗马学者的章句。其他杰出的大食地理学家如伊德里西(Al-Idrisi)和阿布·菲达(Abu

---

[1] [英]布隆荷尔:《中国与阿拉伯人关系之研究》,《中外关系史译丛》,朱杰勤译,北京:海洋出版社1984年版,第13页。

al-Fida）也像他们的古希腊、古罗马前辈们一样把印度洋视为一片封闭的海域，认为非洲海岸与中国是相连的。那个时代的许多地理学家企图把地理新知纳入古希腊、古罗马时代描绘的世界构架中去。

伊本·胡尔达兹比赫（Ibn Khurradadhbih，约820—912）可以说是古典阿拉伯地理学的鼻祖，他奠定了用阿拉伯语撰写地理学文献的风格和模式。胡尔达兹比赫出身名门，曾在巴格达受过良好的教育。他是哈里发穆耳台米德（870—983年在位）的挚友，曾担任伊朗西部杰贝勒省邮政和驿传长官，后又升为巴格达及萨马拉的邮传部长官，这些职务使他有条件收集和整理阿拉伯官员和商人有关亚洲国家一直到中国以及阿拉伯人商道的大量情况报告。他博才多学、著述宏富，还写过一部《历史》，据说是记录伊斯兰以前诸民族的沿革。《道里邦国志》大概完成于他任邮传部长官的时期，边写边搜集材料，用了很长的时间。

胡尔达兹比赫撰写的《道里邦国志》一书，综合了流传至今最早的阿拉伯地理知识的报道。《道里邦国志》详细记述亚、非、欧三大洲西起法兰西、西班牙，东至中国、新罗、倭国、麻逸，北及罗斯（古俄罗斯），南达印度洋诸岛国的民间风俗、宗教文化、历史遗迹、经济特产及各国之间的路程，各地的商货及其质量与价格、商路上的食宿条件、海港与海上航程等情形，并为读者描绘出9世纪的国际贸易路线图。其范围之大，几乎将整个文明世界都包括了进去。它详细介绍了犹太商人、罗斯商人及伊斯兰帝国的穆斯林商人在国际贸易中的积极作用。麻素提称颂《道里邦国志》为"一部珍贵的书，它是取之不尽的宝藏，始终都可以从中得到教益和知识"。

《道里邦国志》对阿拉伯帝国的驿道做了详细的记录，一般都是从某地到某地若干法尔萨赫（1法尔萨赫约等于6.24公里）。该书还第一次记载了巴格达向东到中亚、向南到印度的道路，其中包括与陆上丝绸之路干道重合的呼罗珊大道。据张广达先生的概括，这条道路"在阿梅越过乌浒水可至法腊勃，再经拜坎德过长城门至布哈拉，而后沿泽拉夫善河左岸至撒马尔罕，是为'王家大道'。大呼罗珊路在呾蜜越过乌浒水可至石汗那、久越得健、珂咄罗等地区，另一歧路经铁门、碣石至撒马尔罕。大呼罗珊路从撒马尔罕以北去苏对沙那的扎敏路分两岔，左岔可至石城（今塔什干）及锡尔河下游，右岔越过锡尔河上游可至大宛（今费尔干纳）。扎敏石城一路东通顿建城，一路北通白水城（今奇姆肯特），自白水城又分二岔，西通讹答剌，北进怛逻斯。从怛逻斯到中国边界热海南岸的拔塞干城的道里和沿线诸城绝大部分可以和贾耽记载的路程——对勘"。这样，就和中国文献接续起来，把丝绸之路的记载也贯通起来。这条呼罗珊大道的路线，就是古代丝绸之路在葱岭以西最主要的一大段路线。

《道里邦国志》对往西的道路写到西班牙，有关拜占庭的部分写得特别详细；往北的道路写到了阿塞拜疆和高加索；往东南方记载了从巴格达去麦加、麦地那和阿拉伯半岛南部的道路，并列出从巴士拉、巴格达和开罗去麦加所经过的驿站名称。这一部分最后提到了两条很重要的路线：一条是欧洲商人经苏伊士地峡和红海，或沿幼发拉底河经安提奥克前往印度和中国的路线；另一条是俄罗斯商人沿顿河和伏尔加河经里海往南的路线。

《道里邦国志》中也记述了从波斯湾海道到中国的实际航程。书中写道："操着阿拉伯语、波斯语、罗马语、法兰克语、安达卢西亚语、斯拉夫语的商人经陆路和海路，从西方行至东方，又从东方行至西方。"若走海路——

> （他们从）西海中的凡哈出航，取道凡莱玛，再负载着商品到红海，从凡莱玛至红海有 25 法尔萨赫，再从红海出发航行在东海上，抵达伽尔和吉达，再至信德、印度、中国。然后，他们从中国携带着麝香、沉香、樟脑、肉桂及其他各地的商货运至凡莱玛，再航行于西海中。或许，他们带着商品去君士坦丁堡，货卖给罗马人。或许，他们将商品带到法兰克王国，在那里贩卖。假如他们愿意，他们可以带着货物从法兰克出发经西海，在安塔基亚（安条克）登陆，在陆地上走过三个驿站，便到达伽比亚。再航行在幼发拉底河上，直抵巴格达，再航行在底格里斯河上，再至武步拉。再从武步拉起航，陆续至阿曼、信德、印度及中国，所有这些道路都是彼此相通的。①

---

① ［阿拉伯］伊本·胡尔达兹比赫：《道里邦国志》，宋岘译注，北京：中华书局1991年版，第164页。

《道里邦国志》还记载了商人们的陆路行程:

> 其中一些商人从安达卢西亚,或者从法兰克出发,航行至"远"苏斯,再至坦佳,再至阿非利加,再至米昔儿,再经莱姆拉至大马士革,再至库法,再至巴格达,再至巴士拉,再至阿瓦士,再至法尔斯,再至信德,再至印度,再至中国。或者选择罗马后面的斯拉夫国而行,再至海姆利杰,即可萨突厥城,再经过久尔疆,再至巴尔赫与河外地,再至乌鲁特·土胡兹胡尔,再至中国。①

《道里邦国志》中提到被称为"拉唐人"的犹太商人,"拉唐人"(Radanite,意为说拉丁语的人)是丝绸之路上最为活跃的贸易群体。可萨汗国在公元786年至809年期间皈依了犹太教,因而成为中世纪犹太人少有的政治避难所。可萨汗国境内的犹太人将首都伊提尔作为贸易基地,囤积货物,形成了颇有影响力的商业家族。他们的商船活跃在伏尔加河和里海上,和罗斯人、保加尔人、斯拉夫人等保持着密切的经济联系,其足迹远涉东欧、中欧以及中亚北部。他们从海路或陆路到达中国,其中一条陆路是经过可萨汗国的。胡尔达兹比赫可能利用了曾经旅行过这条路的阿拉伯人塔蒙的著作。塔蒙旅行的时间是760—800年之间,这也恰好是可萨可汗信奉了犹太教的时代。

《道里邦国志》中记载了当时拉唐人的四条国际商业路线:第一条,从法兰克出发,经地中海到埃及港口,然后经红海至汉志港口伽尔和吉达,最后至信德、印度、中国;第二条,由法兰克启程,穿越地中海到安条克港口,再由陆路至幼发拉底河沿岸、巴格达,再至信德、印度、中国;第三条,从西班牙或法兰克出发至摩洛哥、突尼斯、大马士革、巴格达、巴士拉、信德、印度、中国;第四条,从拜占庭附近出发,穿越斯拉夫人的腹地,抵达可萨汗国首都伊提尔,越过里海到巴尔赫城,再过阿姆河,穿越河中地区,最终到达中国。

---

① [阿拉伯] 伊本·胡尔达兹比赫:《道里邦国志》,宋岘译注,北京:中华书局1991年版,第164—166页。

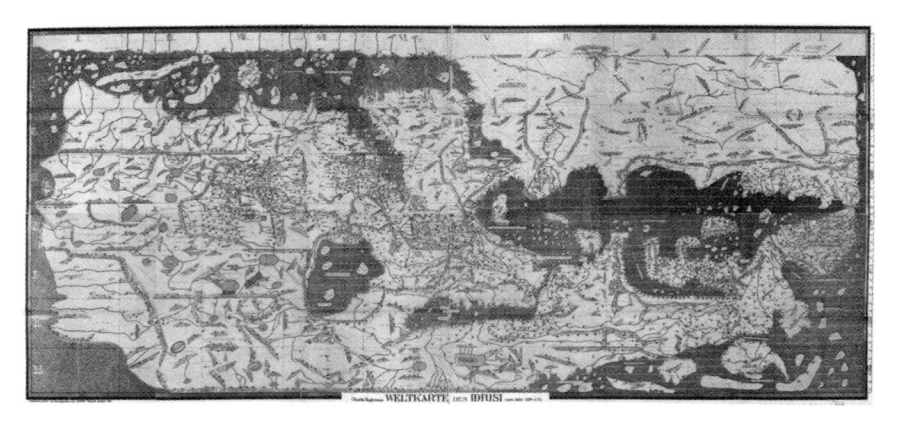

图 6-1-1　阿拉伯地理学家伊德里希 1154 年绘制的世界地图。
该地图的特点是上方为南方

《道里邦国志》列举了 4 个中国港口，自南而北有龙景（Lukin，在越南灵江口的北景）、广府（Khanfu，广州）、越府（Djanfu，明州）和江都（Kanfu，扬州）。并且，书中说到中国的疆域广大，东起海洋，西至印度。全中国有 300 座人口稠密的城市。其中，较为著名的有 90 座。此书还记载了唐与大食贸易往来的主要商品，这些商品主要有丝绸、宝剑、花缎、麝香、沉香、马鞍、貂皮、陶瓷、绥勒宾节（围巾或斗篷）、肉桂、高良姜。唐代外国输入中国的主要商品是香料、珍珠、象牙、犀角等珍品。

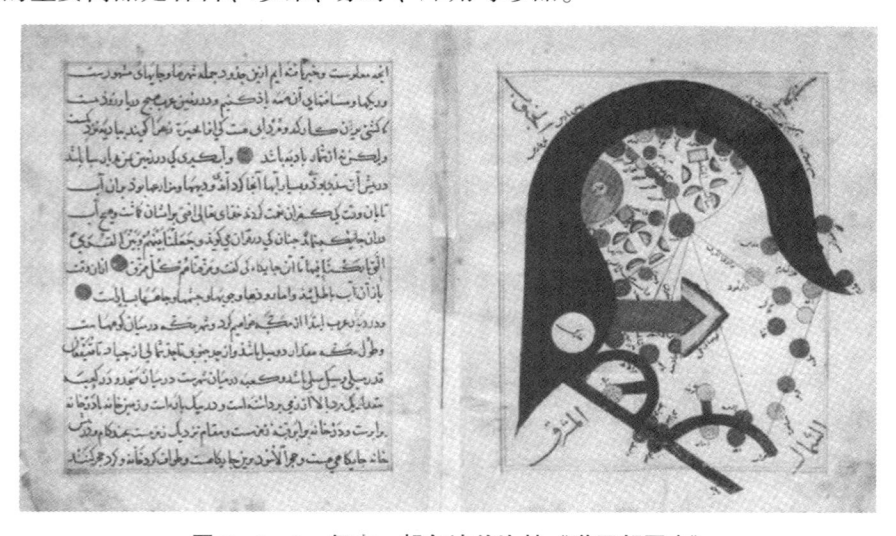

图 6-1-2　伊本·胡尔达兹比赫《道里邦国志》

二 《黄金牧地》记载的东西交通

成书于10世纪中叶的《黄金牧地》(*Meadows of Gold*) 是阿拉伯人有关中国记述的一部重要文献。《黄金牧地》是当时阿拉伯著名的经传体历史、地理书。这部著作的作者麻素提（Masudi，893—957）是10世纪最负盛名的历史学家和地理学家。麻素提出生于巴格达，他自幼年起便周游列国，一生大部分时间是在旅途中度过的。他的旅途所至甚远，到过埃及、东非、叙利亚、伊朗、印度、东南亚以及中国沿海诸地。他自称在马来亚和中国海岸停留过，对于黑海和红海地区更为熟悉。

麻素提根据自己的旅行见闻，又借鉴许多前贤的著作、游记以及《圣经》和《古兰经》等经典文献资料，写下许多巨著，但保存下来的只有《黄金牧地》。《黄金牧地》成书于943年。原书共30册，又名《历代编年史》，主要是著者依据自己遍游亚非各地40年间所记录的第一手资料写成。

《黄金牧地》用纪传体形式写成，与中国各王朝断代史的体例颇为相似。从地域方面来说，本书涉及了从苏门答腊到中亚、欧洲和非洲的大部分地区，如中国、印度、波斯、阿拉伯半岛、巴比伦、神祇人地区、犹太人地区、阿比亚亚尼、北非、拜占庭、法兰克人地区、西班牙等；从内容上来说，涉及了王统世家、民族分布、伊斯兰教、基督教、佛教以及自然地理、人文地理、风土人情、文化历法、工艺、文学、山川、河流、海洋、军事征服、名胜古迹等。该书的特点是将实地考察所得的材料与可靠的史料相结合，并根据《古兰经》和圣训经文，又参照了《希伯来圣经》及古代有关自然、历史、地理、人种学、宗教学、医学等方面的著作。作者的博学见闻、精辟见解尤为突出，后广为世界史学家所参考和引用。可以说，《黄金牧地》是一部中世纪的百科全书，代表着阿拉伯和穆斯林历史编纂学的顶峰，所以麻素提被称为"穆斯林和阿拉伯的希罗多德"。

《黄金牧地》记述了中亚各国的历史地理，为了解和研究世界通史提供了丰富的资料和新的见解，因而博得普遍称誉。全书共4卷，前言分2章，正文

130 章。前言阐述全书主题与宗旨，附有该著章目和著者其他主要著作书目。第一卷共 30 章，记远古至埃及亚历山大国王时期的历史，包括阿拉伯古代史，东方各地的史地和文物，述及印度的科学知识、宗教思想和政体，其中第 13 章记述了中国历史，是阿拉伯史学著作中难得的宝贵史料。第二卷共 52 章，记述高加索、叙利亚、巴比伦、西亚、北非等地的情况及伊斯兰教前阿拉伯历史社会状况。从第 68 章起，记叙先知穆罕默德的身世、谱系和使命及传教旨等史料。最后一章讲哈里发阿里被害事件。第三卷共 29 章，讲述阿里长子哈桑继位至阿拔斯王朝第六代哈里发艾敏时期的史实。第四卷共 19 章，从阿拔斯王朝第七代哈里发马蒙时期（813—833）至第二十三代哈里发穆蒂尔时期（946—974）为止，最后一章为历代朝觐纪事。

苏哈尔和尸罗夫都是古代海湾地区的商业重镇，长时间内是"通往中国的门户"。麻素提记载，苏哈尔和尸罗夫的海员跑遍了中国海、印度海、也门海、埃塞俄比亚海等广阔海域。

与麻素提大体同时到过中国的还有一位波斯旅行家麦哈黑尔（Ibn Muhalhil）。麦哈黑尔是从陆上丝绸之路进入中国的。他到过吐蕃、回纥、突厥等民族聚居之地，还遇到了一些安史之乱时请援的黑衣大食东征军的后裔。在他眼中，沿途物产丰富，见到了降雨石、金块、麝香、羚羊角等奇珍异宝。他在长城西部的"门卡"（Station de la porte），见到了中国军士守护此一沙漠之城，并受到款待。他还进入中国都城。麦哈黑尔回国后，著一游记，记述了他在中国游历的见闻。

在当时其他阿拉伯地理学者著作中以及其他方面的阿拉伯文献中，也有不少关于中国的记载。例如，生活在 10—11 世纪的阿拉伯历史学家撒阿利比（961—1038），在其著名的《珍闻谐趣之书》中，也有关于中国文化的记载。

在唐代中国和阿拉伯文化交流的高潮中，阿拉伯人关于中国的知识已经具有相当的广泛性和深度。在他们的记述中，不仅包括通往中国的陆路和海路交通路线以及中国的产品，还包括中国人的风俗文化、政治制度、宗教信仰等社会生活的许多方面，包括中国的货币制度和贸易方式。他们还记述中国疆域之广大，人口之众多，都城之壮观。在当时的中国和阿拉伯，都处在一个全面开放的时代。频繁的往来,增加了彼此间的文化接触和相互认识、相互了解。而这些关于中国的记述,也和传播到阿拉伯的中国物产、科学技术一样,对促进阿拉伯文化的发展起到一定的作用。当时的阿拉伯人在谈到中国时,都对灿烂的盛唐文化流露出钦慕之情,赞誉之词不绝于书。阿拉伯的作家们一般都非常热衷于描述中国。他们极力称赞中国的幅员辽阔,城池多如繁星,居民富庶安乐和建筑物雅致诱人等。

图6-2-1 细密画,描绘阿拉伯海船,
选自哈利里《麦卡玛特集》(法国国家图书馆藏)

图6-2-2 13世纪印度洋的穆斯林船只

三 《中国印度见闻录》记载的海上航线

一些来过中国的阿拉伯使节、商人、教徒和旅行家，在回国时，把他们在中国的所见所闻，以及他们所认识和了解的中国文化带回故里。其中，有些人还把这些见闻记录下来，广为传播。

阿拉伯人对中国的记述，最有意义的一部著作是《中国印度见闻录》。这部著作成书于851年，其作者已不知何人。书中记述了阿拉伯商人苏莱曼在印度、中国等地行商，回国后述其东游见闻。《中国印度见闻录》分为两部分：（1）叙述阿拉伯商人从波斯湾经印度洋和马六甲海峡到中国沿途航线上所见的港湾、岛屿、居民、风物、货币、交易方式等自然和社会情况；（2）广泛

第六章 阿拉伯波斯文献记载的丝绸之路

叙述印度诸邦、中国皇帝以及两国的城市、官制、司法、税收、物产、交易、交通、军队、婚姻、宗教信仰等社会和自然概况,取名为"关于印度、中国及其国王的情况"。

有的研究者认为,书中所述的内容不只是苏莱曼一个人的陈述,实际上他可能只是那位佚名作者所询问的陈述人之一。书中还包括了其他东来中国的阿拉伯商人的回忆,不过只提到苏莱曼一个人的名字。

这部《中国印度见闻录》是目前所知最早的阿拉伯人的中国游记,是那个时代国外关于中国知识的最重要文献之一,是先于《马可·波罗游记》约4个半世纪问世的关于中国的一部最重要的著作。全书内容丰富,资料翔实,反映了唐代东西海上交通日益发达,中国和阿拉伯之间的商业往来已经开始;阿拉伯穆斯林来华人数日趋增多,他们与华人和睦相处,对中阿之间的经济文化交流起到了促进作用;中国官方对伊斯兰教持宽容态度,不仅不干涉外籍穆斯林的宗教信仰和生活习惯,而且在他们比较集中的地区如广州,还授予了他们自行管理自己内部事务的权力,从而使伊斯兰教在广州及其他地区得以传播。上述记载有的与中国史书互相印证,有的补充了中国历史记载中的某些不足,为研究中国伊斯兰教史、中西交通史提供了极有价值的珍贵资料,为中外学者所注目。《中国印度见闻录》自18世纪以来,曾有多种语言的译本问世,为东西方学者广泛引用。此书的法文译者J. 索瓦杰(Jean Sauvaget)对它的价值评论说:"在这一部并非由于自炫博学之士所编写的书中,却忠实仔细地记录了许多文化生活、风俗习惯、史地知识以及印度文和汉文等词汇的准确而易于辨认的音译……由于其观察的丰富、精确、真实与多样化,因此在所有阿拉伯人论述印度及远东的作品中,我们毫不犹豫地为这部《中国印度见闻录》保留一个光荣的地位。""《中国印度见闻录》所提供的史学价值,就目前看,是任何别种著作也不能比拟的,这部著作比《马可·波罗游记》早4个半世纪,给我们留下一部现存的最古的中国游记。……单凭这一点,就可以被视为阿拉伯文献中的杰作。"[1]

《中国印度见闻录》首先叙述了赴中国的海上航行。书中说到从波斯湾经

---

[1] 《中国印度见闻录》,穆根来等译,北京:中华书局1983年版,法译本序言第17、27页。

> **典籍里的丝绸之路**

印度和马六甲海峡到中国的航线上,有哪些地方可以泊港,需要航行多少天,在何地补充淡水;而且,涉及浅滩和礁岩、强风和龙卷风、吃人种族居住的岛屿等。书中还记载了各地的土特产以及当地的货币和交易方式。因此有人认为,对于当时的阿拉伯商人,此书"堪称是一部通俗的南海贸易指南"。《中国印度见闻录》记载说,从巴士拉出发东行,经过波斯湾——法尔斯海和拉尔海——

> 到达的第三个海叫海尔肯德海。海尔肯德海和拉尔海之间,岛屿星罗棋布,据说共有一千九百多个,标志出上述两片海域的分界。
> 那些岛屿中的最后一个是锡兰岛,在海尔肯德海中,所有被称为迪瓦的诸岛中,锡兰岛是最主要的一个。……这是一个重要的岛屿,幅员辽阔,有着丰富的沉香木、黄金和宝石,海中盛产珍珠和海螺,人们可用来当号角吹,是作为珍贵物品捕捞的。
> 船只向锡兰岛航行,途中岛屿为数不多,但都很大,岛上详情不清楚。计:有一个南巫里岛,岛上有几个王国,据说该岛方圆八百到九百平方法尔萨赫。岛上有丰富的黄金,有一名叫方苏尔的地方,盛产优质樟脑。临近一些岛屿归其管辖,其中一个叫尼延岛,出产黄金。……在南巫里岛上,有许多大象,有苏枋木和竹子,还有一个吃人的部落。这个岛位于海尔肯德海和海峡之间。
> 再往前进,是朗迦婆鲁斯岛,这里人口众多……
> 越过朗迦婆鲁斯岛,便是两个被海水分隔开的岛屿,叫安达曼……
> 过了这些岛屿后,便是一些暗礁,暗礁并不在(正当)航道之上。[1]

《中国印度见闻录》提到,广府是船舶的商埠,是阿拉伯货物和中国货物的集散地。阿拉伯商人把货物"从巴士拉、阿曼以及其他地方运到尸罗夫,大部分中国船在这儿装货"[2]。书中记载了这些商船从巴士拉到广府的海上航程:

---

[1] 《中国印度见闻录》,穆根来等译,北京:中华书局1983年版,第4—6页。
[2] 《中国印度见闻录》,穆根来等译,北京:中华书局1983年版,第7页。

第六章 阿拉伯波斯文献记载的丝绸之路

巴士拉距尸罗夫水路一百二十法尔萨赫。货物装运上船以后，装上淡水，就"抢路"——这是航海的人们常用的一句话，意思是"扬帆开船"——去阿曼北部一个叫马斯喀特的地方：尸罗夫到马斯喀特大约有二百法尔萨赫。在这一海域的东部，介于尸罗夫和马斯喀特之间，除其他地区之外，还要经过巴努——萨发克海岸和阿巴卡文岛。在这片海域中有阿曼暗礁群，当中一处叫漩涡谷……

从马斯喀特抢路往印度，先开往故临：从马斯喀特到故临的航程，中等风力需时一个月。故临有一个军事哨所，归故临国管辖。……从马斯喀特到故临和海尔肯德海约需一个月；在故临我们加足淡水，然后开船驶往海尔肯德海。越过海尔肯德海，便到达名叫朗迦婆鲁斯岛的地方……

船只抢路往个罗国，……这里距故临并不太远，从海尔肯德海到个罗国航行一个月。然后，商船向潮满岛前进，……这段路程需要十天。接着，我们起航去奔陀浪山：又是十天的时间……

……随后，船只航行了十天，到达一个叫占婆的地方，该地可取得淡水……得到淡水后，我们便向一个叫占不牢山的地方前进，这山是海中的一个小岛。十天之后，到达这一小岛，又补足了淡水。然后，穿过"中国之门"，向着涨海前进……当上帝保佑我们平安地到达占不牢山之后，船只就扬帆去中国：需要一个月的时间。……船只通过中国之门后，便进入一个江口，在中国地方登岸取水，并在该地抛锚，此处即中国城市（指广州）。①

苏莱曼记下的航线走向是：从尸罗夫出发，经马斯喀特岬角、巴努-萨发克海岸和阿巴卡文岛至苏哈尔，再往东航行约一个月，抵达故临，进入海尔肯德海，经朗迦婆鲁斯岛航行约一个月，至个罗，再航行10天，至潮满岛，又10天至奔陀浪山；再10天至占婆，又10天至占不牢山，穿越"中国之门"，进入"涨海"，约一个月到广州。这条航线约需时间120天，在穿越马六甲海峡之前与贾耽所记不同，不是直穿孟加拉湾，而是沿着该湾海岸航行，穿过海

---

① 《中国印度见闻录》，穆根来等译，北京：中华书局1983年版，第7—9页。

峡后，航线与贾耽所记相同。

阿拉伯人盛赞中国海船既大又坚固，和仅用椰索穿栓固定、船板较薄的阿拉伯双桅船不同，这些海船以制作坚固、货位充裕、抗风力强、航行安全而著称。当时有许多阿拉伯和波斯商人乘中国船来华贸易，也有些阿拉伯水手在中国船上工作，另外还有阿拉伯或波斯商人租赁或径向中国造船厂定造泛海巨舶的情况。

书中的陈述者苏莱曼似乎在中国逗留不少时日，对中国人的服饰、饮食、婚嫁、宗教等许多方面的情况都有所介绍。他说中国人无论贵贱，都穿丝绸，"王公穿上等丝绸，以下的人各按自己的财力而衣着不同"①。"女人的头发露在外边，几个梳子同时插在头上；有时一个女人头上，可多达二十只象牙或别种材料做的梳子。"他说到中国的食物："中国人的粮食是大米，有时，也把菜肴放入米饭再吃。王公们则吃上等好面包及各种动物的肉，甚至猪肉和其他肉类。……他们喝自己用发酵稻米制成的饮料，因为中国没有葡萄酒。""在中国，人们用米造醋、酿酒和制糖以及其他类似的东西。"② 缔结姻缘时要先送聘礼，一个男人可以娶几个妻子。人死后有停棺数年不葬者。书中还讲到中国人的宗教信仰，说："中国人崇拜偶像，他们在偶像前做祷告，对偶像毕恭毕敬。中国人有宗教书籍。"③ 中国人以铜钱为货币；在商业交易上和债务上，中国人都讲公道。

作者对中国丰富的物产十分感兴趣。他说："他们拥有黄金、白银、珍珠、锦缎和丝绸。""他们有精美的陶器，其中陶碗晶莹得如同玻璃杯一样：尽管是陶碗，但隔着碗可以看见碗里的水。"④

在苏莱曼见闻录成书后60年，又有尸罗夫人阿布·赛义德·哈桑（Abu Zaid Hassan）根据传闻，著另一篇《见闻录》。19世纪法国人雷诺德（U. Reinaud）在编定《中国印度见闻录》时，将苏莱曼的见闻编为第一卷，将哈桑的记录编为第二卷。哈桑的《见闻录》分为3部分：（1）记述中国唐代黄

---

① 《中国印度见闻录》，穆根来等译，北京：中华书局1983年版，第10页。
② 《中国印度见闻录》，穆根来等译，北京：中华书局1983年版，第11页。
③ 《中国印度见闻录》，穆根来等译，北京：中华书局1983年版，第23页。
④ 《中国印度见闻录》，穆根来等译，北京：中华书局1983年版，第15页。

巢举兵反叛朝廷，攻陷、洗劫广州城，杀害当地居民与外籍穆斯林客商，以及中国皇帝求救回纥王派兵平乱等有关情况。（2）记述巴士拉城一个名叫伊本·瓦哈卜的穆斯林晋见中国皇帝时的情景：一同观看皇帝收藏的一些先知画像，谈论有关伊斯兰教规的信条等。（3）分别讲述了关于爪哇城故事、中国见闻续记、印度见闻数则、印度诸王的传说等专题。

哈桑本人并未亲到中国，他的记载都是依据传闻或记录他人所见。他认真读过苏莱曼的见闻录，认为"此书谈到的一切，都是真实可信的"。不过，他补充说："自从'此书'撰成以后，世变日亟，尤其是中国的情势，发生了前所未有的剧变。由于事变频仍，开往中国的航船已经绝迹；在中国的国土上，田园荒芜，秩序荡然，国势也逐渐衰落了。"① 关于事变的原因，哈桑明确指出当时中国的黄巢之乱。黄巢之乱不仅给唐王朝以沉重打击，而且兵陷广州，有12万伊斯兰教徒、犹太教徒、基督教徒和袄教徒罹难。因此，阿拉伯商船不再通往中国。哈桑的记述，不仅补充了中国史料所缺，而且对中国当时发生的历史事件作如此直接而迅速的记述和评论，在外国文献中是不多见的。

哈桑对中国风俗文化的记载，多是重复苏莱曼的见闻录。不过，他的见解似更深刻。他盛赞中国艺术，说："在真主创造的人类中，中国人在绘画、工艺，以及其他一切手工方面都是最娴熟的，没有任何民族能在这些领域里超过他们。中国人用他们的手，创造出别人认为不可能做出的作品。"②

哈桑也记录了从阿拉伯到中国的海上航程。他记载说：

> 从阿曼开航，到位于印度右侧的海上（指阿拉伯海），有一个名叫席赫尔的地方。……这个地方，与亚丁和也门的海岸相连，一直延伸到吉达。从吉达经贾尔，沿着叙利亚海岸，可达库勒祖姆。……大海从库勒祖姆（海口）起一转而伸向伯贝拉地方，沿着与也门相对的西岸，通往阿比西尼亚和泽拉。

---

① 《中国印度见闻录》，穆根来等译，北京：中华书局1983年版，第95页。
② 《中国印度见闻录》，穆根来等译，北京：中华书局1983年版，第101页。

典籍里的丝绸之路

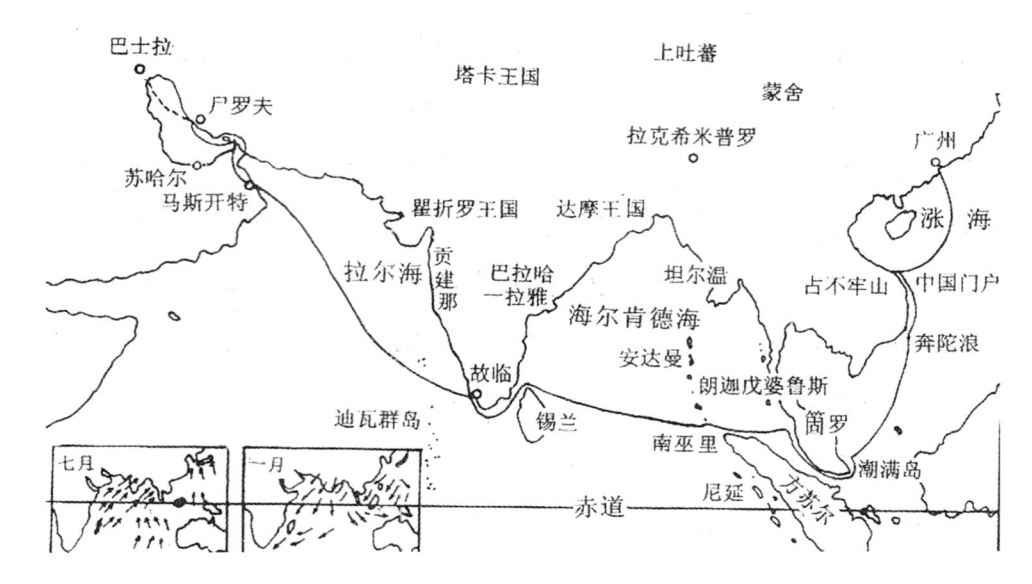

图 6-3-1　9—10 世纪阿拉伯人航海东来路线图

尸罗夫的船到达印度海右侧的海面时，就要驶向吉达，在那里泊岸，把船上装运去埃及的货物，转由库勒祖姆的船运去。尸罗夫的船之所以不能在这个海上通过，是因为在那里行船十分艰难，礁岩密布，障碍重重。①

四　志费尼的《世界征服者史》

由于元代中国与波斯、阿拉伯交通便利和文化交流的繁荣，大大增加了波斯人和阿拉伯人对中国的了解，增加了他们关于中国文化的知识。在这一时期的波斯和阿拉伯文献中，有许多关于中国的记述。例如，百科全书编者穆罕默德·伊本·易卜拉欣·安萨里·底迈什基（1256—1326）和艾哈迈德·伊本·阿卜杜拉·瓦哈布·努维里（1279—1332）的著作，对中国和中国文化有许多记载。较深入的记载有阿布尔-菲达·埃优比 1321 年所编的《地名辞

---

① 《中国印度见闻录》，穆根来等译，北京：中华书局 1983 年版，第 130—131 页。

典》（*Taqwīm al-Buldān*），以及波斯地理学家哈姆·达拉·穆斯塔菲·盖兹维尼（1281—1340）的著作。

在这一时期波斯和阿拉伯有关中国的文献中，最值得提起的，也是最重要的是波斯史学家志费尼的《世界征服者史》、拉施特的《史集》和阿拉伯旅行家白图泰的游记。

志费尼（Juwayni，1226—1283）出身于波斯贵族家庭，他的前辈相继任"撒希伯底万"（财政大臣）的职位，因此，"撒希伯底万"差不多成了他家族的代号。他的父亲巴哈丁在蒙古统治时期，实际也担任了呼罗珊、祃桉答而的"撒希伯底万"。志费尼本人在20岁以前已开始为蒙古王朝服务，不久成为蒙古人派驻阿姆河以西诸省长官阿儿浑（Arghun）的秘书。阿儿浑几次入朝，哈剌和林几乎都携带志费尼同行。正是在他们的第三次哈剌和林之行中，志费尼应友人之请，开始撰写《世界征服者史》。后来，在旭烈兀西征时，志费尼侍帐左右，随军西行，深得旭烈兀的信任。在旭烈兀大军攻占巴格达后，志费尼被任命为巴格达的地方长官，在此任上达20年之久。

《世界征服者史》的写作由起，志费尼本人说："因为我曾几次访问河中和突厥斯坦，迄至摩泰（Māchīn）[1] 和遥远中国的边境，这是帝国宝座之所在，成吉思汗子孙的族居地，也是他们帝国项链当中那颗珠子，并观察到一些事件，听诚实可信的人谈起往事；又因为我发现不得不照友人的建议办事，……因此我把确实无疑的东西付诸笔墨……"[2] 志费尼生活的时代距他撰述的史实十分接近，很多材料是他在旅途中所采集到的，其中包括当时社会上流行的传说。他所记述的史实大部分是亲见亲闻，因此是最原始的，也可以说是最有价值的史料。

这部著作所述的年代，起自成吉思汗，止于旭烈兀西征时平阿杀辛人的阿剌模忒诸城堡。全书可分为三部分：第一部分的内容包括蒙古前三汗，即成吉思汗、窝阔台汗和贵由汗时期的历史；第二部分实际是中亚和波斯史，其中包括花剌子模的兴亡、哈剌契丹诸汗，以及那些地方的蒙古统治者；第三部分从拖雷开始，以较大的篇幅谈到蒙哥登基及其统治初期的史实。志费尼随阿儿浑

---

[1] 摩泰：也称作蛮子（Manzī），指中国南部地区。
[2] ［伊朗］志费尼：《世界征服者史》上册，何高济译，呼和浩特：内蒙古人民出版社1980年版，第9页。

的第三次哈剌和林之行就是去朝贺蒙哥即位，而且他们在哈剌和林滞留了一年半的时间，因此他对蒙哥的记载要比《元史》详尽得多。

为了保护商旅和有利传递信件，成吉思汗在西征时就开辟了官道，窝阔台开始建立"站赤"即驿站制度，忽必烈则把站赤制度推行到元廷势力所及的一切地方。波斯历史学家费志尼《世界征服者史》说："他们的领土日广，重要事件时有发生，因此了解敌人的活动变得重要起来，而且把货物从西方运到东方，或从远东运到西方也是必要的。为此，他们在国土上遍设驿站。"①

志费尼的《世界征服者史》是一部具有重要史料价值的史学名著。例如成吉思汗的西征过程，志费尼是第一个予以完整、详尽报道的史家。再例如他关于哈剌契丹的记载，常为研究中亚史和西辽史的专家所引述。在这部著作中，也包含一些涉及中国的记载。如上面引述费志尼那段话所表明的，他旅行的踪迹，不仅到达哈剌和林，而且到达过中国的南部地区，当时还是南宋王朝统治的地域。

另外，这一时期的伊儿汗还有一部《瓦萨甫史》。《瓦萨甫史》是波斯历史学家瓦萨甫（Wassaf，1264—1334）所著《地域之分割与岁月之推移》一书的简称。瓦萨甫是泄剌失人，担任过伊儿汗国税务官，得到宰相拉施特的赏识和庇护。他编撰此书，意在续志费尼的《世界征服者史》，故始于1257年旭烈兀灭木剌夷后进兵报达之役，体裁亦模仿志费尼之书。1312年，因拉施特之荐，在新都孙丹尼牙谒见完者都汗，呈献其书并献颂辞，由此获得"御前赞颂人"的赐号，此后即以号行。

《瓦萨甫史》初为4卷，第一卷述蒙哥之死，元世祖、元成宗两朝暨旭烈兀、阿八哈、帖古迭儿三代伊利汗时代史事；第二卷述伊利汗阿鲁浑时代暨法儿思、罗耳阿塔毕史；第三卷述伊利汗国汗王海合都至合赞汗时代暨起儿漫、德里算端史；第四卷述元成宗之死，武宗、仁宗暨伊利汗合赞后期和完者都汗时代史事，并于卷末采志费尼书简略补叙成吉思汗至蒙哥前四汗史。1328年，又续编成第五卷，述伊利汗完者都后期、不赛因汗时代（迄于1328年）暨窝

---

① ［伊朗］费志尼：《世界征服者史》上册，何高济译，呼和浩特：内蒙古人民出版社1980年版，第34页。

阔台、术赤和察合台后裔史事。《瓦萨甫史》是以伊利汗国为主体的大蒙古国全史，面面俱到，其所载元朝与海都等西北诸王的关系尤为可贵。

图 6-4-1 14世纪波斯细密画《蒙古人征服报达》

图 6-4-2 伊斯兰工笔画所绘蒙古贵族

第六章　阿拉伯波斯文献记载的丝绸之路

کتاب

تاریخ جهانگشای

تألیف

علاء الدین عطا ملک بن بهاء الدین محمد بن محمد الجوینی

در سنه ٦٥٨ هجری

جلد اول

در تاریخ چنگیز خان و اعقاب اوتا کیوک خان

بسعی و اهتمام و تصحیح اقل العباد

محمد بن عبد الوهاب قزوینی

بانضمام حواشی و فهارس

در مطبعه بریل در لیدن از بلاد هلاند بطبع رسید

سنه ١٣٢٩ هجری مطابق سنه ١٩١١ مسیحی

图6-4-3　志费尼《世界征服者史》原波斯文版书影

五 拉施特的《史集》

拉施特（1247—1318）是伊儿汗国最重要的史学家。据说他的祖先是犹太人，他的父亲是一个犹太药剂师。拉施特30岁时开始为第二代伊儿汗阿八哈效劳，这时皈依了伊斯兰教。阿八哈汗在位时，拉拖特担任御医，声望颇高。但到1295年合赞汗即位后，他的多方面的才能才被赏识。1298年他被合赞汗选任为宰相。他曾协助合赞汗在改革赋税制度、兴修水利、恢复发展城乡经济等方面实行了一系列措施，从而加强了伊儿汗的中央集权，缓和了社会矛盾和经济危机。他还热衷于科学和文化事业。"他是一个很有气度的文艺保护者，尤为难得的是他对于共事的作家们不怀嫉妒之心，在流传至今的他的回忆录中，充满对于该时代的一切学者的热诚赞美。"[①]

1300年，合赞汗下诏让拉施特编纂一部详细的蒙古史，把以成吉思汗家族为首的蒙古贵族的历史传诸后世。在拉施特编完这部蒙古史之前，合赞汗于1304年5月驾崩，继位的完者都汗仍很关心此书的编纂情况。1307年，这部蒙古史编成，完者都汗披览后，定名《合赞汗御修史》。接着，完者都汗又命拉施特编写以世界各民族史，尤其是信仰伊斯兰教的各民族史为内容的另一部史书，并编写以世界各地区地理情况为内容的第三部书。这三部书的全书定名《史集》，于1310—1311年间全部编成。

拉施特编纂《史集》得到许多学者的协助。他们除参与编纂外，还为拉施特讲述中国的干支纪年法，介绍杰出的蒙古学者。特别是得到前文提到的元朝使臣孛罗的很大帮助。前文提到，孛罗留居伊儿汗国，受到合赞汗的器重和信任。于是，孛罗有机会向合赞汗讲述蒙古族的历史和元朝的典章制度。拉施特在《史集》中说："合赞汗非常详细地了解到很受蒙古人尊重的蒙古族历史，非常详细地知道了父辈、祖辈和男女亲族们的名字，古今各地蒙古异密的名字，并且详细知道了（其中）每个人系谱的大部分，因此在所有蒙古人中，

[①] [法]雷纳·格鲁塞：《蒙古帝国史》，龚钺译，北京：商务印书馆1989年版，第306页。

除孛罗以外，谁也不及他知道得那么多，所有的人都向他求教。我们所编写的这部蒙古史，大部分得益于随侍于他的左右。"① 可以想象，也许正是合赞汗对历史的偏好和兴趣，促使他诏命拉施特编纂蒙古史。不仅如此，拉施特在编纂蒙古史时，也在很大程度上得益于孛罗的讲授。他们两人的密切合作，对于《史集》中蒙古史和元史部分的完成，是不可或缺的条件。14 世纪波斯诗人和史学家瞻思丁·可沙尼在诗歌体《蒙古史》中赞扬拉施特与孛罗的合作："孛罗丞相和火者·拉施特，相处如同师生，怡然自得的异密（指孛罗）所讲述的一切，学识渊博的宰相（指拉施特）都悉意聆听。"拉施特在《史集》第一部序言中也提到，他在编纂这部巨著时直接请教了各族的学者和其他熟悉历史的人物，他特别提到了孛罗：

> 至于在这些记载中，或详或略均未有记述者，他（指拉施特本人）就分别请教中国……等民族的学者、贤人及贵人，……尤其要请教……孛罗丞相……他在熟悉突厥诸部落起源及其历史，尤其是蒙古史方面，是举世无双的。②

拉施特的《史集》是一部内容丰富、卷帙浩繁的历史巨著，是中世纪史籍中最重要的古文献之一。从某种意义上来说，它不仅在伊朗是独一无二的，而且在全世界的书籍中也是独一无二的著作。《史集》包括三大部分，每一部分又包含若干分册。这三部已经在 1307 年以前编撰完成，在 1310 年时对全书进行了增补。

《史集》包含了研究中世纪各国、各民族的历史，尤其是研究蒙古史、中国北方少数民族史的大量有价值材料。除参考了当时波斯、阿拉伯文有关著作如《突厥语词典》《世界征服者史》外，还参阅了伊儿汗宫廷所藏《金册》等档案。由于拉施特修史时广泛地采用了原始资料、各民族的口头传说，并对熟悉本民族历史者的口述进行较客观的记述，对各民族的历史"从各民族所有

---

① ［伊朗］拉施特：《史集》第 3 卷，余大钧译，北京：商务印书馆 1986 年版，第 354 页。
② ［伊朗］拉施特：《史集》第 1 卷第 1 分册，余大钧、周建奇译，北京：商务印书馆 1983 年版，第 116 页。

典籍里的丝绸之路

典籍中摘取精华，聘请各民族学者参加纂修"①，因此，史料价值极高，被誉为"历史百科全书""中世纪最重要的文献之一"，是研究中世纪蒙古、突厥及中亚、中国各民族历史、民族关系史、地区史、伊斯兰教史的重要文献。

《史集》这部历史巨著的第一部分蒙古史，尤其具有很高的史料价值。它对13世纪以前中国北方各游牧部落及其重要人物的记载，对成吉思汗及其先世的记载，对窝阔台、忽必烈等各大汗的记载，对四大汗国历史的记载，都包含了不少汉籍上所没有的重要资料或不同记载。《史集》中还包含了不少有关蒙古等我国古代北方游牧部落的狩猎、游牧、衣食住行、家庭日常生活、风俗习惯、婚姻、财产继承习惯、图腾、宗教、口头文学、语言、医学等的宝贵资料。

拉施特在《史集》中说中国"是一个极其辽阔广大、人烟稠密的国家。据可信赖的讲述者说，在整个有居民的世界上，没有一个国家像它那样有那么多居住地区和那么多人"②。拉施特对元朝的大都有详细记载，盛赞大都的宏伟富丽。他说，忽必烈入主中原后，"就以该处君主的京城，汉语称之为中都③的汗八里城做了［自己的］驻冬地。该城是在古时按星相家和学者们的指示，在吉星高照下修建的，一直认为它的气运最盛。因为成吉思汗把它破坏了，忽必烈合汗便想把它加以修缮以光大自己的名声，并且在其旁建了另一城，名为大都，它们彼此就联在一起了"。

除大都外，拉施特还记述了元朝的上都和其他一些城市。他说中国有许多大城。各城所起的名称在其来历方面都有特殊含义。这些城市分为京、都、府、州、军、县、镇和村几个等级，长官的品级依其城的名称来决定。"这样一种制度，为其他国家所未有。大部分国事都按照这种方式（安排）。它被稳固地遵循和保持着。"④拉施特还介绍了元朝的中央机构和官制，介绍了中国的行政区划分为12个省，"因为这些地区彼此相距甚远，所以其中每一处都驻有一个宗王或一有势力的异密统率一支军队。该地区的居民要诉之于他，该处

---

① ［伊朗］拉施特：《史集》第1卷第1分册，余大钧、周建奇译，北京：商务印书馆1983年版，第100页。
② ［伊朗］拉施特：《史集》第2卷，余大钧译，北京：商务印书馆1985年版，第321页。
③ 中都是金朝时北京的名称。
④ ［伊朗］拉施特：《史集》第2卷，余大钧译，北京：商务印书馆1985年版，第326页。

图 6-5-1 拉施特《史集》插图，蒙古汗廷

典籍里的丝绸之路

的装备和物资在他的掌管之中，他治理它并且守卫它"[1]。拉施特还介绍了中国的交通情况，提到了大运河在帝国交通中的重要作用。他说到中国的驿站制度，说元朝的驿站四通八达，分为三种：一为车道，蒙古语是贴里干；二为马道，蒙语是木怜；三为小道，蒙语为纳怜。他还提到中国早就知道利用指纹的特点来提高条约的法律效力，还报道了中国的造纸、印刷、纸币、音乐方面的情况，并且说中国人娴于辞令，诚恳认真，在所有的学术和艺术领域都有所创新。

拉施特在《史集》和前面提到的《伊儿汗的中国科学宝藏》中对中国历史、地理和科学文化的记述，反映了当时波斯人关于中国的知识已达到很高的水平，对中华文化许多方面的了解已经很具体深入。他对中华文化的高度评价，也反映了中华文化在伊儿汗国广泛传播所引起的文化热情，表达了当时波斯人对中国和中华文化的普遍看法与印象。

六 伊本·白图泰的东方游记

伊本·白图泰（Ibn Battuta，1303—1377）是生于西北非洲摩洛哥的阿拉伯人，被称为中世纪"四大旅行家"之一。其他几位旅行家的行程都是有明确的目的地，肩负着宗教或外交或商业上的任务。伊本·白图泰则不同，游历就是他的目的。他是名副其实的"旅行家"。

1325年，伊本·白图泰离开家乡，取道陆路前往埃及的亚历山大城，从此开始了他的游历生涯。他用了26年的时间，行程12万余公里，游历了半个世界，足迹遍及亚、非、欧三洲的大地。他先后到过非洲北部、叙利亚、阿拉伯半岛、小亚细亚、黑海沿岸、里海地区、伊朗、伊拉克、阿富汗、锡兰、印度、马尔代夫、南洋群岛、西班牙、西非等地。1346年，他以德里苏丹特使的名义访问了中国。1349年，伊本·白图泰经过多年的旅

---

[1] ［伊朗］拉施特：《史集》第2卷，余大钧译，北京：商务印书馆1985年版，第333—334页。

第六章　阿拉伯波斯文献记载的丝绸之路

途生活，回到故乡，来到马林国首都非斯。他的关于世界的渊博知识受到非斯苏丹阿布·伊南的赏识，阿布·伊南召他入宫任职，并委派他出国去完成外交使命。他再次回国后，阿布·伊南命他回忆在世界各地旅行的情形，由文学秘书穆罕默德·伊本·玉萨（Muhammad Ibn Juzai）笔录成书。经过一年多的勤奋工作，这部举世闻名的伊本·白图泰游记于1355年12月终于完成。

伊本·白图泰的游记原名为《异境奇观》。在这部著名的游记中，伊本·白图泰详细介绍了他游历世界各地的见闻，描绘了阿拉伯、突厥、印度和中国文明的生动图景。它最初被收藏于马林王朝皇家档案馆，直到1840年被译成葡萄牙文出版，此后注家蜂起，竞相翻译，至今已有30多个译本，被译成了40多种语言。有的学者评论说："伊本·白图泰是他的同时代人，比他年长的马可·波罗的强劲竞争者。当然了，丹吉尔的伊本·白图泰对世界文明有一种自身的天赋的悟性，他所描绘的世界的文明情况比威尼斯的马可·波罗所描述的要多得多，穆斯林旅行家对他的旅行路线的描述要比他的同时代人基督教徒的描述更加可信。"[①]

关于伊本·白图泰的旅行路线，根据他本人的记述，《简明不列颠百科全书》记载说：

（他是）在蒸汽机时代以前无人超过的旅行家。……他先到上埃及，经叙利亚抵达麦加。1326年朝觐完毕，穿越阿拉伯沙漠到过伊拉克、伊朗南部、阿塞拜疆和巴格达。1327—1330年定居于麦加和麦地那两地。1380年率领一批追随者由吉达出海，沿红海海岸到达也门；又从亚丁起程，沿东非海岸到达现在的坦桑尼亚，回程经阿拉伯半岛南部，阿曼、霍尔木兹和伊朗南部，横渡波斯湾，于1332年回到麦加。以后他计划到印度，因无直达的交通，绕道埃及和叙利亚，渡海到小亚细亚，再横渡黑海到克里米亚，转北高加索到伏尔加河下游到金帐汗国首都萨拉伊。根据他

---

① 李光斌：《伊本·白图泰中国纪行考》，北京：海洋出版社2009年版，第4页。

> **典籍里的丝绸之路**

自己的叙述，他在这段时间曾到过拜占庭首都君士坦丁堡；从萨拉伊到中亚细亚，访问了古城布哈拉、撒马尔罕和巴尔赫；还取道呼罗珊和阿富汗，越过兴都库什山脉而于 1333 年到达印度。印度苏丹穆罕默德对他很慷慨，任命他为德里大法官，1342 年派他充当赴中国的特使。车行途中屡经波折，历时数载才由海路到泉州，再由河道前往北京。……1349 年 11 月回到故乡非斯。第二年又去西班牙的格拉纳达王国，1352 年到苏丹西部。最后一次旅游是穿过撒哈拉沙漠到马里帝国。1353 年底回到摩洛哥。[①]

伊本·白图泰在开始旅行时曾有过著述的打算，因此，他每到一地都要将其所见所闻加以详细记录。他在著作中对各地的自然风光、名山大川、地理形势、地名演变、城镇风貌、水陆交通等作了尽可能详细的观察和记载，还如实记录了各国的风俗习惯和各阶层人物等生活，对他们的饮食起居、风俗习惯、民族服装、道德风范、宗教信仰以及朝廷礼仪、法律制度等都有详尽的记录，对各国的经济状况和物产也作了生动的描写。

伊本·白图泰的游记有很大篇幅记载他在中国游历的见闻。关于白图泰的中国之行，也颇为复杂和富有传奇色彩。1339 年，他从中亚地区进入印度，到达德里，被德里苏丹留住宫廷 8 年，充任德里马立克教派总法官。当时德里苏丹统治着全北印度地区。1341 年，元顺帝遣使德里，要求重建喀拉格里山麓萨姆哈里的佛寺，供中国佛教徒顶礼。苏丹授命白图泰率领使团前往中国答谢。白图泰早已厌倦了在德里的定居生活，他不习惯于在一地久留，渴望继续他的旅行生涯。于是，他很愉快地接受了苏丹的使命，踏上了中国之旅。

白图泰的中国之行很不顺利。1342 年 7 月，白图泰率领的使团离开德里，到达坎贝后，由坎代哈尔登舟，计有 3 艘使船，南航科泽科特，等候季风，准备乘中国海舶前往广州。不幸发生海难，使团失散，白图泰流落马尔代夫群

[①] 《简明不列颠百科全书》第 9 卷，北京：中国大百科全书出版社 1986 年版，第 10 页。

岛、锡兰、孟加拉等地，历尽风霜，饱尝艰辛，最后于 1345 年春由爪哇搭乘驶往中国的海船，在刺桐（泉州港）登陆，踏上中国的土地。白图泰在中国先到广州，又从泉州走水路到杭州，然后沿运河北上大都。据他自述，由于战事发生，白图泰没有见到元朝大汗，便被护送回印度，从泉州登上去印度的中国船。

伊本·白图泰在中国各地游历，前后有 11 个月左右，对中国文化有了较为具体的了解。他充分运用自己广博的知识和精细的观察，以判断中国文明的历史价值。他在游记中详细介绍了中国丰盈的物产以及造船、陶瓷、丝、棉织等行业的情况，还特别介绍了当时中国社会的文化习俗、典章制度、宗教信仰等方面的情况。他说中国幅员甚广，土产甚丰，有水果、五谷、金银等。世界各国，莫与伦比。他说中国的农业和灌溉工程极为发达，赞扬中国是世界上出产小麦最多的国家，丝绸普遍到贫民都能穿用，产糖之多和糖质之佳远胜过埃及，而中国人使用煤块作燃料，尤其使他感到新奇。他倾慕中国社会的稳定和有条不紊，说中国居民富庶，国家繁荣。他在中国旅行时看到了佛教的庙宇里附设的盲人和老人休养院、免费医院和食堂、寡妇收容所、孤儿院。

白图泰在中国游历了许多地方，到过中国许多大都市，对中国都市的繁荣景象和恢宏气势有很深的印象。他对行在（杭州）的繁华和宏大极为赞叹。他说行在城的宏大，须三日才能穿越全城，游览该城需投宿就餐。行在分有六城，大小相包，城区优美。他还记述了广州、泉州等他所到过的城市，在他看来，说泉州为世界上最大港口也不过分。他说到中国的驿站制度："在中国旅行是最安全不过的，中国是世界上最安定的国度，旅行者即使身怀巨款，单身行程九个月，也不会担惊受怕。那是因为在中国处处都设有驿站。"

伊本·白图泰在中国的游历到处都感到新奇，不断为中国的繁荣富庶、文明昌盛所感染。在他的游记中，流露出对中华文化的钦慕和敬意。

典籍里的丝绸之路

图 6 – 6 – 1　阿拉伯旅行家伊本·白图泰

第七章 宋元文献记载的丝绸之路

一 周去非的《岭外代答》

宋代海上丝绸之路发达，海上对外贸易繁荣，这在宋代的官方文献中多有记载；在一些私人著述中，也有不同的记载。这一时期关于外国的记载的文献，代表了宋人对外部世界的认知水平。有宋一代之载籍，除正史、政书、类书、总地志、地图及医家、兵家等著作外，记及海外交通史料的有各种杂著和部分地志，如：庞元英《文昌杂录》、沈括《梦溪笔谈》、朱彧《萍洲可谈》、楼钥《攻媿集》、叶梦得《石林燕语》、吴曾《能改斋漫录》、范成大《桂海虞衡志》与《吴船录》、周辉《清波别志》、赵彦卫《云麓漫钞》、岳珂《桯史》、吴自牧《梦粱录》、周密《癸辛杂识》等。其中，《萍洲可谈》对宋代广州之外商集居、市舶往来、海舶规模、航海技术等记录甚详；《梦粱录》卷十二也叙及船舶、航海诸事，故向为中外学者所重视。不过，所有这些均非中外交通之专门著作，所含只是片断的资料。宋代全面而又详细地记载海上丝绸之路交通和贸易的私家专门著作，最有代表性的是周去非的《岭外代答》和赵汝适的《诸蕃志》。

周去非（1134—1189），字直夫，浙东路永嘉人。南宋孝宗隆兴元年（1163年）考取进士，淳熙年间（1174—1189）任广南西路桂林通判，"试尉桂林，分教宁越"。在周去非任职期间，南宋政府十分重视对岭南各地的经营管理，桂林成为西南重镇，广州成为对外贸易中心。一时间，南来北往的客商云集。岭南地区政治稳定，经济繁荣，发展迅速快于战乱频繁的北方，人们生活富裕，地位越来越引人注目。被派到岭南地区任职的官员如范成大、周去非等十分重视考察当地的风土民情，以寻求更好的治政之道。周去非利用工作的便利，在检查州县、游历名胜古迹时，细心观察社会的民风俗情，获得了许多宝贵资料。周去非自序说他在广西期间"随事笔记，得四百余条"，而且所记皆为"疆场之事、经国之具、荒忽诞漫之俗、瑰诡谲怪之产"，进行了充分的调查研究。周去非的《岭外代答》具有相当的史料价值，是广西地方史中内容较全面而时代较早的重要文献，也是研究宋代海上丝绸之路交通和12世纪南海、南亚、西亚、东非、北非等地古国史的可贵资料。

周去非的《岭外代答》共录存294条，用以答客问，故名曰"代答"。全书共分地理、边帅、外国、风土、法制、财计、器用、服用、食用、香、乐器、宝货、宝石、花木、禽兽、虫鱼、古迹、蛮俗、志异等共20门，"今有标题者十九门，一门存其子目而佚其总纲"。记载了宋代岭南地区的社会经济、少数民族的生活风俗，以及物产资源、山川、古迹等情况。其中，"外国门""香门""宝货门"兼及南洋诸国，并涉及大秦、大食、木兰皮（故地在今非洲西北部和欧洲西班牙南部地区）诸国，反映了当时岭南地区与海外诸国的交通、贸易等情况。

《岭外代答》有很多篇幅记载了海路所通诸国，写到所了解的各国方位：

诸蕃国大抵海为界限，各为方隅而立国。国有物宜，各从都会以阜通。正南诸国，三佛齐其都会也。东南诸国，阇婆其都会也。西南诸国，浩乎不可穷，近则占城、真腊为窣里诸国之都会，远则大秦为西天竺诸国之都会，又其远则麻离拔国为大食诸国之都会，又其外则木兰皮国为极西诸国之都会。三佛齐之南，南大洋海也。海中有屿万余，人莫居之。愈南不可通矣。阇婆之东，东大洋海也，水势渐低，女人国在焉。愈东则尾闾之所泄，非复人世。稍东北向，则高丽、百济耳。

西南海上诸国，不可胜计，其大略亦可考。姑以交趾定其方隅。直交趾之南，则占城、真腊、佛罗安也。交趾之西北，则大理、黑水、吐蕃也。于是西有大海隔之，是海也，名曰细兰。细兰海中有一大洲。名细兰国。渡之而西，复有诸国。其南为古临国，其北为大秦国、王舍城、天竺国。又其西有海，曰东大食海。渡之而西，则大食诸国也。大食之地甚广，其国甚多，不可悉载。又其西有海，名西大食海。渡之而西，则木兰皮诸国，凡千余。更西，则日之所入，不得而闻也。

《岭外代答》把西太平洋、北印度洋和属于大西洋水系的地中海分为若干海区，再举出若干"都会"，即区域海外贸易的集散地。例如：中国东南海外，即南海周围，阇婆（今印尼爪哇）为其都会。其东的大洋，即西太平洋，称为"东大洋海"。周去非当时对西太平洋的了解只限于印尼诸岛和吕宋，尚不知南太平洋诸岛。

中国正南海外诸国，三佛齐（今印尼苏门答腊及其左近诸地）为其都会。三佛齐以南的大洋，即南太平洋和南印度洋，称为"南大洋海"，"海中有屿万余，人莫居之"，应指今印尼和南太平洋诸岛，甚至包括澳洲。"愈南则不可通"，说明周去非当时的地理知识仅限于澳洲，尚不知南极洲。

中国西南之大海"浩乎不可穷"，距中国较近处以占城（今越南南方）、真腊（今柬埔寨）为都会，孟加拉湾被称为"细兰海"，得名于"细兰国"，即今之斯里兰卡。阿拉伯海被称为"东大食海"，天竺以西距中国较远处大秦国为都会；越"东大食海"便是大食诸国，其都会为麻离拔；其西有巨海名"西大食海"，即地中海，海西有木兰皮诸国，即今之马革里布，指北非，可能也包括地中海北岸诸地，为数不可胜计，为极西诸国之都会。

"西大食海"以西，即大西洋，"则日之所入"之地，其情况"不得而闻"，超出了周去非的知识范围。

周去非还具体描述了一些国家，例如：东南亚的占城、真腊、蒲甘、三佛齐、阇婆；南亚的故临、注辇和"西天诸国"；西亚的大秦、大食诸国——包括麻离拔、白达（今伊拉克首都巴格达）、吉兹尼（今阿富汗）、勿斯离（今伊拉克摩苏尔）、波斯国和木兰皮。特别值得一提的是，周去非还提到了"西南海",即印度洋中的昆仑层期国。"昆仑"意为黑人,"层期"即今之坦桑尼亚的桑给巴尔。

《岭外代答》的《外国门》对南海、南亚、西亚、东非、北非等地古国的地理、民俗、物产及交通方面都有比较充分的记载。关于海上航线,《岭外代答》卷三《航海外夷》有记载:

> 诸蕃国之富盛多宝货者,莫如大食国,其次阇婆国,其次三佛齐国,其次乃诸国耳。三佛齐国者,诸国海道往来之要冲也。三佛齐之来也,正北行,舟历上下竺与交洋,乃至中国之境。其欲至广者,入自屯门;欲至泉州者,入自甲子门。阇婆之来也,稍西北行,舟过十二子石,而与三佛齐海道合于竺屿之下。大食国之来也,以小舟运而南行,至故临国,易大舟而东行,至三佛齐国,乃复如三佛齐之入中国。其他占城、真腊之属,皆近在交趾洋之南,远不及三佛齐国、阇婆之半,而三佛齐、阇婆又不及大食国之半也。诸蕃国之入中国,一岁可以往返,唯大食必二年而后可。大抵蕃舶风便而行,一日千里,一遇朔风,为祸不测。幸泊于吾境,犹有保甲之法,苟泊外国,则人货俱没。若夫默伽国、勿斯里等国,其远也不知其几万里矣。

据此可以得知,宋代的远洋航线可达阿拉伯半岛和东非海岸。

《岭外代答》在宋代已流传,著录于尤袤《遂初堂书目》、赵希弁《郡斋读书志拾遗》、陈振孙《直斋书录解题》等书目中,但问世以后,此书并未刻版,只有抄本流传。乾隆三十八年(1773年)编撰《四库全书》,从《永乐大典》中抄出《岭外代答》全帙,并评价它"补正史所未备",使湮没了数百年之书,得以重新问世。

二 赵汝适的《诸蕃志》

周去非的《岭外代答》主要以记载岭外即两广地区特别是广西的事情为

主，兼及海外诸国的地理交通，而赵汝适的《诸蕃志》则是专门记述外国的地理学著作，"所言皆海国之事"。

赵汝适（1170—1231），字伯可，是宋太宗八世孙。他父亲赵善侍官至朝请大夫、岳州知州。绍熙元年（1190年），赵汝适以祖上遗泽，补将仕郎，后历任多种官职。嘉定十六年（1223年），知南剑州，次年转朝奉大夫、朝散大夫、提举福建路市舶司。他在市舶司任职两年多，就又转任他职。但赵汝适在史学上最大的贡献，就是在福建路市舶司兼权泉州市舶使任上所撰著的《诸蕃志》。该书序说："是书所记，皆得诸见闻，亲为询访。宜其叙述详核，为史家之所依据矣。""乃询诸贾胡，俾列其国名，道其风土，与夫道里之联属，山泽之蓄产，译以华言，删其秽渫，存其事实。"

《诸蕃志》成书于宋理宗宝庆元年（1225年），分上下卷。上卷记海外诸国的风土人情，下卷记海外诸国物产资源。它记载了东自日本，西至东非索马里、北非摩洛哥及地中海东岸中世纪诸国的风土物产，并记有自中国沿海至海外各国的里程及所需日月，内容丰富而具体。该书有关海外诸国风土人情多采自周去非《岭外代答》的记载，有关各国物产资源则多采访于外国商人。《诸蕃志》是《宋史·外国传》的主要底本，"但《宋史》详事迹而略于风土、物产，此则详风土、物产而略于事迹。盖一则史传，一则杂志，体各有宜，不以偏举为病也"。

《诸蕃志》卷上《志国》篇记述的国家有：占城国、真腊国、宾瞳龙国、登留眉国、蒲甘国、三佛齐国、单马令国、凌牙斯加国、佛罗安国、新拖国、监篦国、兰无里国、细兰、苏吉丹、南毗国、故临国、胡茶辣国、麻啰华国、注辇国、鹏茄罗国、南尼华啰国、大秦国、大食国、麻嘉国、弼琶啰国、层拔国、中理国、瓮蛮国、白达国、吉兹尼国、忽斯离国、木兰皮国、遏根陀国、茶弼沙国、斯伽里野国、默伽猎国、渤泥国、麻逸国、三屿国、蒲哩鲁国、流求国、毗舍耶国、新罗国、倭国等。

《诸蕃志》涉及58个国家和地区，以泉州为锚点，介绍了各国的地理位置、前往中国的路程、主要特产以及与中国的关系和影响。例如，书中写到阇婆国，"于泉州为丙巳方，率以冬月发船，盖借北风之便，顺风昼夜行，月余可到"。该国盛产象牙、犀角、龙脑、玳瑁、檀香等。南朝宋元嘉十二年（435年），阇婆国曾与中国通商，后断绝，北宋淳化三年（992年），才恢复了朝贡之礼。阇婆国，大约位于今印度尼西亚爪哇岛或苏门答腊岛。

从《诸蕃志》陈列的各国情况来看，当时的东南亚至阿拉伯海域，形成了一个商业圈。交趾、占城、新罗、倭国、大食、三佛齐等国，与中国有着密切的商贸往来。其中，大食国，即阿拉伯帝国的商人异常活跃，足迹遍布商业圈各国。在当时的中国沿海城市，阿拉伯语也成为商队之间的一门通用语言。

其中，记大食国"王与官民皆事天。有佛名麻霞勿。七日一削发剪甲，岁首清斋，念经一月。每日五次礼天""唐永徽以后，屡来朝贡。其王盆泥末换之前，谓之白衣大食。阿婆罗拔之后，谓之黑衣大食"。关于穆斯林商人来华情况说："有番商曰施那帏，大食人也。侨寓泉南，轻财乐施，有西土气习，作丛冢于城外之东南隅，以掩胡贾之遗骸。"

在唐宋时期的南海贸易中，阿拉伯商船曾一度垄断了地中海、印度洋、南洋、南中国海的航行。也有的阿拉伯商人把他们的商业总店设在南洋群岛，来往于广州、南洋之间。例如，三佛齐在宋朝和阿拉伯的贸易中就起着重要作用。《诸蕃志》载三佛齐：

三佛齐，间于真腊、阇婆之间，管州十有五。在泉之正南，冬月顺风月余方至凌牙门。经商三分之一始入其国。……土地所产，瑇瑁、脑子、沉速、暂香、粗熟香、降真香、丁香、檀香、豆蔻外，有真珠、乳香、蔷薇水、栀子花、腽肭脐、没药、芦荟、阿魏、木香、苏合油、象牙、珊瑚树、猫儿睛、琥珀、番布、番剑等，皆大食诸番所产，萃于本国。番商兴贩即用金、银、瓷器、锦绫、缬绢、糖、铁、酒、米、干良姜、大黄、樟脑等物博易。其国在海中，扼诸番舟车往来之咽喉，古用铁索为限，以备他盗，操纵有机，若商舶至则纵之。比年宁谧，撤而不用，堆积水次，土人敬之如佛，舶至则祠焉，沃之以油则光焰如新，鳄鱼不敢逾为患。若商舶过不入，即出船合战，期以必死，故国之舟辐辏焉。蓬丰、登牙侬、凌牙斯加、吉兰丹、佛罗安、日罗亭、潜迈、拔沓、单马令、加罗希、巴林冯、新拖、监篦、兰无里、细兰，皆其属国也。其国自唐天祐始通中国。皇朝建隆间，凡三遣贡。淳化三年，告为阇婆所侵，乞降诏谕本国，从之。咸平六年上言："本国建佛寺以祝圣寿，愿赐名及钟。"上嘉其意，诏以"承天万寿"为额，并以钟赐焉。至景德、祥符、天禧、元祐、元丰贡使络绎，辄优诏奖慰之。

在大食通往中国的海路上，三佛齐为中国与大食贸易的中转站，无论是大食商人来华，还是宋朝商人去大食，都要经过这里。《诸蕃志》载：

大食在泉之西北，去泉州最远。番舶艰于直达，自泉发船四十余日，至蓝里博易住冬，次年再发，顺风六十余日方至其国。本国所产，多运载与三佛齐贸易，贾转蕃以至中国。

蓝里也即蓝无里（兰无里），在今之苏门答腊岛西北端，为三佛齐属国。《诸蕃志》记载了宋代泉州有三大海外航线：一是东北线，即泉州—明州（宁波）—高丽（今朝鲜）—日本。二是东南线，即泉州—澎湖—麻逸（今菲律宾民多洛岛）—渤泥（今印尼加里曼丹）。三是西南线，即泉州—西沙—占城（今越南中部）。其中一路至渤泥；另一路自占城抵三佛齐（今苏门答腊），越过马六甲海峡，经细兰（今斯里兰卡）—印度故临—波斯湾—沿阿拉伯海—西行至亚丁湾和东非的弼琶罗（今索马里）—层拔（今桑给巴尔）。这条跨越洲际连接东西方的海上航线，即今称之为海上丝绸之路。

三　耶律楚材的西域诗与《西游录》

元代中西的大交通、大交流，使元朝具有极为广阔的文化视野，对于外部世界的认知都比前代大为扩展，也出现了一些有关外国情况的文献。

元代，随着蒙古之西征，中西陆道大通。在传统的丝绸之路上，西行的元朝使者或旅游者络绎不绝，他们或随蒙古大军前往西方，或奉朝廷派遣出使西域，也有的以私人身份从事旅行，他们的行纪等文献大大加深了人们对西域和丝绸之路的认识。其中比较有名的如：

（1）契丹人耶律楚材于元太祖十三年（1218年）后扈从西征，归著《西游录》。

（2）金人乌古孙仲端于兴定四年（1220年）奉使乞和于蒙古，次年经西辽故地至中亚，谒见成吉思汗。旋归国复命，以其行程告刘祁，祁等为记之题曰《北使记》（载刘祁《归潜志》第十三卷）。

（3）长春真人丘处机及其弟子于元太祖十五至十九年（1220—1224）往返西域谒成吉思汗，归后其弟子李志常就途中经历闻见撰成《长春真人西游记》。

（4）常德于元宪宗九年（1259年）奉命由和林出发，西觐皇弟旭烈兀于西亚，次年东归复命，并由刘郁据其闻见撰成《西使记》。

（5）耶律楚材之孙耶律希亮，因乃父耶律铸投奔元世祖，希亮母子被阿里不哥部将驱迫、监视，避难于西域。中统四年（1263年）入觐世祖于上都，备陈边事及羁旅困苦之状。

（6）维吾尔人拉班·扫马于至元十五年（1278年）决意西游，前往耶路撒冷，后抵西亚、欧洲诸地。

耶律楚材随成吉思汗西征，撰写了《西游录》，记载了许多关于西域的地理交通知识。

耶律楚材（1190—1244）是金元之际契丹人，字晋卿，号湛然居士。辽东丹王突欲之后，金尚书右丞相耶律履之子。耶律楚材秉承家族传统，自幼学习汉籍，精通汉文，年轻时"博极群书，旁通天文、地理、律历、术数及释老医卜之说，下笔为文，若宿构者"，在燕京士子中很有一些名气。初仕金，为开州同知、左右司员外郎。成吉思汗十年（1215年），蒙古军队攻占燕京，成吉思汗得知他才华横溢、满腹经纶，遂派人向他询问治国大计。1218年3月，耶律楚材奉命北出居庸关，赶赴漠北大营晋见成吉思汗，随成吉思汗西征，常晓以征伐、治国、安民之道，屡立奇功，备受器重。成吉思汗二十一年，耶律楚材又随成吉思汗征西夏，谏言禁止州郡官吏擅自征发杀戮，使贪暴之风稍敛。

1226年，耶律楚材东归，历时六年之久的传奇西游方告结束。窝阔台汗即位后，耶律楚材倡立朝仪，劝亲王察合台等人行君臣礼，以尊汗权。从此更日益受到重用，被誉为"社稷之臣"。初执掌中原地区赋税事宜，建议颁行《便宜一十八事》，设立州郡长官，使军民分治；制定初步法令，反对改汉地为牧场；建立赋税制度，设置燕京等处十路征收课税所。窝阔台汗三年（1231年），任中书令（宰相）。此后，他积极恢复文治，逐步实施"以儒治国"的方案和"定制度、议礼乐、立宗庙、建宫室、创学校、设科举、拔隐逸、访遗老、举贤良、求方正、劝农桑、抑游惰、省刑罚、薄赋敛、尚名节、斥纵横、去冗员、黜酷吏、崇孝悌、赈困穷"的政治主张。在政治、经济、文化等各方面殚精竭虑，创举颇多。使新兴的蒙古贵族逐渐放弃了落后的游牧生活方式，采用汉族以儒教为中心的传统思想和制度来治理中原。使战争不断的乱世转为和平的盛世，使先进的中原封建农业文明得以保存和继续发展，也为后来忽必烈建立元朝奠定了基础。

耶律楚材随成吉思汗征行6万多里，对边疆塞外的风土人情、山川景物比较熟悉，留下了为数不少的描绘西域地方的诗文。他的西域诗约有50余首，均为当时的即兴之作，其中最为人所熟知的当推《壬午西域河中游春十首》和《西域河中十咏》。

《西游录》是耶律楚材在1228年即成吉思汗去世后的次年返回燕京所作。上篇以纪实的手法、优美的文辞，细致勾勒出了自金山至河中一带的自然景观、交通地理、风俗民情、物产经济等，留下了13世纪初期西域历史的最为翔实的资料。下篇为问答体，与道教首领丘处机的驳辩。

《西游录》上卷记其自燕京出发而抵西域情形。其所载西游之行程经过如下：元太祖十三年（1218年）之春，耶律楚材扈从西游。楚材始发永安（指燕京），过居庸关，历武川，出云中（大同）之右，抵天山（指今内蒙古之阴山，亦名大青山）之北，涉大碛，逾沙漠，至今蒙古的克鲁伦河畔成吉思汗大帐。他形容当时成吉思汗武威之盛："车帐如云，将士如雨，马牛被野，兵甲赫天，烟火相望，连营万里，千古之盛，未尝有也"。太祖十四年（1219年），成吉思汗率蒙古军队大举西伐，楚材随行，于盛夏过金山（即阿尔泰山），越瀚海。由别石把（别失八里），经轮台、和州、不剌，然后南下出阴山（即天山山脉），经圆池而抵阿里马城。复西渡亦列河（伊犁河），抵虎司窝鲁朵，即西辽之都。又西数百里经塔剌思（怛逻斯）、苦盏、八普、可伞、芭榄诸城。又自苦盏西北五百里至讹打剌，其西即寻思干（撒马尔罕），又西为蒲华（布哈拉）。蒲华之西河名曰阿谋（即阿姆河），河之西为五里犍城。又南濒大河有斑城，又西有搏城。又自斑城等处而南，直抵黑色印度城。太祖十九年（1224年），楚材随蒙军东归归国时经天山以北的别十八里（即北庭）、和州（今吐鲁番高昌故城）、伊州等地，进攻西夏，经沙州、瓜州、肃州、甘州、灵州，而于太祖二十二年（1227年）返回燕京。

关于耶律楚材《西游录》的价值，历史学家、考古学家向达指出，其所记"地理和反道教的两部分都很重要"。《西游录》和《长春真人西游记》两部书"都是13世纪记述天山以北和楚河、锡尔河、阿姆河之间历史地理最早最重要的书。8世纪中叶以后，关于天山以北以至于葱岭以西楚河、锡尔河、阿姆河一带，游历其地归而以汉文记载游踪的，绝无其人、其书。《宋史·高昌传》只凭王廷德所记，略及北廷，如大食、拂林诸传不过得之传闻而已。到了13世纪《西游录》《西游记》二书，始首先对于上述诸地目识亲览所得，著成文字，公之于世"。"二书也是研究13世纪楚河、锡尔河以及阿姆河地区历史的重要资料"[①]。

四　丘处机与《长春真人西游记》

丘处机（1148—1227），字通密，自号长春子，山东登州栖霞县人。1166年，他19岁，到宁海昆嵛山出家，用大约一年的时间在岩洞中自我修行，后来拜全真道的创立人王重阳（1112—1170）为师。全真道是道教后期两大派

[①] 白寿彝总主编：《中国通史》第13卷，上海：上海人民出版社1997年版，第12页。

别之一。1180年丘处机32岁时，成为全真教龙门派的创始人。1191年丘处机从终南山东归栖霞县太虚观。在这期间，山东地区成为金、南宋、蒙古、山东地方军阀的交兵之地，几股政治力量此消彼涨，局势错综复杂。就在这种形势下，全真教在山东、河北、山西等地有了很大发展。丘处机声誉鸿起，名满四方。金、宋屡来征召，都被他拒绝。

1217年，丘处机成为全真教的教主。1218年他由栖霞县太虚观转到莱州昊天观居住。在1218年前后，成吉思汗正统兵进行第一次西征，通过近侍刘仲禄和耶律楚材的介绍，得知丘处机是神仙般的人物，于太祖十四年（1219年）派遣刘仲禄携带他的诏书，去邀请丘处机来汗庭传道。是年十二月，刘仲禄抵莱州昊天观，说："师名重四海，皇帝特诏仲禄逾越山海，不限岁月，期必致之"。丘处机欣然接受了成吉思汗的诏请，率领弟子赵道坚、尹志平、夏志诚、王志明、张志素、宋道安、孙志坚、宋德方、于志可、鞠志圆、李志常、张志远、綦志清、杨志静、郑志修、孟志稳、何志清、潘德冲等18人西行。途中又接到太祖之诏，勉邀其西行："云轩既发于蓬莱，鹤驭可游于天竺。达摩东迈，元印法以传心；老氏西行，或化胡而成道"。丘处机一行行程万余里，于太祖十六年（1221年）在阿富汗境内兴都库什山西北坡的八鲁湾行宫谒见了成吉思汗。

成吉思汗万里迢迢诏请丘处机是为了求长生之术，因此丘处机刚一入见，成吉思汗就忙着问："真人远来，有何长生之药以资朕乎？"丘处机如实回答说："有卫生之道，而无长生之药。"这个回答很令成吉思汗失望，但同时丘处机的诚实坦率也深得成吉思汗的赞许。成吉思汗曾三次请丘处机讲授卫生之道，不称其名，唯曰"神仙"。在丘处机告别回汉地时，成吉思汗还赐以玺书，免除各地道人的差发负担。

丘处机西行的路线大致是：1220年秋，丘处机率弟子从山东莱州动身，经宣化（今河北宣德），越野狐岭，东北行至呼伦贝尔，再沿怯绿连河西行，穿越蒙古高原、金山，南下经别十八里、昌八里（今新疆昌吉）、阿力麻里、塔剌思河、塞蓝（今哈萨克斯坦奇姆肯特）、霍阐没辇（锡尔河）、撒马尔罕、碣石（今乌兹别克斯坦沙赫里·沙勃兹），越阿姆河而南，1222年初夏在大雪山（今阿富汗兴都库什山）与成吉思汗会见。次年春东返。东归时，丘处机

典籍里的丝绸之路

一行至阿力麻里后，直向东至昌八刺，经由别失八里东面北上，过乌伦古河重归镇海城。此后，向东南直奔丰州，过云中，至宣德，居朝元观。1224年春，丘处机与其弟子们同回燕京，居太极宫，受命掌管天下道教。丘处机西游的路线位于西北的蒙古高原和中亚地区，西行的出发地是莱州，最远到达成吉思汗位于今阿富汗境内的大雪山行宫。不同于以往旅行家如晋代法显和唐代的玄奘所走的路线，更具唯一性和典型性。《长春真人西游记》详细地记载了他们的行程和路线，具有很高的地理学价值。

丘处机1227年去世，享年80岁。其弟子李志常编纂《长春真人西游记》，记述了这段不平凡的旅程。全书两卷，上卷写丘处机一行西行来到兴都库什山西北坡的成吉思汗行宫觐见，然后回到中亚名城撒马尔罕，在那里等候正式讲道。下卷记载丘处机讲道的经过、东归的行程，对沿途居民生活习俗有很多详细的记叙。李志常在随其师西游途中，详细记载了丘处机北上西域的历程、沿途地理状况和风土人情。当时的文士孙锡为《长春真人西游记》作序说：

> 师之是行也，崎岖数万里之远，际版图之所不载，雨露之所弗濡。……门人李志常，从行者也，掇其所历而为之记。凡山川道里之险易，水土风气之差殊，与夫衣服、饮食、百果、草木、禽虫之别，粲然靡不毕载，目之曰《西游》，而征序于仆。

李志常（1193—1256），字浩然，号真常子，道号通玄大师。他少年时受过良好的儒家教育，有较高的文化素养。1218年拜丘处机为师，得到丘处机的赏识。1220年西行传法，李志常是18位随行弟子中的一员。书中的很多描述都是他的亲身见闻，读来令人有身临其境之感。王国维称赞他"文采斐然。其为是记，文约事尽。求之外典，唯释家《慈恩传》可与抗衡。三洞之中，未尝有是作也"。

《长春真人西游记》以精练的笔触描述了13世纪蒙古高原、西域及中亚一带的自然景观，包括行程数万里经过的高山、峡谷、河流、湖泊、沙漠、森林、绿洲的气候植被和地质地貌，为后人留下了极为难得的自然地理学资料。

《长春真人西游记》中详细记载了大量的人文地理信息，诸如沿途城乡的居民人口、民风民俗、宗教信仰、建筑、手工业生产状况等。丘处机一行至斡辰大王（成吉思汗四弟）所辖贝加尔湖地区，关于这一地方的地理状况和风土人情，《长春真人西游记》有详细记述："凝水始泮，草微明矣。时有婚嫁之会，五百里内首领皆载马湩助之。皂车毡帐成列速千。""其地凉而暮热，草多黄花，水流东北，两岸多高柳，蒙古人取之以造庐。"在经过库伦以南的山地之后，丘处机一行来到蒙古自然条件最为优越的土拉河流域，"从此以西，渐有山阜，人烟颇众，也皆以黑车白帐为家。其俗牧且猎。衣以韦毛，食以肉酪。男子结发垂耳，妇人冠以桦皮，高二尺许，往往以皂褐笼之。富者以红绡其末，如鹅鸭名曰故故。大忌人触。出入庐帐须低。回俗无文籍，或约之以言，或刻木为契，遇食同享，难则争赴。有命则不辞，有言则不易"。《长春真人西游记》中类似这样的描写还有很多："西即鳖思马大城，王官士庶僧道数百具威仪远迎。僧皆赭衣，道士衣冠与中国特异。泊于城西葡萄园之上阁时，回纥王部族劝葡萄酒，供以异花杂果名香，且列侏儒伎乐，皆中州人士。"

书中对中亚细亚各城市建筑、人口、行业的描写十分生动。例如，对撒马尔干有详尽的记述："由东北门入其城，因沟岸为之，秋夏常无雨，国人疏二河，入城分绕巷陌，比屋得用。方算端氏之未败也，城中常十万余户。国破而来存者四之一，其中大率多回纥人。田园自不能主，须附汉人及契丹、河西等。其官长亦以诸色人为之，汉人工匠杂处城中。有岗高十余丈，算端氏之新宫据焉。""车舟农器制度颇异中原。……有若中原定磁者。酒器则纯用琉璃，兵器则以镔。市用金钱无轮孔，两面凿回纥字。其人物多魁梧，有臂力，能负载重物，不以担。妇人出嫁，夫贫再嫁。"这些有关城市建筑、器物制度、民风民俗的记录都是研究13世纪中亚地区历史、人文地理和中西交通的珍贵文献史料。

《长春真人西游记》还有地质、气象、水文、物种、矿产等方面的记录。例如，中亚地区古代是棉花（草棉）的原产地，书中就记载了阿里马城种植棉花的情况："其地出帛，目曰秃鹿麻，盖俗所谓种羊毛织成者，时得七束，为御寒衣。其毛类中国柳花，鲜洁细软，可为线、为绳、为帛、为棉。"秃鹿麻即棉花，丘处机在山东地区未曾看见过棉花，所以将其称为羊毛。这段记载有助于后人了解棉花种植的历史。

《长春真人西游记》中还记载了驿站制度。丘处机西游途中作诗,提到"递铺":

> 东辞海上来,西望日边去。
> 鸡犬不相闻,马牛更递铺。
> 千山及万水,不知是何处。

他在回到大同的时候,又作诗提到"驿马":

> 得旨还乡早,乘春造物多。
> 三阳初变化,一气自冲和。
> 驿马程程送,云山处处罗。
> 京城一万里,重到即如何。

《长春真人西游记》写成之后,流传并不广,直到1795年(清乾隆六十年),被钱大昕从苏州元妙观《正统道藏》中发现并借抄出来,才逐渐为人所知。20世纪以来,随着西北舆地之学和蒙元史的兴起,有越来越多的学者开始研究这部行记,如丁谦撰《〈长春真人西游记〉地理考证》、沈垚撰《西游记金山以东释》、王国维作《〈长春真人西游记〉校注》、王汝棠写《〈长春真人西游记〉地理笺释》等,对此书进行了大量的注释和考证。张星烺认为《长春真人西游记》记载详明,为研究中世纪中亚细亚史地者不可缺之书,其价值堪与《马可·波罗游记》相媲美。

五 《常德西使记》

《常德西使记》(以下简称《西使记》)是元代记述蒙古旭烈兀西征活动的见闻录。蒙古宪宗蒙哥即位后,皇弟旭烈兀奉命西征,征服了西亚大片土地并灭了阿拔斯王朝。1259年常德奉命西觐伊儿汗旭烈兀,自和林出发,经天山

第七章 宋元文献记载的丝绸之路

北麓西进,到达今撒马尔罕等地,往返共 14 个月。1263 年,刘郁笔录其途中见闻,整理编撰成书。常德此行比丘处机和耶律楚材晚 40 年左右,此时新疆和中亚地区已发生了不小的变化,因而《西使记》中关于旭烈兀的西征活动及西域的民俗、风物等记载都较珍贵。

常德,字仁卿,其生平不详。刘郁,字文季,别号归愚,与兄刘祁均为当时之名士,刘祁即乌古孙仲端《北使记》所刊之著作者。元中统元年(1260 年)组建中书省,征召为左右司都事,后出任新河县尹,召拜监察御史。刘郁擅长文辞,工于书翰。《西使记》是由常德口授、刘郁笔录的一部旅行记。

常德自和林出兀孙中,西北行,过瀚海,渡昏木辇,又数日渡龙骨河。河西流入海曰乞则里八寺。西行至业瞒城,又西南至孛罗城,城北有海。又西南行至铁木尔忏察。出关至阿里麻里城,又南有赤木儿城。二月二十四日,常德过亦堵,旁近有河曰亦运,流汹汹东注。二十八日过塔剌寺。三月一日,过赛蓝城,三日过别石兰,次日过忽章河。八日过挦思干城,十四日过暗木河,十九日过里丑城,二十六日过马兰城,又过纳商城,二十九日过殢扫儿城。四月六日,过讫立儿城,又过阿剌丁城。

《西使记》在提及殢扫儿城后,记载了一段关于木乃奚的情况。木乃奚即木剌夷,系旭烈兀西征之首要进攻目标。《西使记》所叙征服木乃奚之事,实系常德对往事之追记,并非其亲身经历,例如:"新得国曰木乃奚……所属山城三百六十,已而皆下,唯檐寒西一山城名乞都不,孤峰峻绝,不能矢石。丙辰年,王师至城下,……已而兀鲁兀乃算滩出降。"

常德抵达波斯北部时,旭烈兀已灭亡了报达之黑衣大食。据波斯史家所记,彼时旭烈兀适驻跸于大不里士,常德既为西觐而来,则前往大不里士自是常理中事。但后来是否随军往征叙利亚,或径自还朝复命,不得而知。

《西使记》后半部尚述及中亚、西亚诸多地区,如印度西北"有佛国名乞石迷西""失罗子国出珍珠""七年丁巳岁(1257 年),取报达,……其国六百余年,传四十主,至合里法而亡""报达之西,马行二十日,有天房""海西有富浪国",等等。书中中亚风土人情,记载翔实,为研究西域古代史和中西交通史之珍贵文献,为多部著作所引用。

典籍里的丝绸之路

六　周达观的《真腊风土记》

　　元成宗元贞二年（1296 年），元朝派遣一个外交使团出使真腊，周达观是使团的随行人员。使团于当年二月离明州，二十日自温州港口开洋，三月十五日抵占城。中途因逆风不利，故秋七月始达真腊，逗留其国一年。大德元年（1297 年）六月回舟，八月十二日返抵四明泊岸。周达观回国后，根据亲身经历见闻，写成《真腊风土记》一书。

　　此次遣使因为各书所未载，仅依周达观本人所述才得知始末。周达观生年未详，同时代人吾邱衍有《周达观随奉使过真腊国作书纪风俗因赠三首》。诗中有对南洋"蛮邦"的想象："裸壤无霜雪，西南极目天。岂知云海外，不到斗天边。"

　　在《真腊风土记》一书中，周达观对元朝使团前往真腊之行程记之甚详。其总叙谓：

　　　　自温州开洋，行丁未针。历闽、广海外诸州港口，过七洲洋，经交趾洋到占城。又自占城顺风可半月到真蒲，乃其境也。又自真蒲行坤申针，过昆仑洋，入港。港凡数十，唯第四港可入，其余悉以沙浅故不通巨舟。然而弥望皆修藤古木，黄沙白苇，仓卒未易辨认，故舟人以寻港为难事。自港口西北行，顺水可半月，抵其地曰查南，乃其属郡也。又自查南换小舟，顺水可十余日，过半路村、佛村，渡淡洋，可抵其地，曰干傍，取城五十里。按《诸蕃志》称其地广七千里。其国北抵占城半月路，西南距暹罗半月程，南距番禺十日程，其东则大海也。旧为通商来往之国。

　　周达观所记自温州开洋抵达其国之行程，值得注意的是针位之记载，因为指南针之应用于航海虽早见于宋代载籍，但述及罗盘针位者则首推《真腊风土记》。此外，该书服饰一节有载"其国中虽自织布，暹罗及占城皆有来者，往往以来自西洋者为上,以其精巧而细美故也",总叙说"其国……西南距暹罗半月程",一般认为此乃"暹罗"一名之始见,指泰国历史上的大城王国,但也有人认为暹罗之名始见于明初,这里出现的系明人抄刻时误增。至于西洋则指今印度南部的卡利卡特一带,该书亦为较早刊载西洋一名之古籍。这些记载说明了真腊在当时的海上丝绸之路占有一席之地,与占城、暹罗、印度以及我国广州都有航船往来。

10—13世纪,是柬埔寨文明最灿烂的时代。周达观出使真腊之时,正值其国势鼎盛,文化繁荣。周达观在《真腊风土记》中根据其亲身经历,记述了今柬埔寨及越南南方13—14世纪时的都城、宫室及风土人情。除了总叙外,全书共有下列40节:

城郭、宫室、服饰、官属、三教、人物、产妇、室女、奴婢、语言、野人、文字、正朔时序、争讼、病癞、死亡、耕种、山川、出产、贸易、欲得唐货、草木、飞鸟、走兽、蔬菜、鱼龙、酝酿、盐醋酱曲、蚕桑、器用、车轿、舟楫、属郡、村落、取胆、异事、澡浴、流寓、军马、国主出入。

该书"属郡"一节记载其国有属郡90余,曰真蒲,曰查南,曰巴涧,曰莫良,曰八薛,曰蒲买,曰雉棍,曰木津波,曰赖敢坑,曰八厮里,等等。周达观所记吴哥城周围约20里,有5道城门。城外皆巨濠,濠之上有通衢大桥。桥之两旁有石神54枚,如石将军之状。桥上栏杆凿石而成蛇形,蛇为多头蛇。54名石将军以手拔蛇,"有不容其走逸之势"。城由石块垒城,周密坚固,可达2丈之高。城中有铜塔金塔,周达观因而感叹"富贵真腊"。王宫及宫舍府第皆面向东方,屋颇壮观。梁柱甚巨,皆雕画佛形。防禁甚严。其余国戚大臣,以官阶决定房屋大小。一般以草盖顶,高官之家,也只有家庙和正屋可以用瓦。其余百姓之家,皆为草屋。

真腊即古之扶南,三国吴时朱应、康泰曾出使扶南并撰写《扶南异物志》或《吴时外国传》,然其书早佚。后来《隋书》《唐书》《宋史》虽有真腊传,但均非专著,内容也颇为简略。《真腊风土记》准确地记述了柬埔寨的气候、季节、水文、土壤、耕耘、作物、山川等地理资料。故《真腊风土记》成为现存最详细的中柬关系、柬埔寨古代历史之专门性要籍。

周达观的这部著作是现存的同时代人所写的柬埔寨文化极盛时代的唯一记录。柬埔寨本国的文献中,也没有像这样一部详述他们中古时代文物风俗生活的书籍。从9世纪至15世纪,吴哥是真腊国的首都,历经几百年的建设发展,成为一座壮丽辉煌的都城。城中许多建筑和雕刻,都是这个时代的文物精华,城中塔寺林立,巍峨壮观,俨如一座城市寺院,被认为是"全世界最大的宗教建筑物"。但是,自15世纪末叶吴哥被废弃后,逐渐被湮没在修藤巨树之间,无人所知,直到19世纪中叶才被重新发现,而正是《真腊风土记》帮助人们打开了这座古老艺术宫殿的大门。它所载的州城(即吴哥城,亦称大吴哥)及其王宫、金塔(巴云寺)、鲁班墓(即吴哥寺)、东池、北池等,是现存同时代人所记吴哥文化鼎盛情况之唯一记载,笔酣墨饱,绘声绘影,具有很高的历史价值。方豪指出:"达观所记虽有轻率之处,或过甚其辞,然不失为精密之观察家,奇俗异风,事无巨细,经彼慧眼,尽入笔底,其收获之丰富,今西人之治东南亚史者,固无不加以重视也。"[1]

七 汪大渊的《岛夷志略》

元代的旅行家汪大渊于1230年到1239年,先后两次随商船出海,航迹遍及东亚、东南亚、南亚、西亚、印度洋与地中海,并把出海见闻写成《岛夷志略》,流传于世,甚至成为后来郑和航海的重要参考资料。

汪大渊是"中国历史上足迹最广的伟大的海上旅行家"[2]。至顺元年(1330年),年仅20岁的汪大渊首次从泉州搭乘商船出海远航,历经海南岛、占城、马六甲、爪哇、苏门答腊、缅甸、印度、波斯、阿拉伯,汪大渊在麦加朝圣后,由红海北上埃及,从吉大港渡海,最近的登陆地点是上埃及(阿思

---

[1] 方豪:《中西交通史》下卷,上海:上海人民出版社2008年版,第337页。
[2] 沈福伟:《中国与非洲——中非关系二千年》,北京:中华书局1990年版,第390页。

里）的艾特伯港，"从此，他就踏上了非洲大陆的土地，此后便顺尼罗河而下到达埃及首都开罗（马鲁涧），再至杜米亚特（特番利），泛舟地中海，游历伊本·白图泰的故乡丹吉尔（挞吉那），然后东返红海，出曼德海峡，在索马里北部的纳卡塔（哩伽塔）稍停之后，再绕过瓜达富伊角南航。汪大渊在东非沿海首先访问了摩加迪沙（班达里），然后继续他的东非之行，接连造访了肯尼亚的马林迪（层摇罗）、格迪（千里马）、母纳拉尼（曼陀郎）、基林迪尼（加里那），最后到大坦桑尼亚南部的基尔瓦·基西瓦尼（家将门里）和松戈·姆纳拉（麻那里）小岛"。汪大渊"是直到他生活的那个时代，周游非洲的第一个中国人"[①]。然后，他横渡印度洋回到斯里兰卡、苏门答腊、爪哇，经澳洲到加里曼丹、菲律宾返回泉州，前后历时5年。

元顺帝至元三年（1337年），汪大渊再次从泉州出航，历经南洋群岛、阿拉伯海、波斯湾、红海、地中海、非洲的莫桑比克海峡及澳大利亚各地，至元五年（1339年）返回泉州。

汪大渊自己在《岛夷志后序》里说：

大渊少年尝附舶以浮于海，所过之地，窃尝赋诗以记其山川、土俗、风景、物产之诡异，与夫可怪、可愕、可鄙、可笑之事。皆身所游览，耳目所亲见。传说之事，则不载焉。

在长期的远航考察中，汪大渊对所过之地，凡其目所及，皆为书以记之。他在第一次航海归国后，撰写了航海纪实性著作；在第二次航海回国后，又以新增的阅历对旧志进行修订，最后完成《岛夷志略》一书。归来之后，他又以5年的时间，校对前人的记载，发现其中许多与自己的见闻"大有径庭"的地方。吴鉴在《岛夷志·序》中介绍："豫章汪君焕章，少负奇气，为司马子长之游，足迹几半天下矣。顾以海外之风土，国史未尽其蕴，因附舶以浮于海者数年，然后归。其目所及，皆为书以记之。校之五年旧志，大有迳庭矣。"张翥在《序》里说："汪君焕章当冠年尝两附舶东、西洋，所过辄采录

[①] 沈福伟：《中国与非洲——中非关系二千年》，北京：中华书局1990年版，第392页。

其山川、风土、物产之诡异，居室、饮食、衣服之好尚，与夫贸易费用之所宜。非亲见不书，则信乎其可征也。"

《岛夷志略》最后成书是在"至正己丑冬"，即元顺帝至正九年（1349年）冬天。这年冬，汪大渊路过泉州，适值泉州路达鲁花赤偰玉立莅任。偰以《清源前志》散失，《后志》仅至南宋淳祐十年（1250年）为止，乃命吴鉴编修《清源续志》。吴鉴以泉州为对外贸易的大港，船舶司的所在地，诸蕃辐辏之所，不能没有海道诸岛屿及诸国地理情况的记载，于是请两次亲历海外，熟悉海道地理情况的汪大渊撰写《岛夷志》，附于《清源续志》之后。不久，大渊回到故乡南昌，复将《岛夷志》刊印成单行本，以广其传。至正十年（1350年），又请翰林修撰张翥为之作"序"，正式发行于世。

《岛夷志略》原名《岛夷志》，清代改名《岛夷志略》。全书共分100条，前99条记载和涉及的地点总计220个，有关各地的山川、风土、物产、居民、饮食、衣服和贸易的情况，都是他当时根据亲身的见闻记录下来的，其说可靠；其第100条"异闻类聚"，是摘录前人旧记《太平广记》等书而成。

《岛夷志略》里记载了汪大渊所经历的海外诸国。地域涉及东自澎湖、琉球，西至阿拉伯半岛和非洲东岸之层拔罗（今桑给巴尔）等地，包括南洋诸岛及印度洋沿岸各国，也都有航路可通。《岛夷志略》记述的国家和地区有：

澎湖、琉球、三岛、麻逸、无枝拔、龙涎屿、交趾、占城、民多郎、宾童龙、真腊、丹马令、日丽、麻里鲁、遐来忽、彭坑、吉兰丹、丁家卢、戎、罗卫、罗斛、东冲古剌、苏洛鬲、针路、八都马、淡邈、尖山、八节那间、三佛齐、啸喷、浡泥、明家罗、暹、爪哇、重迦罗、都督岸、文诞、苏禄、龙牙犀角、苏门傍、旧港、龙牙菩提、毗舍耶、班卒、蒲奔、假里马打、文老古、古里地闷、龙牙门、东西竺、急水湾、花面、淡洋、须文答剌、僧加剌、勾栏山、特番里、班达里、曼陀郎、喃诬哩、北溜、下里、高郎步、沙里八丹、金塔、东淡邈、大八丹、加里那、土塔、第三港、华罗、麻那里、加将门里、波斯离、挞吉那、千里马、大佛山、须文那、万里石塘、小唄喃、古里佛、朋加剌、巴南巴西、放拜、大乌爹、万年港、马八儿屿、阿里思、哩伽塔、天堂、天竺、层摇罗、马鲁涧、甘埋里、麻呵斯离、罗婆斯、乌爹等地。

汪大渊在《岛夷志略》中对所到之地都有记述。他先渡红海到达上埃及的阿思里，记载说：

极西南达国里之地，无山林之限，风起则飞沙扑面，人不敢行。居人编竹以蔽之。气候热，半年之间多不见雨，掘井而饮，深至二三百丈，味甘而美。其地防原，宜种麦，或潮水至原下，则其地土润，麦苗自秀。俗恶。男女编发，以牛毛为绳，接发梢至齐膝为奇。以鸟羽为衣。捣麦做饼为食。民不善煮海为盐。地产大绵布、小布疋。贸易之货，用银、铁器、青烧珠之属。

他接着到了开罗，记述了当时的埃及王朝马木鲁克的情况，他称之为"马鲁涧"。他写道：

国与逻迤沙喃之后山接壤，民乐业而富。周迥广一万八千余里。西洋国悉臣属焉。有酋长，元临漳人，陈其姓也。幼能读书，长练兵事。国初，领兵镇甘州，遂入此国，讨境不复返。兹地产马，故多马军，动侵番国以兵凡若干万。岁以正月三日，则建高坛以受兵贺，所至之地，即成聚落一所。民间互易，而卒无扰攘之患。盖以刑法之重如此。观其威逼诸番，严行赏罚，亦酋豪中之表表者乎。

汪大渊赞扬马木鲁克是一个幅员广大的国家，地中海和红海各国都受它控制。商业贸易发达，居民生活富裕。

他在结束了北非的访问之后，来到了东非，他首先记载的是索马里的纳卡塔，他译作"哩伽塔"：

哩伽塔，国居辽西之界，乃国王海之滨。田瘠，宜种黍。民叠板石为居，掘地丈有余深，以藏种子，虽三载亦不朽也。气候秋热而夏凉。俗尚朴。男女瘦长，其形古怪，发长二寸而不见长。穿布桶衣，系皂布梢。煮海为盐，酿黍为酒，以牛乳为食。地产青琅玕、珊瑚树，其树或长一丈有余，或七八尺许，（围）一尺有余。秋冬民间皆用船采取，以横木系破网及纱线于其上，仍以索缚木两头，人于船上牵以拖之，则其树槎牙，挂挽而上。贸易之货，用金、银、五色鞋、巫仑布之属。

他记载肯尼亚的马林迪：

层摇罗，国居大食之西南，崖无林，地多淳。田瘠，谷少，故多种薯以代粮食。每货贩于其地者，若有谷米与之交易，其利甚溥。气候不齐。俗古直。男女挽发，穿无缝短裙。民事网罟，取禽兽为食。煮海为盐，酿蔗浆为酒。有酋长。地产红檀、紫蔗、象齿、龙涎、生金、鸭觜胆矾。贸易之货，用牙箱、花银、五色鞋之属。

汪大渊最后到达了昆仑古国首都基尔瓦·基西瓦尼，他称之为"加将门里"：

加将门里去加里二千余里，乔木成林，修竹高节。其地堰潴，田肥美，一岁三收谷。通商贩于他国。气候常热。俗薄。男女挽髻，穿长衫。丛杂回人居之，其土商每兴贩黑囡往朋加剌，互用银钱之多寡，随其大小高下而议价。民煮海为盐，酿（蔗）浆为酒。有酋长。地产象牙、兜罗绵、花布。贸易之货，用苏杭五色鞋、南北丝、土绸绢、巫仑布之属。

汪大渊对北非和东非的记述，证实了元代中国与非洲贸易之发达，中国商品在非洲很受欢迎。沈福伟指出："汪大渊以他亲身的航海实践写下的《岛夷志略》，是一部足以和他同时代的欧洲旅行家马可·波罗和非洲游历家伊本·白图泰留下的游记并列的伟大著作。他在非洲东部海岸的航行，给以后中国航海家探索印度洋南部地区起到了开导的作用。"①

《岛夷志略》上承南宋周去非的《岭外代答》和赵汝适的《诸蕃志》,下启明初马欢的《瀛涯胜览》、费信的《星槎胜览》等书。但《岭外代答》,特别是《诸蕃志》,主要是作者耳闻,而不是亲历。《四库全书总目》中评价:

> 诸史外国列传秉笔之人,皆未尝身历其地。即赵汝适《诸蕃志》之类,亦多得于市舶之口传。大渊此书,则皆亲历而手记之,究非空谈无征者比。

马欢著《瀛涯胜览》,是受汪大渊的启发。他在自序中说:

> 余昔观《岛夷志》,载天时气候之别,地理人物之异,慨然叹曰:普天下何若是之不同耶?……余以通译番书,亦被使末,随其所至,鲸波浩渺,不知其几千万里。历涉诸邦,其天时、气候、地理、人物,目击而身履之,然后知《岛夷志》所著者不诬。……于是采摭各国人物之丑美、壤俗之异同,与夫土产之别、疆域之制,编次成帙。

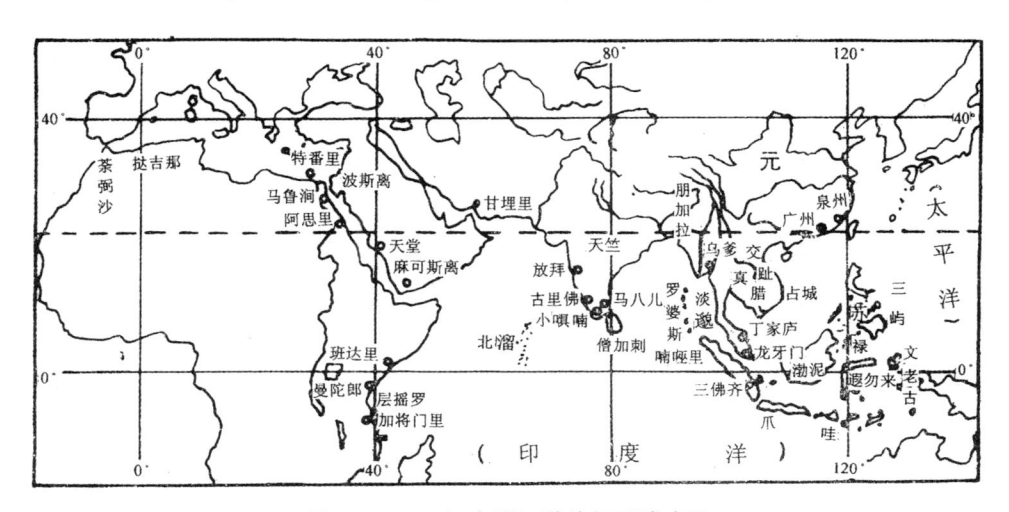

图 7-7-1　汪大渊远洋航行区域略图

---

① 沈福伟:《中国与非洲——中非关系二千年》,北京:中华书局1990年版,第405页。

《岛夷志略》是研究14世纪上半叶亚、非、欧各国历史、地理、经济、文化的重要文献，也是考察中国元代远洋航海活动的珍贵史料。自元以来，这部著作为中外研究海上交通的学者所重视。

八　陈大震的《大德南海志》

《大德南海志》也是元代海上对外交通的重要著作之一。《大德南海志》系陈大震、吕桂孙所撰，成书于大德八年（1304年）。关于陈大震的生平，史书记载："陈大震，字希声，晚年号蓬觉，番禺人。理宗宝祐元年（1253年）进士，授博罗簿。历知长乐县、广济县。度宗咸淳七年（1271年）权知雷州，转知全州。元兵陷城，自劾罢。元世祖至元十八年（1281年），授广东儒学提举，以疾力辞。卒年八十。清雍正《广东通志》卷四四有传。"吕桂孙生平则无载。

《大德南海志》现仅残存元大德刻本5卷。这5卷对应的是原书的第六至第十卷，涉及元代广州地区赋税、物产、教育及海上贸易等诸多领域。其中，卷六记户口、土贡、税赋；卷七记物产、舶货；卷八记社稷坛壝、城濠；卷九记学校；卷十记兵防、水马站、河渡、局务仓库、廨宇、郡圃。凡所举废，由宋及元。卷七之后还附有"诸藩国"名表。此志综记元广州路所属七县事，举凡历史之沿革，山川之广袤，户口之登耗，田畴之芜治，物产之丰盛，舶货之品类，诸蕃之国名，社稷之变迁，以及税课、书院、科第、学租、兵防等。

其卷七"船货"与其附录"诸蕃国附"，是元初广州海外贸易之记录。所著录当时广州贸易海外之国有142国。分别列各国为东洋、西洋。东、西洋之划分，始见元代，而元初其他著作只见西洋一词，如《天南行记》《真腊风土记》提及"西洋国黄毛皮子""西洋布"。唯《大德南海志》并述东洋、西洋，并且细分为小东洋、大东洋、小西洋、大西洋。大抵以巽他海峡为东、西洋之分界；加里曼丹岛北部至菲律宾为小东洋，其南诸地为大东洋；马来半岛、苏门答腊一带为小西洋；印度洋为大西洋。这些国家与广州大都有交通和贸易往来。关于广州的对外贸易，《南海志·卷七·舶货》说：

"货通狮子国"，昌黎尝有是诗矣。山海为天地宝藏，珍货从出，有中国之所无。风化既通，梯航交集。以此之有，易彼之无，古人贸通之良法也。广为蕃舶凑集之所，宝货丛聚，实为外府。岛夷诸国，名不可殚，前志所载者四十余。圣朝奄有四海，尽日月出入之地，无不奉珍效贡，稽颡称臣。故海人山兽之奇，龙珠犀贝之异，莫不充储于内府，畜玩于上林，其来者视昔有加焉。而珍货之盛，亦倍于前志之所书者。今录其可名之国，附于舶货之后。

《南海志》不仅载及东、西洋之名，而且根据航路的先后、近远，把今东南亚诸国之地名予以排列，使后人便于探索元代之南海航路和考证今地。《南海志·卷七·诸藩国》所记各国名称为：

交趾国管：囤山，吉柴。
占城国管：坭越，乌里，旧州，新州，古望，民瞳眬，宾瞳眬。
真腊国管：真里富，登流眉，蒲甘，茸里。
罗斛国。
暹国管：上水速孤底。
单马令国管小西洋：日啰亭，达剌希，崧古啰，凌牙苏家，沙里，佛啰安，吉兰丹，晏头，丁伽芦，迫嘉，朋亨，□兰丹。
三佛齐国管小西洋：龙牙山，龙牙门，便塾，榄邦，棚加，不理东，监篦，哑鲁，亭停，不剌，无思忻，深没陀啰，南无里，不斯麻，细兰，没里琶都，宾撮。
东洋佛坭国管小东洋：麻里芦，麻叶，美昆，蒲端，苏录，沙胡重，哑陈，麻拿啰奴，文杜陵。
单重布啰国管大东洋：论杜，三哑思，沙啰沟，塔不辛地，沙棚沟，涂离，遍奴忻，勿里心，王琶华，都芦辛，啰韦，西夷涂，质黎，故梅，讫丁银，呼芦漫头，琶设，故提，频底贤，孟嘉失，乌谭麻，苏华公，文鲁古，盟崖，盘檀。
阇婆国管大东洋：孙绦，陀杂，白花湾，淡墨，熙宁，啰心，重伽芦，不直干，陀达，蒲盘，布提，不者啰干，打工，琶离，故鸢，火山，地漫。

南毗马八儿国：细蓝，伽一，勿里法丹，差里野括，拔的侄，古打林。

大故蓝国，差里也国，政期离国，胡茶辣国，禧里弗丹，宾陀兰纳，迫加鲁，盟哥鲁，条土□吉，靶拿，阔里株思，加剌都，拔肥离，涂拂，毗沙弗丹，哑靶，鹏茄啰，记施，麻啰华，弼施啰，麻加里，白达，层拔，赡思，弼琶啰，勿斯离，勿拔，芦眉，瓮蛮，弗蓝，黑加鲁，默茄，茶弼沙，吉慈尼。

元代广州司舶部门把海外诸番分为几个区域：一是南海西岸至暹罗湾，以交趾、占城、真腊、暹国等国为首。二是小东洋，指菲律宾诸岛和加里曼丹岛北部，以佛坭国（今文莱）为首。三是大东洋，分为两部分，其东部指今菲律宾诸岛、加里曼丹岛东南海域，以单重布罗国为首；其西部指爪哇和小巽他群岛一带，以爪哇国为首。四是小西洋，指今马来半岛顶端和苏门答腊岛一带。五是西方诸国，包括今印度、斯里兰卡、阿拉伯海、波斯湾、红海、地中海沿岸之地。分区原则为：前四部分基本上以海船航线所经之地为依据，地理概念相当清楚，而最后一区则失之过广。元初广州港的通商范围东起麻里芦（今菲律宾），西讫茶弼沙，即大食诸国中极西之地，今西班牙一带、马格里布（今摩洛哥），囊括东南亚、南亚、东非、北非及欧洲的一部分，包括意大利和拜占庭帝国。《南海志》则是广州元初对外交往实录的总结。

从《大德南海志》所载南洋地名可以看出，当时我国与南洋各地的海路交通大致有下列数条路线：自广州发舶，顺中南半岛东岸至半岛南端；自中南半岛南端，经柬埔寨、泰国而至缅甸；由泰国沿马来半岛东岸而下，抵新加坡、马六甲海峡；从马六甲海峡南航至巽他海峡，或北出马六甲海峡抵苏门答腊西北岸；自巽他海峡东行，中经爪哇岛直达帝汶岛；由南海至文莱、菲律宾群岛，或由泉州至菲律宾、文莱；自加里曼丹岛西北端，顺该岛西岸、南岸，向东直抵马鲁古群岛。

第八章　欧洲旅行家记载的丝绸之路

一　柏朗嘉宾出使蒙古

在13世纪上半叶，蒙古军队先后发动了三次大规模的西征，征服了俄罗斯，并一度占领波兰、匈牙利，兵进奥地利，使欧洲人大为震动，引起了一种普遍的不安之感，教皇和各国君主也认识到局势的严重性，察觉到他们迫在眉睫的危险。1243年，英诺森四世当选为新教皇，他鼓励组织军队，抵抗蒙古入侵。另一方面，因为"约翰长老"的传说，教皇向东方派出了使节团，试图缔结和约，窥探蒙古的军事实力，并且考察是否有可能使蒙古人改宗天主教，以避免蒙古人针对西欧的危险。

1245年4月16日，由教皇英诺森四世派遣意大利方济各会修士柏朗嘉宾出使东方，由里昂启程前往哈剌和林。

柏朗嘉宾（Jean de Plan Carpin，1182—1252）出生于意大利佩鲁贾地区的一个贵族家庭。他是圣方济各的挚友，也是方济各会的创始人之一。从1221年起，他受圣方济各的派遣前往日耳曼，直到1239年之前，他基本在那里执行萨克森修道院长和省教长的职务，其间有3年到西班牙任职。1245年他奉教皇派遣出使蒙古时，已经是65岁的老人了。

柏朗嘉宾记下了他的行程。他于1245年4月16日（复活节）从里昂出发，途经波希米亚、波兰和罗斯（他于1246年2月3日离开基辅），在途中与为他作通译的波兰人本尼迪克特（Benedict）会合。1246年4月，他们到达伏尔加河畔的拔都的王庭。4月4日，他们受到钦察汗拔都的接见。拔都命人将教皇信函译成俄文、萨拉森文和蒙古文后，命他们去蒙古见大汗。他们沿里海、经巴尔喀什湖南、越过阿尔泰山进入蒙古地区，经过3个半月的长途跋涉，在7月22日抵达哈剌和林附近的蒙古皇家幕帐。8月24日贵由汗举行大汗受位庆典，8月底才接见柏朗嘉宾和本尼迪克特，接受教皇的信件。

罗马教皇英诺森四世写给蒙古汗王的信件，其主要内容是阐明基督教教义，规劝可汗皈依基督教，优待基督教徒，并直言蒙古屠杀之非。贵由汗当即复书教皇，对教皇的责难一一驳斥，并将蒙古人军事征服的成功归诸上帝的偏爱和相助。贵由复教皇信原用蒙文写成，由镇海等人逐字逐句地翻译后，柏朗嘉宾即用拉丁文记录下来。为使罗马教廷在欧洲能够找到解读原信的人，又译成萨拉森文（波斯文），交给使者带回。贵由汗复信的拉丁译文早有传本，波斯文原件亦于1920年在梵蒂冈图书馆发现。原件用黑墨写在一张长1.1米、宽0.2米的由两片粘接而成的棉纸上，上有两处同一畏吾儿字蒙古文方印，印文为："长生天在上，贵由汗在地，圣旨所致处，众生须敬之。"

柏朗嘉宾带着贵由汗给教皇的复信，于当年11月13日踏上返程，他们经伏尔加河下游和拔都驻地，又经基辅返回西方。1247年11月，柏朗嘉宾回到里昂。和来时的情况一样，他们的回程也十分艰苦。柏朗嘉宾记载说："我们一行便启程返回，走了整整一冬天，经常在沙漠里的大雪中露宿，或者在没有树丛的旷野上用脚踢平一块地方以扎营；当大风卷着雪花吹来时，又经常完全被大雪覆盖。"[1]

柏朗嘉宾奉使蒙古的任务，一方面是试图规劝蒙古人皈依基督教，与欧洲

---

[1]《柏朗嘉宾蒙古行纪·鲁布鲁克东行纪》，耿昇、何高济译，北京：中华书局1985年版，第105—106页。

基督教国家结成联盟，以达到遏制蒙古人西进的目的。他的这个任务并没有实现。虽然此行没有完成预期目标，但不可否认，这是一次了不起的探险之旅。柏朗嘉宾被认为是公元900年后，第一位东行到巴格达并成功走出亚洲的人迹罕至之地，最终安全返回欧洲的西方人。

另一方面，他还受教皇之命要了解蒙古人的情况，特别是了解蒙古人的军事实力和西征计划。这一部分使命完成得颇为出色。柏朗嘉宾的这次出行是一次充满危险的旅程。因为他们对于蒙古人一点也不了解，而且所听到的都是杀戮与残暴的传闻。但是使命在身，这个使命最重要的就是要给欧洲一个比较准确的关于蒙古人的信息。他写道：尽管可以预见这次出行会有许多危险或不测，"然而，为了能够根据教皇陛下的命令而实现上帝的意志，为了替基督徒效劳，我们至少要真正洞察这些民族的意图和计划……"①

柏朗嘉宾冒着生命危险，搜集了一批有关人种学和军事方面的第一手资料。作者着重研究了蒙古人的宗教信仰和崇拜活动，对于当地民族的瑕疵和美德，他都作了客观的评介。

出使归来后，柏朗嘉宾所介绍的故事引起了人们的关注，于是他向教廷写了一份出使报告，重点介绍了蒙古人进行的战争、征服的地区、武器装备、如何对付蒙古人的入侵及其风俗习惯等。他的报告以自己的亲自观察为基础，并广泛利用了他在旅途中搜集的大量资料。诚如他本人所说："对于我们很谨慎地为了你们自身的利益而记录下的这一切，你们应该深信不疑。更何况，所有这些事物有的是我们亲眼所见，因为我们在他们之中和与他们一起旅行了一年又四个月的光阴，其间我们一直置身于他们之中；有的是由我们从他们之中那些作为俘虏的基督徒中所获悉，我们认为这些人是值得信赖的。事实上，我们受教皇之命要仔细地研究所有事物和观察一切，我们一丝不苟地执行了这一命令。"②

---

① 《柏朗嘉宾蒙古行纪·鲁布鲁克东行纪》，耿昇、何高济译，北京：中华书局1985年版，第23页。
② 《柏朗嘉宾蒙古行纪·鲁布鲁克东行纪》，耿昇、何高济译，北京：中华书局1985年版，第23—24页。

典籍里的丝绸之路

柏朗嘉宾报告书名为《蒙古史》，或称《柏朗嘉宾蒙古行纪》。因为柏朗嘉宾的出使比中世纪其他欧洲旅行家如鲁布鲁克、马可·波罗、鄂多立克等人东游的时间要早，所以柏朗嘉宾介绍的有关蒙古和中亚的许多情况是首次传入欧洲的，是欧洲人根据亲身见闻所写的关于蒙古的第一部详细报告。其行纪中所记的资料至今仍是研究蒙元史和中国北方地区历史的珍贵资料。法国东方学家韩百诗（Louis Hambis）曾评论说，柏朗嘉宾的这部"有关蒙古人的第一部拉丁文著作，于可靠性和明确程度方面在一段相当长的时间内一直是首屈一指和无可媲美的"①。英国学者克里斯托弗·道森（Christopher Dawson）则说它是中世纪最流行的百科全书式的著作之一，"写下了西方基督教世界和远东之间第一次接触的第一手绝对可信的记载"②。柏朗嘉宾的这份报告收入同时代的文森特（Vincent de Bauvais）的百科全书式名著《大鉴》第4部《史鉴》中，原书抄本有5种传世，16世纪以后有多种刊本和译本。

书中详细描述了鞑靼地区和周围的状况。"鞑靼地区位于东方一隅，我们认为那里正是东方偏北的地方。""鞑靼人地区的部分地带是高山峻岭，山峦起伏，其余地带则是坦荡的平原，但几乎到处都遍布含砂量很大的砾石地。在该地区的某些地带覆盖有很稀疏的森林，其他地方则没有任何树木。""这里的水量和河流为数甚少，大江大河更为罕见。"

柏朗嘉宾提示了一条通往东方的道路：从里昂起程，经过中欧、东欧，沿着黑海、里海以北的草原地区到达蒙古高原的大城市哈剌和林。

柏朗嘉宾是在欧洲面临蒙古人威胁的情况下出使的，而了解蒙古人军事征服的动向又是他的主要使命之一。因此，他在其报告中以较大的篇幅详细地介绍了成吉思汗的兴起、成吉思汗及其后继者们发动的南征北战，特别是前两次西征中的重大军事行动以及对征服地区的劫掠屠杀和造成的浩劫。他还介绍了蒙古人的军队结构、武器装备、军队集结方式、战略战术等方面的情况。柏朗

---

① 《柏朗嘉宾蒙古行纪·鲁布鲁克东行纪》，耿昇、何高济译，北京：中华书局1985年版，第13页。
② [英]道森编：《出使蒙古记》，吕浦译，北京：中国社会科学出版社1983年版，第1页。

嘉宾提醒西欧各国要抓紧备战，同时要像蒙古人那样组织军队，配备优良的装备。

可以说，对于当时的欧洲人来说，柏朗嘉宾的这个报告是振聋发聩的，给大家敲响了战争迫在眉睫的警钟。除此之外，作为一位有学问的教士，柏朗嘉宾还对蒙古人生活各方面的情况作了细致的观察。例如：他介绍自成吉思汗以后各位大汗的家系身世，以及成吉思汗家族的支系；介绍了蒙古汗国的国家组织形式和权力结构。他还用一定篇幅描述了蒙古人居住的中国北部地区的地理环境、资源和气候条件，描述了蒙古族居民的仪礼、风俗、宗教信仰以及服装、住宅、婚姻等方面的情况。

柏朗嘉宾出使期间正值贵由汗举行登基大典，所以他以教皇使节的身份参加了庆典活动。贵由的登基庆典是在皇家幕帐失剌斡耳朵举行的，那里距哈剌和林有半日行程之远的距离。柏朗嘉宾可能实际上并没有到过哈剌和林，而是一直住在失剌斡耳朵，直到返程回欧洲。但他在报告中提到哈剌和林，说它是"具有一定规模的城市"。西方人是通过柏朗嘉宾而首次获悉蒙古人京都的名字叫作哈剌和林。

柏朗嘉宾还在其行纪中叙述了蒙古灭金朝的过程，并且提到了"契丹人"。不过，他所说的"契丹"并非指建立辽朝或西辽的那个特殊民族，而是泛指中国和中国人。柏朗嘉宾可能在蒙古汗庭见过汉族人，如此才能说出他们的形貌和性格，并注意到汉族的语言和文字。他对中国人在工艺方面的先进水平和丰富的物产的记述也是准确的，但在其他方面则是若明若暗，不甚了了。

在柏朗嘉宾之后入华的旅行家，如鲁布鲁克、马可·波罗等人，他们的记述要更具体、更准确一些。但柏朗嘉宾作为"破天荒的第一次"，在欧洲人认识中国史上有其重要地位。

图 8-1-1 1245 年里昂大公会议，教皇英诺森四世决定向蒙古派遣使节

第八章 欧洲旅行家记载的丝绸之路

图 8-1-2 柏朗嘉宾受教皇英诺森四世派遣出使蒙古

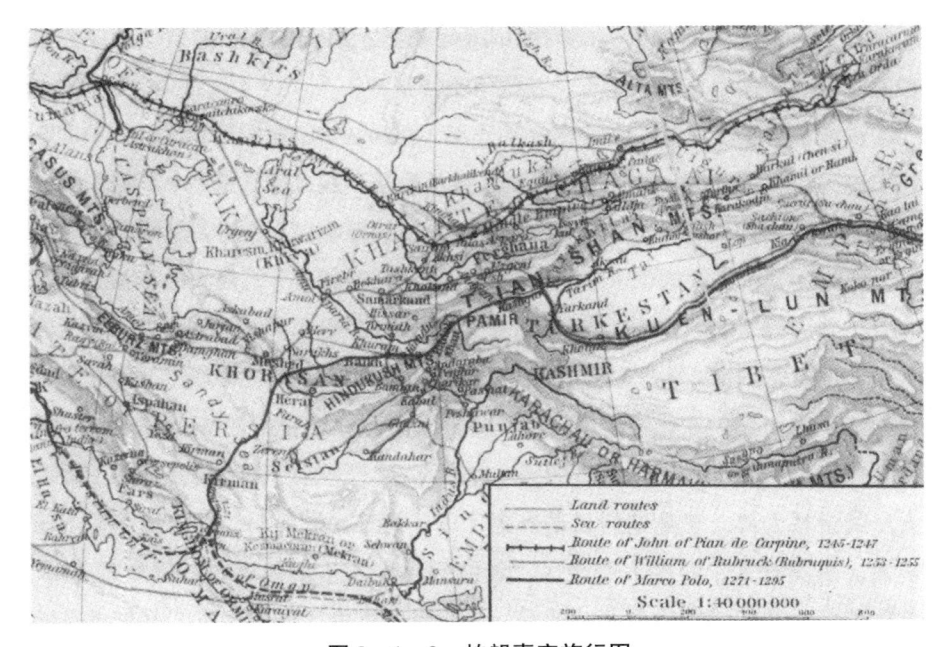

图 8-1-3 柏朗嘉宾旅行图

— 195 —

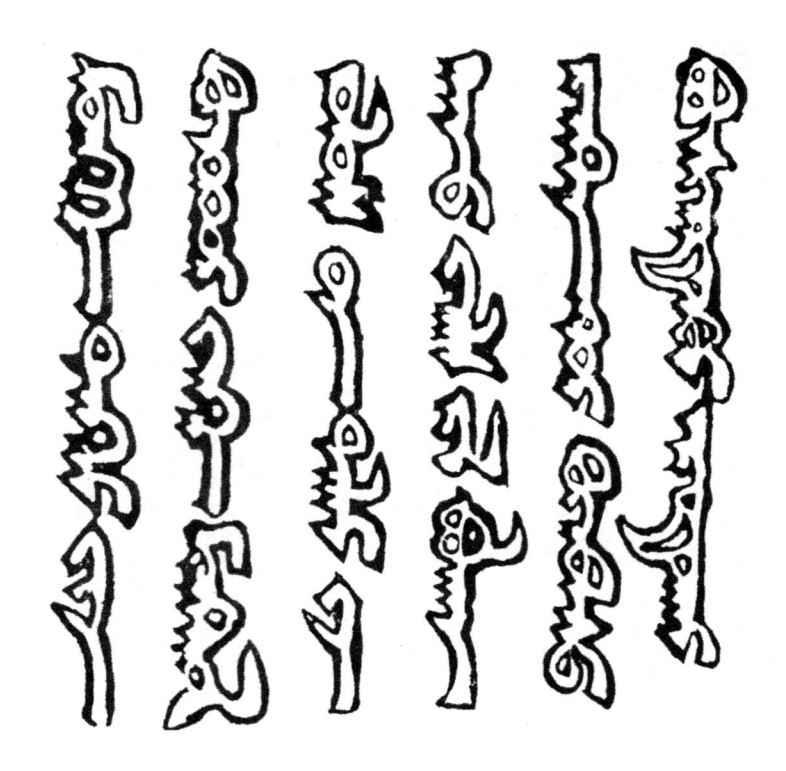

图 8-1-4 一封寄往罗马的书信上的贵由大汗的封印

二 鲁布鲁克出使蒙古

在教皇派遣柏朗嘉宾出使蒙古的同时或之后不久,还派出了另一支由多明我会修士阿西林(Ascelin)率领的使团。他们奉命出使驻扎在小亚细亚边界的最近的蒙古军队的营地,要求他们停止反对基督教世界的战争。阿西林一行于1247年5月24日抵达位于里海之西的蒙古军统帅拜住的营地,递交教皇的信件。阿西林一行受到粗暴的接待,在被拘押两个月后,携带与柏朗嘉宾已经携回的内容相同的复信,于1248年夏回复教皇。当时有两位蒙古使者同阿西林一道前往教廷。这两位使者于1248年在意大利受到教皇英诺森四世的接见,并带回教皇给拜住的复信。

第八章　欧洲旅行家记载的丝绸之路

拜住的继承者宴只吉带本人是景教徒，对与西方基督教徒建立关系的重要性有所认识，并开始采取一些相应的措施。他写了一封怀柔的书信让传教士带回，甚至派出了自己的使节与传教士同行。蒙古人的使节见到了教皇，还有法兰西国王路易九世。其实宴只吉带的使节并非蒙古大汗派遣，没有真正的权威性。但法国国王不了解这个情况，遂派出法国多明我会修士安德鲁（Andrew of Longjumeau）率领一个使团，随两位蒙古使节于1249年1月25日启程，往见蒙古大汗。安德鲁是多明我会修士，曾参加过阿西林的使团。他到达宴只吉带的营地，然后继续东行，往见蒙古大汗。不料，此时正值贵由汗去世，皇后海迷失摄政。她把安德鲁一行的出使看作是臣服，并把他们的礼物作为贡品。她对法国国王致以词意傲慢的复信，要求对方归顺和缴纳贡赋。和柏朗嘉宾一样，安德鲁也没有达到出使的目的，于1251年折返回国。

虽然法国国王对安德鲁的出使结果感到失望，但他获得了关于"鞑靼地区"内有大量基督教徒的报告。另外，他还从别处得知拔都之子撒儿塔本人就是基督教徒。于是，法国国王于1253年又派法国方济各会修士鲁布鲁克前往哈剌和林。

鲁布鲁克（William of Rubruk）是法国佛兰德斯（Flanders）鲁布鲁克村人，方济各会士。鲁布鲁克是在柏朗嘉宾奉使8年之后启程的，因而他有机会做充分的准备。据说他曾在巴黎见过柏朗嘉宾，听他介绍出使蒙古的经历和见闻。他还从其他奉使回来的使节以及别的渠道获得许多有价值的情报。因而，当鲁布鲁克踏上东行之旅的时候，所具备的知识准备要比柏朗嘉宾等人充分得多。

鲁布鲁克详细地记载了他的行程和路线。鲁布鲁克于当年5月7日从君士坦丁堡启程，随鲁布鲁克同行的有克雷莫纳（Bartolomeo da Cremona），一个名叫戈塞特的随从，以及一位在鲁布鲁克的报告中被称为Homo Dei（可能代表阿拉伯语的阿卜杜拉，即"上帝的仆人"）的翻译。他们先沿黑海南岸取道北上，于6月中旬赶到了黑海沿岸的克里米亚岛，并在岛上最大的商埠——索尔达亚稍作停留。索尔达亚当时是通往亚洲的重要通道，同时也因发达的商贸往

— 197 —

来，天南地北的信息都汇集于此。这对来往于欧亚之间的行客来说，无疑是一个非常重要的落脚点。

之后，鲁布鲁克继续借助牛和手推车徒步旅行。穿越唐河九天后，他们遇上了蒙古士兵，并在蒙古军队的带领下，在同年的七八月间顺利抵达了位于伏尔加河下游的撒尔答驻地。撒尔答接见了鲁布鲁克等人并接受了修士们代为呈递的法国国王的国书及其译本。撒尔答命将士将鲁布鲁克等人护送到其父拔都的营帐。拔都建议使团前往蒙古本土面见蒙哥汗，当面申诉自己的请求。在拔都部下的带领下，鲁布鲁克一行人在 9 月中旬离开了拔都驻所，继续向东行进。

1253 年 9 月 16 日，威廉和他的旅伴骑马出发，踏上 9000 公里的旅程，前往喀喇昆仑大汗国的宫廷。经过近三个月的艰苦跋涉，鲁布鲁克一行人终于在 12 月 27 日到达了位于哈剌和林以南的冬营地。蒙哥汗接见了法国使者，并致以回复法国国王的国书。鲁布鲁克要求留在蒙古传教，遭到蒙哥婉言拒绝。1254 年 8 月 18 日，鲁布鲁克不得不离开哈剌和林折返回国。鲁布鲁克在其游记中多次声称，他出行的目的是为了传教，在蒙古人面前从不承认自己是使臣。然而，从其出行带国王信札，归国后即复书信给国王，以及与国王的密切关系来看，他无疑是带有某种特殊使命的使臣。他一再否认自己是使臣，恐怕别有原因。

鲁布鲁克自蒙古返回欧洲，抵达塞浦路斯时，得知法国国王已返回法国。当地的主教不允许他赶到法国去见路易王，而是叫他把旅行经历写下来，另派人转交国王。鲁布鲁克只得这样做。于是，他以长信的形式记下了他的行程，此即流布后世的《鲁布鲁克东行纪》（*The Journey of William of Rubruk to the Eastern Parts*）。不过，他在报告的末尾要求到法国面见国王，大概获得了准许，所以后来鲁布鲁克还是回到了法国。几年后，英国著名哲学家和科学家罗吉尔·培根（Roger Bacon）在法国遇到他，向他详细询问了旅途的经历和发现，并且几乎将每个地理细节都在他的名著《大著作》中披露出来，关于火药的知识也是在这次会见中鲁布鲁克向罗吉尔·培根介绍并第一次进入欧洲的文献中的。

《鲁布鲁克东行纪》的特点在于，无论是蒙古地区的风土人情，还是他本人的种种活动，都描述得细腻和具体，以至有的研究者认为，他可能在行程中作了某些记录或日记。道森将鲁布鲁克与柏朗嘉宾加以比较，说他们二人的旅行经历十分相似，"然而，他们两人所写的游记的内容和风格则是十分不同的。柏朗嘉宾主要关注把当时被认为是对基督教世界迫在眉睫的危险的蒙古人及其帝国的情况，向教皇提出一个全面的报告，特别注意论述他们作战的方法和怎样才能最好地对付他们的攻击。鲁布鲁克的游记……则是对于其游行和个人经历的老老实实的充分详细的叙述。他是一个罕见的观察力敏锐的人，具有一位艺术家的气质和眼睛"。道森进一步评论说，鲁布鲁克写出的游记，"成为整个游记文学中最生动、最动人的游记之一，甚至比他同时代的马可·波罗或19世纪的胡克和加贝特等人的游记更为直接和令人信服"。①

当然，鲁布鲁克可能也有了解蒙古人情况和动向的使命。所以，他在《东行纪》中用了一定篇幅，介绍了蒙古人许多方面的情况，包括蒙古民族的风情礼俗、婚丧嫁娶、饮食服饰、法律禁忌、狩猎生产等。他讲到蒙古地区的"河流从东向西流"，讲到"从我见到蒙哥汗的地方到契丹（Catay），南和东之间是二十天路程，而到蒙古人的老家，成吉思翰耳朵所在的斡难怯绿连（Onankerule），正东行有十天旅程"。

他特别提到了几次与蒙哥汗的见面和交谈，以及蒙古宫廷内的一些情况。他还提到贵由汗的死因，说他在旅途中听说贵由是被拔都派人毒死的，或是拔都派人去朝见贵由时，使者（拔都之弟司徒堪）和贵由因酒发生争吵，彼此都把对方刺死。关于贵由的死因，中外史籍均无记载，可以说鲁布鲁克在这里保留了几乎是唯一的记载，提供了蒙古宫廷斗争的一些重要线索。

鲁布鲁克还介绍了在蒙古汗国都城哈剌和林的见闻。如果说柏朗嘉宾首次提到哈剌和林城的名称，那么鲁布鲁克则旅居其间，对该城有许多具体的描述。鲁布鲁克提到的"契丹"，也和当时其他西方旅行家一样，指的是中国内地，

---

① ［英］道森编：《出使蒙古记》，吕浦译，北京：中国社会科学出版社1983年版，第17页。

典籍里的丝绸之路

"契丹人"主要是指汉族人。他在其《东行纪》中有一大段落论述"契丹人"。他说：

> 还有大契丹，我认为其民族就是古代的丝人。他们生产最好的丝绸（该民族把它称为丝），而他们是从他们的一座城市得到丝人之名。有人告诉我说，该地区有一座城市，城墙是银子筑成，城楼是金子。该国土内有许多省，大部分还没有臣服于蒙古人，他们和印度之间隔着海洋。……他们是各种工艺的能工巧匠，他们的医师很熟悉草药的性能，熟练地按脉诊断；但他们不用利尿剂，也不知道检查小便。这是我亲眼所见。他们有很多人在哈剌和林，按他们的习惯做法，子承父业。[1]

鲁布鲁克的这段论述非常重要。他在这里提出，古代人所说的"赛里斯"（丝人）其实与"契丹"是同一个国家和民族。这种判断具有重要的历史地理价值，使欧洲人开始把他们所知的"契丹"与历史文献上说的"赛里斯"联系和统一起来认识。苏联学者马吉多维奇指出，鲁布鲁克的一个贡献在于，"在欧洲人中他第一个很准确地推测出古代地理学上所称的'赛里斯国'和'中国人'之间的关系，即一个国家和它的人民"[2]。

不仅如此，鲁布鲁克对中国文化还有更进一步的具体的观察和了解，比如：提到了中医的诊断（按脉）和治疗（草药）方式；提到了中国人的工艺水平，以及中国人子承父业的习惯传统。鲁布鲁克还介绍了中国纸币，提到中国的文字和书写方式。鲁布鲁克是最早在西方文献中提到中国纸币的人。关于中国文字，柏朗嘉宾只是提到"契丹人"有"自己特殊的字母"，鲁布鲁克则具体介绍了中国文字的构成和书写方式，这大概是那个时代西方旅行家们的记录中仅有的。

---

[1] 《柏朗嘉宾蒙古行纪·鲁布鲁克东行纪》，耿昇、何高济译，北京：中华书局1985年版，第254—255页。

[2] ［苏］马吉多维奇：《世界探险史》，屈瑞译，北京：世界知识出版社1988年版，第83页。

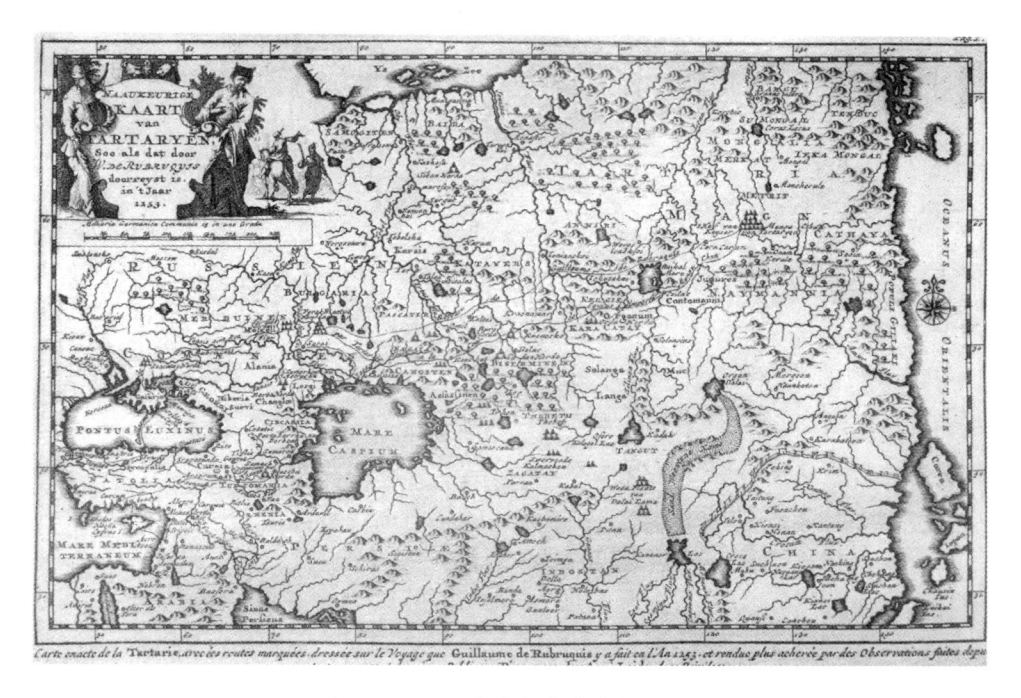

第八章　欧洲旅行家记载的丝绸之路

图 8-2-1　鲁布鲁克蒙古旅程图

图 8-2-2　鲁布鲁克修士

三 《海屯行纪》及海屯和尚的记述

《海屯行纪》是中西关系史上的一份重要文献。1254—1255 年，小亚美尼亚国王海屯一世（1226—1269 年在位）出访蒙古。小亚美尼亚是小亚细亚东部的基督教国家。这位国王很早就认识到蒙古人西征的力量是不可阻挡的，所以主动与蒙古人议和，甘心为大汗的属臣，1244 年该国成为蒙古的臣属国。贵由汗登基时（1246 年），海屯派他的弟弟、王室总管森帕德（Sempad）前往汗廷，以求续结良好。这位王弟去国 4 年后，途中写回一封信函，其中提到唐兀惕和契丹。蒙哥大汗即位后，海屯决定亲自前往蒙古汗廷，表示加强双方友好关系的诚意。他于 1254 年初动身，其赴蒙古汗廷之时，大概鲁布鲁克正在从那里返回路上的。

格鲁塞记述了海屯的行程和出访目的。他写道：海屯"是一位更好的外交家。鲁布鲁克是在害怕引起蒙古干涉的恐惧中度日，而精明的亚美尼亚王所做的一切是得到蒙古的干预，以巩固基督教世界反对伊斯兰教。抱此目的，他先到卡尔斯城，驻波斯的蒙军统帅拜住当时在此扎营。从卡尔斯城出发，过打耳班，他来到伏尔加河下游河畔拔都帐中，接着又到了哈剌和林附近蒙哥的斡耳朵。1254 年 9 月 13 日，蒙哥'在他全盛的显赫中登上王位'，正式接见了海屯"。"蒙哥给予这位忠实的藩王热烈的欢迎，并交给他一份札儿里黑，即授权保护他的国家的诏书。"[①] 诏书宣称不许人欺凌他的国家，并允许各地教堂拥有自治权。1254 年 11 月，海屯离开哈剌和林蒙古宫廷，于 1255 年 7 月返回西里西亚。

海屯之行留有《海屯行纪》，全名是《小亚美尼亚国王海屯一世出使大汗蒙哥宫廷行纪》。这个《行纪》最初收录在曾为海屯出访随员的乞拉可思·冈扎克赛（Kirakos Ganjikeci，1201—1272）所著《亚美尼亚史》中。《行纪》的字数不多，但有的研究者认为，它是"一部就价值和意义说，绝不低于其他

---

① [法]雷纳·格鲁塞：《草原帝国》，蓝琪译，北京：商务印书馆1998年版，第357页。

行纪的书，在这个充满新觉醒活动和无限冒险的时代，尤其如此"①。研究者们特别注意这部行纪的地理学价值，因为海屯将自己的来往行程记录得很清楚，特别是他的回程路线，这条路线"异于几乎所有其他中世纪行纪，因此理应受到比它平常受到的更大重视"②。海屯一世在蒙哥驻地停留了50天，经胡木升吉儿（今额尔齐斯河上游乌伦古河）、别十八里、耶勒、彰八里、仰吉八里、奶湖（今赛里木湖）、阿力麻里、亦刺八里、塔刺思、描马尔罕、不花刺、马鲁、帖必力思等处归国。"海屯回程时著录的地名，比同时期任何旅行家记录的地名都要多，如果把他的归程分为三个阶段，即在我国新疆境内为第一阶段，从新疆下至锡尔河右岸为第二阶段，再从锡尔河经波斯到亚美尼亚为第三阶段，那么，他一共记下了五十九个地名，其中除第二阶段外，第一和第三阶段的地名大部分都可考证出来。"③他所记述的这条路实际上就是汉唐以来形成的丝绸之路的天山北道，成吉思汗西征和丘处机西行，走的都是这条路。

《海屯行纪》中还记述了一些关于蛮族的传闻或新奇事物，其中就有关于契丹人的新奇事。他说契丹国许多人都是偶像崇拜者，信奉叫作释迦牟尼的泥土制成的偶像。这个人物在3040年前被奉为造物主；他将统治世界350000年，然后脱去神性。契丹人还信仰另一位叫作马德里（Madri）的神祇，为这个神制造了一尊极大的塑像。海屯的这些叙述，大体上指佛教及佛陀，即最后的圣人释迦牟尼，以及未来佛弥勒，即Madri神。④他还写道："整个国家，女人和小孩都算在内，都是称为脱因（toyin）的教士，他们剃光了头发和胡须，像基督徒那样穿上黄袍，但他们是在胸上，而不是从肩上穿袍子。他们在饮食和婚姻方面都有节制。"⑤

---

① 《海屯行纪·鄂多立克东游录·沙哈鲁遣使中国记》，何高济译，北京：中华书局1981年版，第9页。
② 《海屯行纪·鄂多立克东游录·沙哈鲁遣使中国记》，何高济译，北京：中华书局1981年版，第9页。
③ 《海屯行纪·鄂多立克东游录·沙哈鲁遣使中国记》，何高济译，北京：中华书局1981年版，第4—5页。
④ [英]裕尔：《东域纪程录丛》，张绪山译，昆明：云南人民出版社2002年版，第126页。
⑤ 《海屯行纪·鄂多立克东游录·沙哈鲁遣使中国记》，何高济译，北京：中华书局1981年版，第22页。

典籍里的丝绸之路

作为海屯随员的乞拉可思·冈扎克赛所著《亚美尼亚史》，除了收录上述《海屯行纪》之外，还有得自亲身见闻的关于蒙古征服西亚史事以及有关蒙古人面貌、风俗习惯、语言等方面情况的珍贵记载。

另外，还有一位叫海屯的历史学家也留下了一些记述。这位海屯（Hethum Patmich）是前述小亚美尼亚国王海屯一世的侄子，格里戈斯（Grigos）公国王公，1305 年他向国王海屯二世交还封国，出家到塞浦路斯为僧，所以有的文献中将他称为"海屯和尚"。不久他赴法国阿维尼翁晋见教皇，教皇克力门五世授以普瓦提埃（Poitier）修道院。1308 年，海屯在此去世。他所著《东方史精华》，系 1307 年完成于普瓦提埃（以法语口授），分 60 章，包含亚洲诸国志、蒙古诸汗史、圣地及东方基督教情况三部分，对蒙古与小亚美尼亚关系记载尤详。有多种法文、拉丁文抄本。

这篇记述以第三人称叙述，详细记录了 1254—1255 年使团往返的实际路线。他们其实只是到达伊犁河畔，之后便渡河向北，经天山北路前往哈剌和林，返回时经过中亚和波斯，根本没有靠近契丹边境。但其中有一篇《契丹国记》写道：

契丹国是世界上最大的国家，人口众多，财富无限。位于海洋岸边。在世界的这一域，海中岛屿极多，数量不可胜计，无人敢自夸遍观所有岛屿，但人们能够到达的岛屿均有无限宝藏。

契丹国多奇妙、特异之物，世界各国罕有其匹。契丹人极为聪慧、敏锐，于各类工艺和学问均睥睨其他民族。……实际上，契丹所产的大量物品巧夺天工、妙不可言，工艺出神入化，确非其他民族可望其项背。[1]

海屯还介绍了中国的文字，说契丹人拥有优雅的书面文字，可与拉丁文字媲美；契丹人使用纸币，币上符号决定面值大小。他还介绍了中国人的宗教信仰以及其他习俗。

---

[1] ［英］裕尔：《东域纪程录丛》，张绪山译，昆明：云南人民出版社 2002 年版，第 232 页。

四 《马可·波罗游记》记载的丝绸之路

在元代来华的欧洲人士中，最著名的和影响最大的是马可·波罗（Marco Polo，1254—1323）。

马可·波罗是意大利威尼斯人。威尼斯是一个古老的商业城市，其商人早在9—10世纪间，就在地中海上进行商业活动。到了13世纪，地中海成为欧洲的两大商业区之一，而意大利的威尼斯、热那亚、比萨等城市，又是地中海商业区的中心。这些城市联系着西欧和东方的市场，成为东西贸易的枢纽；而威尼斯的地位尤为重要，它是东方货物运往中欧和北欧的一个吞吐港。马可·波罗的父亲尼哥罗（Nicholo）和叔父玛菲（Maffeo）都是有名的威尼斯商人，经常奔走于地中海东部地区，进行商业活动。尼哥罗和玛菲于1271年再次启程前往中国，年仅17岁的马可·波罗随父亲和叔父同行，踏上了东方之途，开始了他一生中长达24年的漫游东方的历史行程。

1271年11月，马可·波罗一行由威尼斯启程。《马可·波罗游记》记载了他们的旅程，是那个时代丝绸之路的比较完整的记述。他们乘船渡过地中海，到达小亚细亚半岛，经巴格达而到当时商业繁荣的霍尔木兹。马可·波罗在这段行程中感受到旅行的快乐，他说："自此起儿漫城骑行7天，沿途有不少美丽的城镇和村落，鸣禽野兽很多，有一种鹰飞得非常快，追捕他鸟时，几乎无能逃脱；在这里旅行，还可以携鹰打猎，所得愉快，很难用言语形容。"①

然而，艰难的旅程还在后面。马可·波罗和父亲、叔叔来到霍尔木兹，一直等了两个月，也没遇上去中国的船只，只好改走陆路。这是一条充满艰难险阻的路，是让最有雄心的旅行家也望而却步的路。他们从霍尔木兹向东，越过荒凉恐怖的伊朗沙漠，跨过险峻寒冷的帕米尔高原，一路上跋山涉水，克服了疾病、饥渴的困扰，躲开了强盗、猛兽的侵袭，终于来到了中国新疆。马可·

---

① ［法］沙海昂注：《马可·波罗行记》，冯承钧译，北京：中华书局2004年版，第89页。

波罗一行继续向东，沿着古老的丝绸之路，经喀什、莎车、和阗，再经敦煌、酒泉、张掖、宁夏等地，经过3年半的跋涉，于元世祖至元十二年（1275年）夏天抵达了元朝上都。

马可·波罗一行抵达上都后，受到忽必烈的接见。马可·波罗年轻聪明，善于学习，很快熟悉了东方的风俗和语言，很受忽必烈器重和信任，留他以客卿身份在朝中供职。在至元十四年（1277年）至至元十七年（1280年），马可·波罗离开京城到云南游历访问。他从北京出发，经由河北到山西，过黄河进入关中，逾越秦岭至成都，西行至建昌，并到过西藏地区，最后渡金沙江，到达云南昆明和大理地区。此后，马可·波罗又游历了江南一带。他的游记中没有明确的行程记载，但记载了淮安、宝应、高邮、泰州、扬州、南京、苏州、杭州、福州、泉州等南方城市。马可·波罗可能不止一次游览江南地区。此外，马可·波罗在中国旅居期间，还奉使去过东南亚的一些国家。他的行记里提到的有印度尼西亚、菲律宾、越南和缅甸等国。

至元二十九年（1292年），马可·波罗趁奉命护送蒙古公主阔阔真嫁到伊儿汗国之便，得以和父亲、叔父离开中国。他们一行先到波斯送阔阔真公主，然后继续西行，于1295年回到故乡威尼斯。

马可·波罗在中国生活了17年，遍游大江南北与长城内外，对中国情况的了解远远超过当时的欧洲人。他回国后向乡人介绍东方见闻，引起人们的极大兴趣。作为商人，他与父亲、叔父在中国各地经商多年而成为巨富，回国时带回大批珍宝，人称"百万马可"。他成为威尼斯的名流，参与城市的公共事务。他热爱自己的家乡，为家乡而战。在一次与热那亚人的战争中，他被俘而被关到了监狱里。

马可·波罗的故事因为《马可·波罗游记》这本书而广为人知。由马可·波罗口述、作家鲁思蒂谦诺（Rusticiano）笔录的《马可·波罗游记》共分4卷，共229章。第一卷叙述马可·波罗与其父亲、叔父东来时的沿途见闻。第二卷记载了中国元朝初年的政事和大汗忽必烈的宫廷生活、都城、宫殿、节庆、游猎等；马可·波罗奉使经太原、西安、成都等地赴云南各地见闻；自大都南行至淮安、扬州、镇江、苏州、杭州、福州、泉州等地见闻，描述了各地的繁华景象。第三卷介绍日本、越南、印度尼西亚、斯里兰卡、印度、印度洋沿岸诸岛以及非洲东部等地区的情况。第四卷讲成吉思汗以后蒙古各汗国之间的战争和俄罗斯的概况。

马可·波罗将大汗统治之地分成三个部分：鞑靼、契丹（Catai）省、蛮子（Mangi）省（有时也称蛮子国）。契丹省和蛮子省的分界就是金、宋的分界。还有他在谈到福州时称之为王国（Kingdom of Fugiu），并称这是蛮子省下辖的九个王国之一，九个王国的名称马可·波罗只列了扬州、行在、福州。马可·波罗还提到中国东部有 7448 个岛屿，并称这些"蛮子"的岛屿上的居民称中国南部的海域为"秦海（Sea of Cin）"，又称"印度海（Sea of Indie）"等，而他自己称之为"大洋海（Ocean Sea）"。

马可·波罗用了很大篇幅来描述元朝大都的宏伟和繁荣。元朝的大都即现在的北京，是当时世界上最大的城市之一。马可·波罗对大都做了详细的介绍。他称大都为"汗八里"。"汗八里"是突厥语，意为"帝王之城"。他描写汗八里面积广袤，街道布局严整。大都的皇城，周围有高达 10 步的城垣环绕，皇城四角建有角楼。宫殿建筑的"工巧之极，技术之佳，见之足以娱人心目"。君王临朝听政的大殿，壮丽富瞻，光泽灿烂。在宫城与皇城两墙之间还有一"极美草原"，种植了各种果树，还有许多动物，如鹿、獐、山羊、松鼠等。另外还有一个大湖，景色非常优美。

马可·波罗在游记中还介绍了西安、太原、成都、大理、苏州、杭州等数十个城市，对这些城市的情况，包括山川地形、生物矿产、气候寒暑、工商贸易、珠宝香料、宗教信仰、风俗习惯等，都有详略不等的介绍。他尤其对经济发达、人文荟萃的长江中下游地区留有深刻印象。他说苏州"其城之大，周围有六十英里，人烟稠密，至不知其数。"他称杭州为"天城"，是"世界最富丽名贵之城""所供给之快乐，世界诸城无有及之者，人处其中，自信为置身天堂"。他特别提到了西湖的美丽景色，说城中有一大湖，湖上有许多画舫划艇，大小都有，专为游览娱乐而设。每条船里都备有漂亮的桌椅和其他必需的器皿，驾船之人手持篙子，插入湖底，用力撑船，想往何处，随心所欲。船顶以下及其四壁，悬挂各色画图；两旁有窗户，可以向外眺望，所有湖边的离宫别墅、院庙寺宇、园林山色，尽在目中。他很感叹地说：地上的赏心乐事，没有比泛舟西湖更为快乐的了。

> **典籍里的丝绸之路**

除了对大都和这些大都市的描写之外,《马可·波罗游记》中还记述了许多中国的情况,涉及政治、军事、法律、奇闻轶事、风土人情等许多方面。在元朝的制度方面,游记涉及元朝的行省制度、驿站制度和漕运等方面的情况。由于他到处旅行,所以对驿站制度特别在意。他说,全国有驿站1万多个,有驿马20多万匹,有陈设豪华的驿站系统宫舍1万多座。

马可·波罗本人是个商人,所以他以极大的兴趣记录了各个地区的物产、贸易、集市、交通、货币、税收等与商业有关的事物。有人统计,《马可·波罗游记》中关于商务的记录,约占中国部分内容的1/6以上,以至于欧洲人曾把它看成是东方的"商务指南"。马可·波罗记述了大都贸易发达、商业繁荣的情况,说大都是"商业繁盛之城",凡是世界上最为稀奇珍贵的东西,都能在这座城市找到。特别是印度的商品,如宝石、珍珠、药材和香料。中国北方各地区和其他各地区,凡有贵重值钱的东西都运到大都来。外国高价珍稀商品及各种商品输入大都之多,是世界上其他城市所不能相比的。这里"百物输入之众,有如川流之不息,仅丝一项,每月入城者计有千车"。

他不仅记录了扬州、杭州、福州、泉州等商业名城的商务和物产,还细心地观察了途经的中等城市的工商业状况。其中,关于地方特产、商店市场、贸易方式、物价税率、货币折算及金银比价等记事,甚至比当时中国的一些文人的记述更为详细和具体。比如,他说到成都的蜀锦,云南大理的黄金交换价格,扬州居民"恃工商而活",开封的绢绸生产,镇江居民"恃工商而活,产丝多,以织数种金锦丝绢",以及苏州、杭州的工商业,福州、泉州的海外贸易,等等。

在《马可·波罗游记》中,对中国有两种称呼,一个是"契丹",一个是"蛮子"。这是沿用了蒙古人的叫法。与他同时代的柏朗嘉宾、鲁布鲁克、鄂多立克等人都是采用这样的称呼。元朝统一中国后,把中国北部称为"契丹",把中国南部称为"蛮子"。在俄语、希腊语和中古英语中,把整个中国称为"契丹"(读音分别为 Kitay, Kitala, Cathay),在穆斯林文献中常把北中国称为契丹(Khita, Khata)。但是,关于契丹的种种传闻传入欧洲后,人们误解"契丹"和"中国"(蛮子)是两个国家,认为在 China(中国)之外,遥远的东方还有一个美丽的国家——契丹,甚至在地理位置上认为"中国"在"契丹"以南以东的位置。

《马可·波罗游记》中极尽能事地描写了契丹的繁荣昌盛,使契丹这个名字在欧洲不仅耳熟能详,而且成为欧洲人向往和追求的梦想。这样混淆的地理概念一直持续了几个世纪,直至16世纪时,欧洲人对东亚大陆的认识还十分混乱。从海路来华者,称中国为"秦"或"China";从陆路来华的称中国为"契丹"。17世纪初,由于利玛窦等人的努力,才最后得以澄清,欧洲人始确认"契丹"与"中国"实际上是一个国家的不同名称。

《马可·波罗游记》以其丰富的内容、富有感染力的文笔,给欧洲的知识界开辟了一个新天地,极大地丰富了欧洲人对中国和东方的认识。这部《马可·波罗游记》被称为"世界第一奇书",马可·波罗被誉为"中世纪的希罗多德",不仅是中世纪最伟大的旅行家,而且是有史以来世界上的"最大旅行家之一"。

《马可·波罗游记》完成不久的14世纪初,就已经有手抄本流传。在《马可·波罗游记》诞生后的头20年,其语言形式有法意混合语、托斯卡纳语、威尼斯语、德语、拉丁语以及一种经过改造的法语形式的版本。《马可·波罗游记》的译本创造了在中世纪史无前例的记录。由于传抄和翻译的广泛,在14世纪,《马可·波罗游记》成为法国人和意大利人的史诗中有关东方内容的源泉之一。1477年,《马可·波罗游记》的第一个印本——德文译本在德国纽伦堡印行。以后陆续翻译成多种文字出版。最早的英译本是1579年在伦敦出版的。

由此,马可·波罗向欧洲展现出一个新奇的中国,一个富裕强大、文明昌盛的奇异世界,一种优越的、迷人的、发达的民族文化。由于马可·波罗的介绍,欧洲人对中国的模糊印象逐渐清晰起来,对中华文化有了进一步的接触和了解。在马可·波罗那个时代,也有一些欧洲人士来到中国并写下他们的游历记录,但由于马可·波罗在中国生活的时间很长,并且广泛游历各个地方,出入宫廷又深入社会,因而马可·波罗对中国的了解比其他人更深入、更充分,他的记述也比他们更具体、更详细、更富有感染力。因此,可以说,正是马可·波罗代表了那个时代欧洲人关于中国的认知水平。

典籍里的丝绸之路

英国学者赫德逊（G. F. Hudson）指出："波罗一家在中国的游迹，为欧洲人对远东的知识开辟了一个新纪元。据我们所知，波罗一家是最早在中国居住过一段时间并曾遍游该国的欧洲人。……马可能够给欧洲以对它的详尽的知识，远非古代人对丝国人的知识可比拟。"① 马可·波罗是第一个亲自游历中国并将其经历笔录成书的欧洲人。他大大开阔了当时欧洲人的地理视野，在他们面前展示了一片宽阔而富饶的土地，引起他们对于东方的浓厚兴趣。而对于那个时代的欧洲人来说，马可·波罗的故事确实使他们大开眼界。就像200年之后的哥伦布一样，马可·波罗为欧洲人发现了一个新世界。

马可·波罗的游记大大开阔了当时欧洲人的地理视野，在他们面前展示了一片宽阔而富饶的土地和国家，引起他们对于东方的浓厚兴趣。中世纪晚期欧洲地理学的发展，在很多方面得益于马可·波罗。例如，在1320年马里诺萨努托（Marino Sanuto）的世界地图中，新的地理资料多取自《马可·波罗游记》。1375年的加泰隆（Catalan）地图，更是以它为主要参考书而绘制的，成为中世纪最有科学价值的地图。这个地图打破了宗教谬说和"天圆地方"说，"摆脱了中世纪地图学的幻象，构成了欧洲思想文化史上的一个重要里程碑"②。14世纪末，人文主义者默多克·班迪诺（Domenico di Bandino）编撰的《世界大事记》里也收录了大量来自《马可·波罗游记》的引文，并把马可·波罗说成是"对东方海岸最勤奋的调查研究者"，说《马可·波罗游记》是"涉及东方行省的位置、风俗和环境的赏心悦目的书"。以后的地图也大都以《马可·波罗游记》为据而制作。例如，1410年的博尔贾地图，1442年、1448年的利乐杜斯地图，1459年的毛罗地图，1538年的默凯特地图等，大都取材于《马可·波罗游记》。③ 利乐杜斯宣称，他的地图中包括了很多东亚内地的地形图，"他没有按照马里纳斯和托勒密的理论，而是在吸收一些较新的报告内容的基础上完成了地图的绘制，尤其是借鉴了《马可·波罗游记》中的一些内容"④。1492年马

---

① ［英］赫德逊：《欧洲与中国》，李申、王遵仲译，北京：中华书局1995年版，第124页。
② ［英］雷蒙·道森：《中国变色龙——对于欧洲中国文明观的分析》，常绍民、明毅译，北京：中华书局2006年版，第23页。
③ 余士雄主编：《马可·波罗介绍与研究》，北京：书目文献出版社1983年版，第37—38页。
④ ［美］劳伦斯·贝尔格林：《大旅行家马可·波罗传》，周侠译，海口：海南出版社2010年版，第294页。

丁·毕海姆（Martin Behaim）的《地球仪》（*Terrestrial Globe*）也是以《马可·波罗游记》为基础，他宣称《地球仪》表示"整个世界，即托勒密所描述的那部分地区——和促使威尼斯的马可·波罗爵士记录下来的其他世界"。

苏联历史学家马吉多维奇在《世界探险史》中指出："14—15世纪里，马可·波罗的书成了当时人们绘制亚洲地理图的指导性文献之一。""马可·波罗的书在地理大发现的历史上发挥了极大的作用。不仅15—16世纪葡萄牙和西班牙首次探险活动的领导者和组织者使用了在波罗强烈影响下绘制的地图，而且，马可·波罗的书还成了许多著名'天文学家'和航海家——包括哥伦布——手边的必读之物。"①

《马可·波罗游记》对15、16世纪欧洲航海事业的发展，起到了极为重要的激励和促进作用。当时一些著名航海家和探险队的领导人曾读过马可·波罗的游记，从中受到鼓舞和启示，激起他们对于东方的向往和冒险远游的热情。在这方面我们可以举出亨利王子、哥伦布等在大航海时代举足轻重的人物作为例子。意大利学者利弗莫尔（Livermore）指出："对东方的这种关注究竟是什么时候开始的，这点很难断定。我们知道亨利的弟弟即未来的摄政佩德罗于1425年至1427年曾在国外旅行4年，并曾参加对土耳其人的战争，在威尼斯时该共和国总督赠给他一部马可·波罗的著作和一本不知何人所作的世界地舆图。这些礼品的意义不仅仅是以志留念。欧洲市场对香料的需求日益增加而埃及对于转口的东方货物征税很高，这种情况自然使发现一条直接通往东方的航路具有新的价值。"因此，正是现实经济利益的驱使，以及马可·波罗所描述的富庶东方的召唤，直接推动了葡萄牙的地理发现运动。"当亨利在位时期，关于祭司王约翰的古老神话和马可·波罗的奇妙见闻都被视为未来的远景，两者的结合产生了需找一条通往东方的海路的想法，后来这就成为葡萄牙国家政策的目标。"②

---

① ［苏］马吉多维奇：《世界探险史》，屈瑞译，北京：世界知识出版社1988年版，第90页。
② 中国国际文化书院编：《中西文化交流的先驱——马可·波罗》，北京：商务印书馆1995年版，第322页。

典籍里的丝绸之路

图 8-4-1　1477 年纽伦堡印本《马可·波罗游记》扉页的马可·波罗肖像画

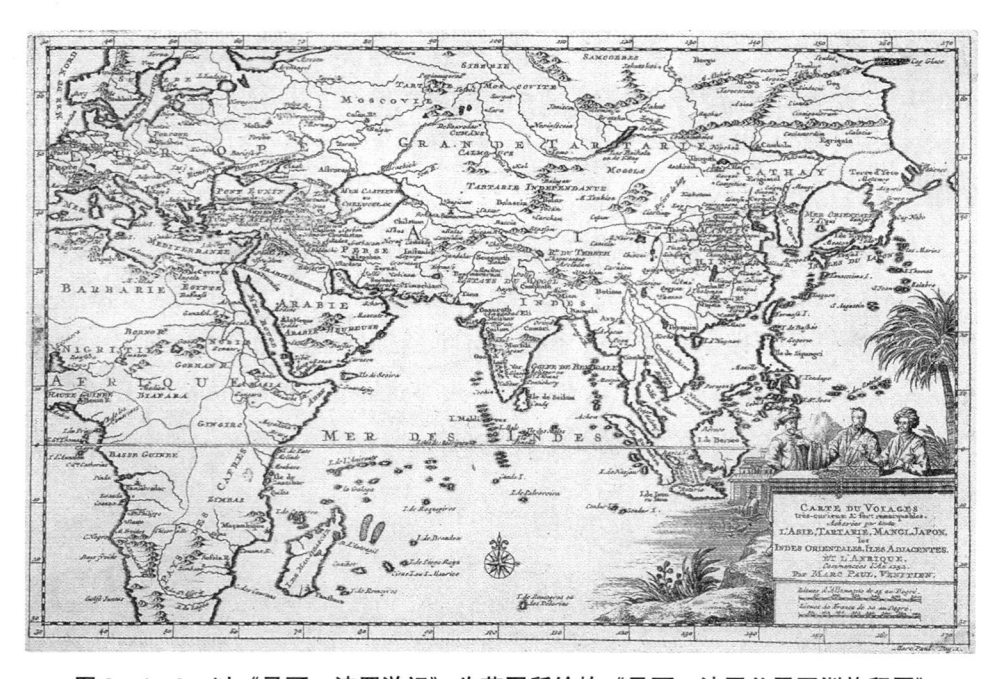

图 8-4-2　以《马可·波罗游记》为蓝图所绘的《马可·波罗父子亚洲旅程图》

第八章　欧洲旅行家记载的丝绸之路

图 8-4-3　马可·波罗穿越沙漠，选自 1375 年的加泰隆画册（局部）

图 8-4-4　元世祖忽必烈在上都夏宫接见马可·波罗一家

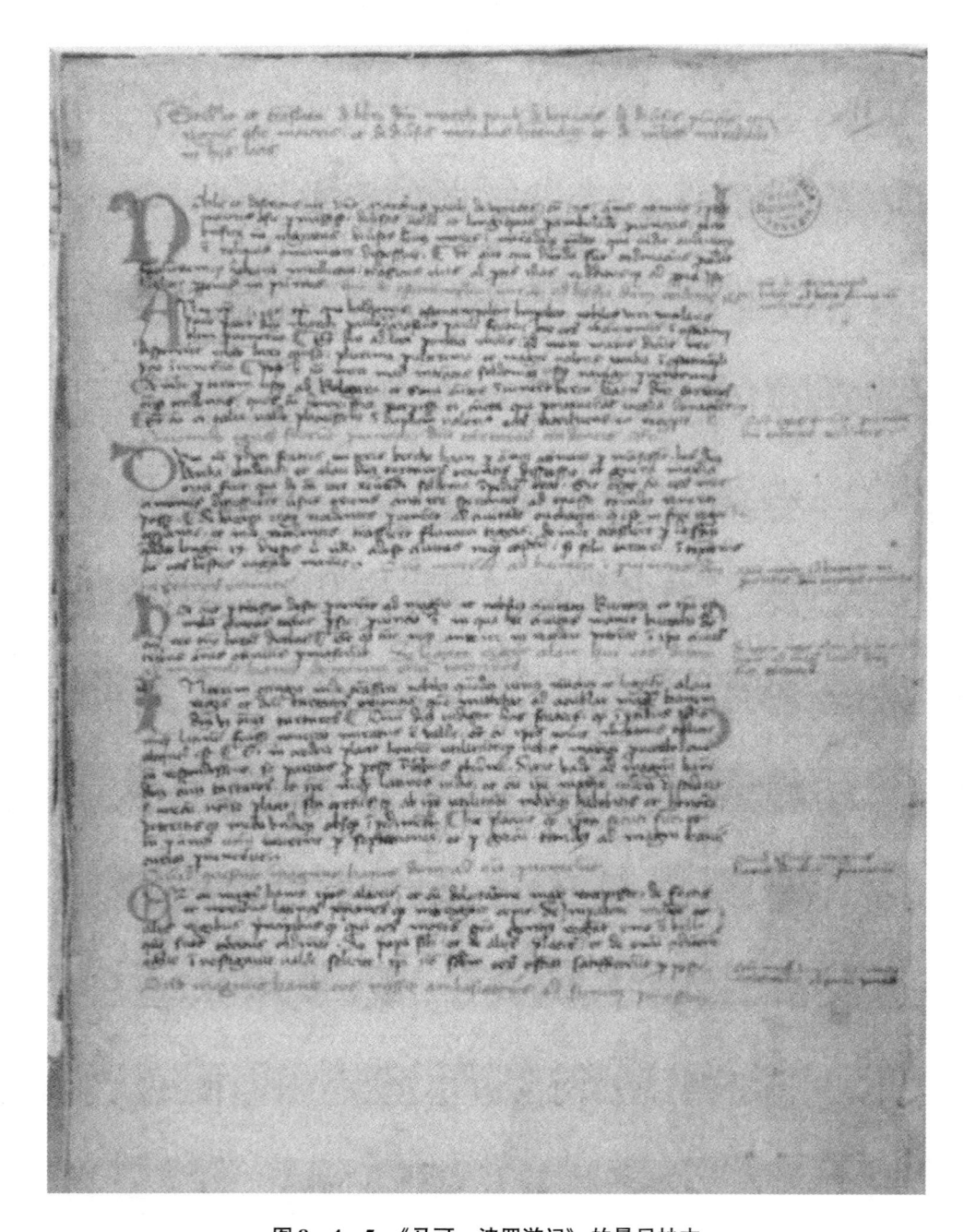

图 8-4-5 《马可·波罗游记》的最早抄本

第八章 欧洲旅行家记载的丝绸之路

五 孟高维诺的传教活动

1289 年，教皇尼古拉四世派遣意大利人孟高维诺出使中国。孟高维诺（John of Montecorvino，1247—1328）是意大利的方济各会修士，曾在伊儿汗国都城大不里士主持教务，因而可能对东方和蒙古人的情况比较熟悉。

孟高维诺于 1289 年从罗马出发，携带教皇致伊儿汗阿鲁浑、大汗忽必烈及海都的信，启程东行，经亚美尼亚抵伊利汗国都桃里寺。1291 年，他与商人彼得结伴继续东行。因当时忽必烈与海都正在交战，陆路不安全，遂走海路至印度，留居马八儿一年多。在此期间，他曾给西方教廷写过一封信。约在 1293 年，他从马八儿乘船来中国，在中国登陆的口岸极可能是扬州。1294 年抵达大都，觐见元朝皇帝。孟高维诺抵大都时，忽必烈已经去世。元成宗接见了他，孟高维诺向成宗呈交了教皇的信件，并请求元帝准许其在中国传教。元成宗对孟高维诺以礼相待，并准许其在大都传教。商人彼得亦留在中国经商。从此，中国的天主教开始在聂思脱里派之外，和罗马教廷取得了联系。

孟高维诺在中国的传教活动，可从他寄给罗马教廷的三封信中得知一个大概。第一封信是 1292 年寄自印度。第二封信是 1305 年（元大德九年）1 月 8 日在汗八里（大都）写的。第三封信写于 1306 年。孟高维诺的《中国书简》是中国天主教史上重要文献。

孟高维诺是罗马教皇派到中国开辟教区的第一任主教，在中国生活了 30 多年。孟高维诺被准许在中国传教后，首先在原信奉景教的蒙古贵族中进行劝化。他到中国的第一年，就劝化了汪古部高唐王阔里吉思皈依天主教。阔里吉思为汪古部驸马，辖长城以北及河套平原的广大地区。孟高维诺与他结识后，得到了他不少的赏赐和帮助。阔里吉思的部众亦随其改信天主教。阔里吉思生一子，亦受洗，圣名术安，即若望（约翰）的异译。后阔里吉思作战身亡，其弟术忽难又率部众重新信奉景教。

大都还有许多阿兰人，是蒙古西征时从高加索迁来的，以骁勇著称，多为蒙古统治者的侍卫亲军。孟高维诺与这些人以及他们的亲属有密切联系，孟高维诺为他们宣道布教，结果有许多阿兰人信奉了天主教。据后来的马黎诺里报告，阿兰人有3万之众，皆崇奉天主教。或出于诚心，或出于名义，孟高维诺还曾收养了150名幼童，使其信仰天主教。

孟高维诺自来中国后，即行传教之事，颇受欢迎，创设教堂两座，收纳教徒甚众。他所建第一座教堂是在1299年（元大德三年），是大都的第一所天主教堂；该教堂配有一座三口钟的钟楼，这可能是北京最早的钟楼。第二座教堂建于1305年（元大德九年），当年圣方济各祭日（10月4日）竣工，这座教堂内有可容200人的礼拜堂，屋顶竖有红色的十字架，在城内是一个显目的标志。这座教堂可能是在与他一起从印度迈拉布尔来的意大利商人彼得的捐助下建成的。孟高维诺所建的第二座教堂位置可能在元皇城的正北门厚载红门外（今地安门以北）。孟高维诺修建的两座教堂均由他自己任主持，而执行祭务者多为他培养起来的小天主教徒。除大都两所天主教堂外，受孟高维诺影响的阔里吉思还在其属地修有一座罗马教堂。此教堂修建于1305年之前，由阔里吉思及其部众捐资兴建。这座教堂雄壮宏丽，不亚于王公贵族的宅院。堂内供奉着天主像、"三一妙身"及天主教皇像。阔里吉思为教堂题额为"罗马教堂"。这座教堂距大都有20日路程，孟高维诺因不能远离大汗而未能亲往视察。

孟高维诺的第二封信是1305年1月8日在汗八里（大都）写的。在此之前，孟高维诺和罗马教廷、方济各会已失去了联系整整12年。孟高维诺在这封信中回顾了他到中国以后开展传教活动的情况，他说蒙古大汗（元成宗）宽待天主教徒，虽然他曾努力使大汗改宗而未成功。他曾受到景教徒的迫害，但最终排除诬陷，获得大汗信任。他在汗八里建了一座教堂，已为几千人施行了洗礼。孟高维诺在信中还透露了他收养佐治王为信徒，并经他手建造第一座教堂之过程。孟高维诺希望罗马方面派助理辅佐他，并展示了中国领土之广大，以示传教之前景。

孟高维诺在信中提到从欧洲通往契丹的两条道路，其中经过里海北岸的一条较便捷而安全，五六个月内可到达，另一条则又远又危险。

罗马教廷收到孟高维诺来自大都的这封信，可以想象受到了极大的鼓舞。教皇克莱门五世遂于1307年特设汗八里总主教区，任命孟高维诺为总主教，授权他统辖契丹、蛮子（中国南部）各处主教、高僧，统理远东教务，有授主教和划分教区权，非重大事件，不需请示教皇，只须承认教皇为教会领袖，并从教皇领取总主教绶带，但绶带的传袭，须有教皇的认可。

同年7月，教皇派遣7名方济各会传教士前往中国，但只有格拉德（Gerardus）、佩里格林（Peregrinus de Castello）和安德鲁（Andreas de Perugia）3位副主教约在1308年抵达中国，协助孟高维诺在中国的传教事业，其他4人在途经印度时病逝。1311年教皇再增派彼得（Peter）、哲罗姆（Jerome）和托玛斯（Thomas）3人赴中国传教。

孟高维诺的第三封信写于1306年（元大德十年），主要说他在汗八里大汗宫门前开始建一座新教堂。他还说到大汗对他的礼遇，他在大汗宫里有一个座位，享有进入宫内的权利。孟高维诺在信中简略地介绍了元朝统治下的中国。他说：

> 据我见闻所及，我相信在土地之广、人口之众、财富之巨等方面，世界上没有一个国王或君主能与大汗陛下比拟。①

孟高维诺写这两封信的目的，主要是想请教廷再派一些传教士来华，协助他在中国开展传教活动。1308年，格拉德、佩里格林和安德鲁3位副主教抵达中国，协助孟高维诺在中国的传教事业。约在1313年，泉州创设主教区，由格拉德任首任主教。格拉德死后，佩里格林被孟高维诺任命为泉州主教。在他任泉州主教期间，居住在泉州的一名亚美尼亚富妇出资修建一座大教堂，孟高维诺将其指定为主教座堂。

与佩里格林同来的安德鲁在大都居住5年，也要求去泉州，得到元朝廷的批准。他乘驿南行，沿路皆极受欢迎。他在泉州附近的小林中建造教堂一座、修院一所，其中可容修士22人。佩里格林去世后，安德鲁被孟高维诺任命为泉州主教，移居城内大教堂总理教务。安德鲁在泉州继续传教，直到最后死于泉州。20世纪30年代，泉州曾陆续发现了大量天主教徒的坟墓和墓碑，其中

---

① [英] 道森编：《出使蒙古记》，吕浦译，北京：中国社会科学出版社1983年版，第265页。

一块墓碑石上刻有拉丁文碑文，半可辨读，大意是"Andreas de Perugia 牧师长眠于此"。碑文末所刻年份可辨者为"M……XII"，应是 1332 年，即安德鲁去世之年。

安德鲁曾于 1326 年 1 月在泉州主教任上发出一封信给教皇，信中报告了他们来华途中的艰难遭遇及在华的传教经历，其中特别提到在汗八里五年所享受到皇帝赐予的优厚的"阿拉发"（Alafa）待遇。安德鲁迁居泉州时，得到允许，将钦赐薪俸（阿拉发）移往泉州。他说，他将这份补助金大部分用于建筑教堂。

1328 年，孟高维诺病逝于大都，享年 81 岁。出殡时，教徒及非教徒自愿参加送葬行列者人数极多，足见其在当时极负盛名和影响力。孟高维诺在华传教 30 年，对天主教在中国的传播起了很大的作用。但是，孟高维诺去世后，这种局面并没有继续下去。

后来，教皇派巴黎大学神学教授尼古拉斯（Nicholas）任汗八里总主教，同行者有教士 20 人、平民 6 人。尼古拉斯及同行者抵达阿力麻里，受到察合台汗的欢迎。但从那以后，他们竟不知去向。

图 8-5-1　孟高维诺大主教

六　马黎诺里在中国的游历

孟高维诺任主教期间，曾劝化一些外来的部族信仰天主教，包括从俄罗斯和西方来的军人，其中最重要的部族是从黑海高加索地区来大都的阿兰人。由于孟高维诺去世，尼古拉斯尚未到任，他们请求元顺帝遣使教廷，以通往来。阿兰官员也上书教皇，请求委派主教和传教士来中国。

1336 年（元顺帝至元二年），元顺帝派在中国的欧洲人安德鲁（Andrew the Frank）和威廉（William of Nassio）及阿速人脱孩等人率领包括 16 人的使团出使教廷，并携元顺帝致教皇书信一封。信的内容除表示友好，要求教皇"告天祝寿"外，还将信奉天主教的阿兰人介绍给罗马教皇，并请其帮助购买良马、珍宝等物。

中国使团于 1338 年抵达当时教皇驻地阿维尼翁。教皇本尼迪克特十二世（Benedict Ⅱ）隆重接待了元顺帝的使者，并安排他们游历欧洲各地。

同时，教皇派遣由数十人组成的庞大使团前来中国。使团中有 4 名方济各会士，他们是 Nicolas Bonet、Nicolas de Molano、Giovanni da Firenze 和 Gregory of Hungary。其中第三人即留下记载的马黎诺里。1338 年 12 月，使团从阿维尼翁启程，至意大利那颇利港，会齐元朝来使，取道君士坦丁堡，渡过黑海，先到钦察汗国都城会见了钦察汗，又到察哈台汗国都城阿力麻里，从那里经哈密、沙州或鸣沙山、天德，到达汗八里；又经蛮子，由海路到达印度，然后返回。

当使团于元至正二年（1342 年）七月到达大都时，元朝安排了盛大仪式，给予隆重接待。马黎诺里等向元顺帝呈上教皇的复信和西方骏马一匹。《元史·顺帝纪》记载："是月，拂郎国贡异马，长一丈一尺三寸，高六尺四寸，身纯黑，后二蹄皆白。"曲项昂首，神俊超逸，被誉为"天马"。元顺帝大喜，命画工周朗作《天马图》，文臣揭傒斯作《天马赞》，在廷文人多应制写诗作序，时人叹为盛事。欧阳玄作《天马颂》《天马赋》，周伯琦作《天马行》，陆仁有作《天马歌》，秦约亦作《天马颂》以记其事。他们描写这些使者"黄须碧眼，服二色窄衣，言语不可通"。"拂朗国进天马"成为在朝野轰动一时的大事。

马黎诺里是意大利人、方济各会士，他到大都后，即开展传教活动。元朝宫庭对他待遇优厚。据其著述记载："汗八里都城内，小级僧人有教堂一所，接近皇宫。堂内有总主教之寓所，颇为壮丽。城内他处，尚有教堂教所，各有警钟。教士衣食费用，皆由大汗供给，至为丰足。"① 而且，他本人"留汗八里时，常与犹太人及他派教人，讨论宗教之正义，皆能辩胜之"②。他在大都生活4年，1346年回国，行前元顺帝设宴欢送，赏赐物品、三年费用和良马200匹。他们经杭州、宁波到达泉州。马黎诺里到泉州，见该处有3所天主教堂，比鄂多立克1324年见时多一所。他们由泉州启航，经印度、斯里兰卡、霍尔木兹、巴格达、耶路撒冷、塞浦路斯，于1353年抵阿维尼翁，进呈元顺帝致教皇克莱孟六世的国书。信中表示大汗尊重天主教，并要求教皇继续派传教士来中国传教。

1354年，马黎诺里受日耳曼皇帝查理四世之召至布拉格，负责改修《波希米亚编年史》，著《波希米亚史》3卷，其中最后一卷追忆其出使中国的见闻。这部著作完成后藏于布拉格图书馆，鲜为人知，直到1768年，教士多博纳（Gelasius Dobener）著《波西米亚史》，将其列入所编的著作中，才为世人所知。1820年，德国学者梅纳特（J. G. Meinert）将多博纳著作中的这一部分辑出，依原文重新整理，为《马黎诺里游记》，刊于《波希米亚科学学会会报》，马黎诺里出使及其游记才为世人所知。

马黎诺里在游记中记述了他奉使东方的行程，对中国之广大赞叹不已。他说蒙古大汗"统治东方世界过半。权力之巨大、城市之众多、疆土之辽阔、语言之复杂、物产之富足、民族之繁多，难以言表"。他说汗八里城"乃东方帝国之首府，雄伟无比，其人口之众和军容之庄严，无须赘述"。③ 马黎诺里在大都期间，所需饮食用品皆由宫廷供给，所以他说"其宽待远人之惠，感人深矣"。

马黎诺里借返国之机，到中国南方游历，"沿途我们看到许多城市村庄，

---

① 张星烺：《中西交通史料汇编》第1册，北京：中华书局2003年版，第252页。
② 张星烺：《中西交通史料汇编》第1册，北京：中华书局2003年版，第252页。
③ [英]阿·克·穆尔《一五五〇年前的中国基督教史》，郝镇华译，北京：中华书局1984年版，第285—287页。

其繁荣昌盛难以言表"。《马黎诺里游记》对泉州做了这样的记载，他说刺桐城（即泉州）是一个令人神往的海港，也是一座令人惊奇的城市。方济各会修士在该城有三座非常华丽的教堂，教堂十分富足，有一浴室、一栈房，这是商人储货之处；还有几尊极其精美的钟。他们所见到的教堂，一所由阿美尼亚妇人所建，一所由方济各会泉州主教安德烈所建，鄂多立克到泉州时也见到一所教堂，另一所教堂不知由谁所建。马黎诺里的这些记述对研究元代方济各会在泉州的历史，具有重要的参考价值。

马黎诺里返回欧洲时，已是元末。自从孟高维诺去世后，天主教在中国的教会失去了精神领袖。此后公教会自顾不暇，蒙元帝国也日薄西山。1362年，汉军攻入泉州，元代最后一位天主教主教、佛罗伦萨人詹姆斯（James of Florence）被杀。1369年，元顺帝出逃漠北，天主教也随着元朝的覆灭而在中原消声匿迹。

七　鄂多立克的东方游记

鄂多立克（Odoric de Pordenone，1265—1331）是意大利人，圣方济各会修士。他和马可·波罗、伊本·白图泰、尼古拉·康蒂一起，被誉为"中世纪四大旅行家"。

1318年，他开始长达十几年的东游旅行。关于鄂多立克的旅程，据他本人所记，大致为：约1318年4月，鄂多立克乘船离开威尼斯，渡海至君士坦丁堡，复抵特拉布松，由此进入大亚美尼亚，经阿齐龙（即今土耳其之埃尔祖鲁姆），越萨尔比萨卡罗山，来到讨来思（即大不里士）。由讨来思来到巴库海（即苏联的巴库，此指里海）南岸的孙丹尼牙（今伊朗之苏丹尼耶），可能在此地住了一段时间。鄂多立克随一群旅伴离开孙丹尼牙向东南至柯伤（今伊朗卡善），复东南行至亚兹德，然后折向西南而至科莫隆（指波斯古都波斯波利斯），再向西至胡斯（今伊朗阿瓦士东北面之韦斯），由此进入迦勒底大国（此指巴格达）。他又顺底格里斯河南下到波斯湾，抵达忽里模子。约1321年夏，鄂多立克由忽里模子乘船东航，花了29天即抵达印度西岸之塔纳。在那里他收拾了 4 名殉难的教士之遗骨，准备带到中国之刺桐城安放。由塔纳沿印度西岸南下，经无离拔（即马拉巴尔海岸，此指芒格洛尔一带）、梵答剌亦纳（即卡利卡特北面之潘达莱英尼）、科钦、俱蓝（指今奎隆），而抵达印度东南端之马八儿和锡兰。由马八儿和锡兰继续东航，渡过大洋海，经尼科巴群岛（今印度之尼科巴群岛），而抵达南巫里（在苏门答腊岛北端），同一岛南面是速木都剌。又南方有雷孙陀，其相邻大岛即爪哇。附近尚有另一宾丹国。此外，从印度东来，还经过一个叫亭停的岛，似指今马来西亚之天定群岛。鄂多立克离开宾丹岛走了好几天，乃抵达占婆。又东航大洋海若干天，终于到了中国南方即所谓"蛮子"省。1322 年（英宗至治二年），他抵达广州。

鄂多立克记载的东来行程，也就是那个时代海上丝绸之路的航线。

鄂多立克到广州后，稍作停留就继续东行，至福建的泉州、福州，北上经三省交界的仙霞岭，至杭州和南京。再从扬州沿大远河北上，最后约在 1325 年到达元朝大都，受元泰定帝接见，并在大都留居 3 年。1328 年，鄂多立克离开大都，由陆路西行返国。从大都向西 50 天，抵达东胜、甘肃，又南至吐蕃。此后之行踪不明，书中提到他到过木剌夷国，看来他是通过中亚来到里海南岸，然后顺原路，1330 年回到意大利帕多瓦。

与柏朗嘉宾、鲁布鲁克等人不同的是，鄂多立克是从海路先到广州以及中国南方地区，然后到达大都，再由西北陆路返回欧洲。实际上，他对中国与欧洲之间的海陆两道丝绸之路交通都有了切身的经历。这与马可·波罗相似，但行程相反，马可·波罗是从陆路进入蒙古和大都，然后从海路返回欧洲的。

鄂多立克回国后，到阿维尼翁谒见教皇，求教皇降福，准许其率领 50 位传教士东来传教，但因病未得实现。他后来寓居帕多瓦，将旅途见闻口述，由索拉纳的僧侣威廉（William of Solagna）笔录，即流布于世的《鄂多立克东游录》。此书一经问世，就受到人们的重视，以后陆续有拉丁文、意大利文、法文、德文等各种语言抄本达 76 种之多。

鄂多立克在中国游历极广，对所到地方都有记载。他对中国各大城市的印象极为深刻，认为中国城市的雄伟壮丽，绝非欧洲诸城可比。他对广州密集的人口、繁荣的经济以及港口众多的船只赞叹不已，他说广州是一个比威尼斯大三倍的城市，该城有数量极其庞大的船舶，整个意大利都没有这一城的船只多。他说刺桐（泉州）是世上最好的地方之一。他记载金陵府（南京）其城墙四周为40英里。城中有360座石桥，比全世界的都要好。它的人口稠密，有大量使人叹为奇观的船只。城市坐落在交通方便之处，有大量各种好东西。他特别描绘了杭州城，说它是世上最大的城市，是"天堂之城"。

鄂多立克和其他到中国的旅行者一样，对中国的物产丰富和生活富裕留下深刻的印象。他写到杭州时说："我很奇怪，那么多的人怎么能安排住在一个地方，但那里始终有大量的面食和猪肉，米和酒，酒又称为米酿，享有盛名；那儿确实有大量其他种种食物。"

鄂多立克在大都居留的时间最久，对元朝的规章礼仪、宫廷建筑，有不少翔实的记载。他描述大汗的宫殿雄伟壮丽，大宫墙内，堆起一座小山，其上筑有另一宫殿，系全世界之最美者。此山遍植树，故名为绿山。山旁凿有一池，方圆超过一英里，上跨一"极美之桥"。这里说的小山就是今北海公园内的琼华岛，其上的宫殿即广寒宫；其旁之池即元代太液池，今北海；"极美之桥"应为山前之白玉石桥。

鄂多立克较详细地介绍了驿站制度。他写道："因为旅客需要供应，所以他叫在他的国土内遍设屋舍庭院作为客栈，这些屋舍叫作驿站。这些屋舍中有各种生活必需品，对于在那些地区旅行的一切人，无论其境况如何，有旨叫免费供给两餐。当帝国中发生新事时，使者立刻乘马飞奔宫廷；但若事态严重紧迫，他们便乘单峰骆驼出发。他们接近那些驿站——客栈或车站——时，吹响一只号角，因此客栈的主人马上让另一名使者做好准备；前来投递情报的骑士把信函交给他，他本人则留下来休息。接过信的另一名使者，赶快到下一驿站，照头一人那样做。这样，皇帝在普通的一天时间中得知30天旅程外的新闻。"[①]

鄂多立克东行游历十几年，足迹几乎踏遍整个亚洲，特别是在中国，从南

---

① 《海屯行纪·鄂多立克东游录·沙哈鲁遣使中国记》，何高济译，北京：中华书局1981年版，第77页。

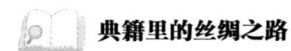

到北，远达西南、西北诸省，所记甚为详细，他的游记被称为"关于中国的最佳记述"。

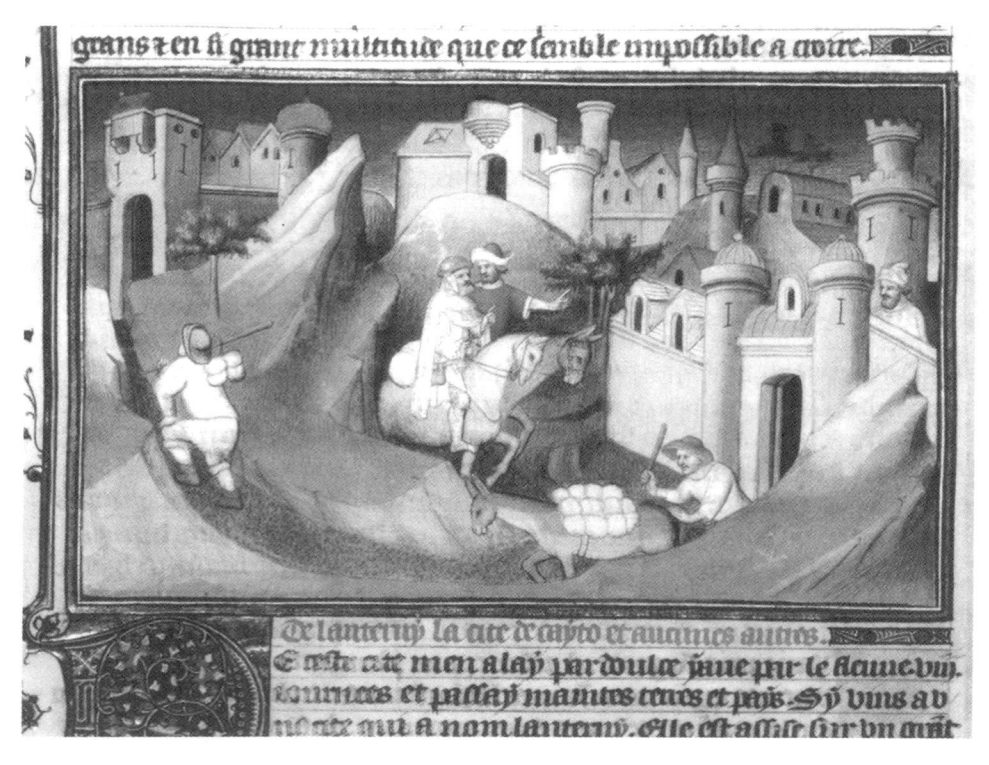

图 8-7-1 《北京城外的旅行家和鄂多立克》

第九章　明代记载的丝绸之路

一　傅安与《西游胜览诗卷》

蒙古人在中亚建立的察合台汗国，到 14 世纪初叶，分裂为东西两部。东察合台占有中国新疆一带，明朝称为别失八里；西察合台占据阿姆河和锡尔河间的地带。东、西察合台两部互相争战不息，各部宗王争夺汗位的斗争也颇为激烈。1370 年，西察合台的蒙古贵族帖木儿夺得了统治地位，宣布自己是成吉思汗的继承人，成为西察合台的苏丹，以撒马尔罕为都，建立起盛极一时的帖木儿帝国，明朝称为撒马尔罕国。

帖木儿王朝建立的时间与明朝大体相当。朱元璋即位后，遣使诏谕域外各国，告之其即位之事。洪武三年（1370 年）曾遣使西域，给西域各国传达的信息是：遣使朝贡，即不征伐，只要臣服，即由其自立。但西域各国反应冷淡，一般都持观望态度。直到明朝打击残元势力取得明显进展之后，与西域的交往才取得了明显的进展。

洪武二十八年（1395 年），明太祖派遣礼科都给事中傅安、郭骥等率领将士 1500 人出使帖木儿帝国都城撒马尔罕，却被扣留。帖木儿还派人带领傅安到处周游，借以夸耀其统治疆域的辽阔。傅安在西域滞留 13 年方才回国，被人誉为"明代的苏武"。

傅安（？—1429），字志道，河南祥符（开封）人。他于明初以吏起家，

典籍里的丝绸之路

始任南京后军都督府吏，后历任四夷馆通事、舍人、鸿胪寺序班，洪武二十七年（1394年）以才擢升为兵科给事中。四夷馆是明朝中央政府专事翻译边疆民族和邻国语言文字的机构，鸿胪寺是负责外交礼仪的部门。傅安在这两个部门工作多年，很可能懂外族语言，这与以后派他出使中亚、西域有很大的关系。

明洪武二十八年（1395年），明太祖朱元璋"欲远通西域"，决定派傅安等出使帖木儿帝国。傅安与给事中郭骥、御史姚臣、中官刘惟等携带玺书金币，率领由1500名将士组成的庞大使团踏上了艰难的万里征程。曾任左春坊大学士兼翰林院侍读学士的曾棨，在《西游胜览诗卷序》中记述了傅安一行出使的路线：

> 盖当其时，太祖皇帝方大施恩信，以怀远人，使其知所感慕，乃遣礼科都给事中傅安往使其国，以通道路，且修报施之礼焉。安遂由甘肃酒泉郡出玉门关八百里抵流沙，西北二千余里至哈迷哩。复西涉瀚海，历千三百余里至古高昌郡，唐之西州，今名火州之地，其人自幼至老且死，不识霜雪。复西行至亦剌八里，自此水皆西流。又西三千余里，始至撒马尔罕。

按照上述记载，傅安使团由甘肃酒泉出玉门关，行走800里后进入流沙地带（今新疆东部的哈顺沙漠），西北2000余里至哈迷哩（哈密）；再向西穿越瀚海（哈密盆地的南湖戈壁），历1300余里至火州（吐鲁番）之地；复西行至亦剌八里（伊宁）。比照陈诚出使的路线，傅安使团也应该是翻越天山那拉提达坂进入伊犁河谷的，他发现从伊犁再往西行，伊犁河等河流都是向西流的；又西3000里始至撒马尔罕。这里所记的应该是明代通往西域的丝绸之路的路线。

经过近一年的涉流沙、过空碛、翻雪山，傅安一行来到了当时帖木儿帝国的首都撒马尔罕。傅安使团是中外史籍记录的明朝到达中亚的第一个使团。这时，帖木儿刚获西征初胜，"骄倨不顺命"，反而威逼傅安等投降。傅安表现了高度的民族气节，对帖木儿说："吾天朝使臣，可以从汝反邪？"帖木儿见傅安不服，欲夸其国土广大，来诱迫傅安等屈服，于是命人引导傅安等人"由小安西至讨落思（今伊朗大不里士），安又西至乙思不罕（今伊朗伊斯法罕），又南至失剌思（今伊朗设拉子），还至黑鲁（即哈烈，今阿富汗赫拉特）

诸城，周行万数千里，阅六年始返其国（撒马尔罕）"。由于傅安等不为所动，"始终不屈节"，结果帖木儿恼羞成怒，"竟留不遣"，无礼地扣留了明朝的使团。

帖木儿死后，哈里派遣虎歹达等送傅安回国。明代陈继儒《见闻录》说：傅安被帖木儿扣留"凡十三年，艰苦备尝，志节益励""初安之使西域也，方壮龄，比归，须眉尽白，同行御史姚臣、太监刘惟俱物故，官军千五百人，而生还者十有七人而已"。

傅安回国后，向明成祖汇报了当时帖木儿帝国及其他诸国的详细情况。第二年，傅安征尘未洗，再次奉命出使帖木儿帝国，并颁赐其他诸国。永乐七年（1409 年），"撒马尔罕、哈烈、火州诸国随安等入朝，贡西马五百五十匹"。明成祖于是再派傅安送使臣们回国。

由于傅安熟悉西域的情况，此后他又三次奉命出使了西域的东察合台汗国。东察合台汗国是察合台后裔建立的西域地方政权，明朝时先称"别失八里国"，后称"亦力把里国"。永乐九年（1411 年），别失八里王马哈麻遣使入贡名马、文豹，明成祖命傅安送其使还国，赏赐金织文绮。当傅安回朝时，除马哈麻派遣入朝的使臣随同外，路途所经的火州王子哈三、柳城万户观音奴、吐鲁番万户赛因帖木儿的使者也随之而至。永乐十二年（1414 年）十月，当时有自西域还朝者，报知别失八里王马哈麻的母亲和弟弟相继死去。明成祖为怀柔远人，派傅安持敕书前去慰问，并赐马哈麻文绮表里。永乐十四年（1416 年）三月，马哈麻之侄纳黑失只罕遣使贡马及方物，并报知马哈麻之丧。明成祖派遣傅安和中官李达等往祭，并以玺书命纳黑失只罕嗣位为别失八里王，赐其金织文绮、盔甲弓刀。不知是何缘故，傅安又滞留东察合台汗国 9 年，直到洪熙元年（1425 年）七月才返回。傅安回朝后请求朝廷给予敕命，告老还乡。吏部认为傅安多年出使在外，未经考核，按照制度是不允许的。明宣宗朱瞻基说："安为朝廷使远夷，艰苦多矣！可拘常例乎？"即同意傅安退休。

在长达 20 多年的时间里，傅安 6 次出使中亚、西域，奔波往来于西域古道的沙海绿洲之中，对加强明朝与中亚、西域的联系起到了重要作用，也为促进丝绸之路的畅通、东西方的经济文化交流做出了卓越的贡献。

傅安出使归来，朝中士大夫"皆以安节使绝域数万里外，往来三二十年，以得周览其山川疆域之形胜，其意气岂不壮哉！于是，皆为之赋西域胜览之诗，安萃为一卷，请予为序"。纷纷为傅安作诗，汇成《西游胜览诗卷》。曾棨《西游胜览诗序》说："今安以一介之使，通道诸蕃，仗天子威灵，使羌夷部落莫不向风慕义，贡献方物，罔敢弗恭。其视骞之功业，夫岂相远哉？争骞使仅载史传，而安乃复得士大夫播之咏歌，以传诵于无穷，则其事迹之显，名誉之振，又非骞之所有者也。后之人有得是诗咏之，乌知其与皇华驷牡之行，相为照耀乎？"

与傅安有着相似的遭遇，即在同一时期，尚有陈德文等人。陈德文，保昌县人，曾任监察御史，升北平按察使。《明史·卷三三二·哈烈传》记载：

洪武二十八年，遣给事中傅安、郭骥等携士卒千五百人往，为撒马尔罕所留，不得达。三十年，又遣北平按察使陈德文等往，亦久不还。

成祖践阼，遣官赍玺书、彩币赐其王，犹不报命。永乐五年，安等还，德文遍历诸国，说其酋长入贡，皆以道远无至者，亦于是年始还。德文，保昌人。采诸方风俗作为歌诗以献。帝嘉之，擢金都御史。

图9-1-1　帖木儿王朝的《狩猎图》

洪武三十年（1397年），即傅安出使西域的两年后，因其被羁留未归，朱元璋又派陈德文前往。陈德文"开通西域，居十有二年"，也曾被帖木儿扣留12年。在陈德文所撰的作品中，也有类似的《西游胜览诗卷》。

二 陈诚《使西域记》

明朝遣使帖木儿，其中最著名的是陈诚奉使西行。

陈诚（1365—1457），字子鲁，江西省吉水县人，出生于一个世儒之家，其父陈同早年"挟赀遍游江湖，南极岭海，北抵燕赵，如是者数年"。经商数年，赚有财富。世代业儒而又非风望显达的家庭环境，其父"壮游数千里，览山川之奇胜，都邑之雄壮，人物之富盛"的经历，对日后陈诚的生活道路产生了重要影响。陈诚于洪武二十四年（1391年）中秀才，二十六年成举人，二十七年登进士，选除行人司行人，正八品。陈诚在最初三年履职期间，"诏往北平求贤、山东蠲租、安南谕夷，皆能不辱命"。其间洪武三十年初到安南，谕安南王陈日焜，责其侵夺思明府事，是陈诚第一次奉使出国，初步显示了他作为外交家的才华。陈诚与安南王往复辩论地界书，后与《使西域记》等一道进呈给明成祖。建文三年（1401年），奉命往迤北塔滩里招抚夷人，回京后，升广东布政司左参议。永乐十年（1412年），升吏部验封清吏司员外郎。

陈诚一生曾4次远使西域，3次到达撒马尔罕及哈烈。永乐十一年（1413年），早在三年前出使帖木儿朝的使臣都指挥白阿儿忻台回京，随其来贡的是哈烈、撒马尔罕等地的大批使臣及其所带来的贡物。成祖决定遣中官李达等人送帖木儿朝使臣归，并择廷臣中能文武长才者佐其行。陈诚欣然从命，告诸寮友：士生明时，得委身于朝，苟可效涓埃之忱，虽冒寒暑，历艰险，固当鞠躬瘁力，无所逊避。

这次出使对于发展明朝与帖木儿以及西域其他国家的关系十分重要。一路上，陈诚等人走访帖木儿周边中亚国，以大明国使的身份先后册封达什干、迭失迷、赛兰、沙鲁海牙等国国王。永乐十二年（1414年）十月，帖木儿国王沙哈鲁在其都城赫拉特设盛大仪式欢迎陈诚一行。会见期间，沙哈鲁麾下大将，祖上曾是元朝重臣的阿哈黑当场发难，指责明朝是驱元而起，素来是蒙古人仇敌，此来不可不防。陈诚则针锋相对，坦言"国之运祚，在德不在威"，接着一一列举前元朝遗留下的各族旧臣在明朝受到优待的事实，正告帖木儿国君臣：明朝与帖木儿国的通好，是"行德安民之举"，若再其争执，只会"祸连贵国苍生"。有礼有节的应对令帖木儿国君臣上下叹服，阿哈黑当场被沙哈鲁下狱。其后，沙哈鲁多次在其内宫设家宴款待陈诚一行人，并令其继承人拜见陈诚，表达世代愿与大明友好的愿望。

在帖木儿国留居期间，陈诚走访当地知名宗族、商会，结好驻帖木儿国的各国使臣，更逐一驳斥许多逃到当地的故元遗臣对明朝的歪曲描述，"驳荒悖之论，尽言大明仁德"，而中国使团带来的瓷器、丝绸等精美礼品，更在当地产生了轰动效应。

永乐十三年（1415年）十月，陈诚一行人返归南京，归国随行的还有中亚乃至西亚各国派来朝见的使团，最远的甚至有埃及马穆鲁克王朝的使节，人数多达300人，可谓"万国来朝"。

在此次出使西域后，陈诚向成祖建言，力主接受各国请求，开放与西方各国的双边贸易，坚称此举不但能够"消减边关之患"，更能"岁增巨赋，收百年之利"。成祖采纳了陈诚的建议，在新疆哈密、甘肃凉州等地设立"互市"，允许西域各国商队来此贸易。帖木儿帝国也重修了原本因战火而废弛的伊朗西部古驿道，连贯至土耳其乃至埃及地区。至此，从元末开始荒废的丝绸之路，重现商旅繁荣的盛景，中国的丝绸远销西亚和东非地区，中东甚至欧洲的商品也渐次输入中国。此后虽明朝国策变动，但这条商路始终未断，直至明朝末年的崇祯时期，陕西西安和甘肃凉州等地，依然是西方商旅云集的国际化都市。

永乐十四年（1416年），撒马尔罕使臣回国，成祖派陈诚等人随行，再次出使西域，到处受到隆重的款待。这次的主要任务是同西方各国议定每年互派商队的数量，达成贸易协定。帖木儿国王沙哈鲁盛情款待，并遣使护送陈诚回国。波斯史学家阿布都·拉扎克（Abdur Razzak）在《沙哈鲁史》中记载，1417年中国使团到达哈烈，随带礼品有马300匹及鹰、花绫、文锦、瓷器等。又有国书一封，大旨详举两国以前友好历史，并希望以后两国仍得亲睦。尤注意扫除两国交通障碍。两国相距虽远，但可大开和协之门。俾两国人民商贾，可以自由来往贸易，道途之间，无盗匪骚扰也。礼物中还有由明朝宫廷画师精心绘制的画有沙哈鲁进献给永乐皇帝宝马的《奔马图》。

永乐十六至十八年（1418—1420），陈诚第三次出使中亚各国。这次出使前，陈诚母亲罗氏病逝，按照规定陈诚需在家丁忧三年，但成祖认为"非子鲁不可担此任"，命他"夺情视事"，是年十月初二抵达帖木儿国首都。陈诚归国时，沙哈鲁竟"相送百余里，不舍之情溢于言表"。永乐十八年（1420年）十一月，陈诚携中亚各国回访使团500人返归北京，朝见正筹谋北征蒙古的成祖。

永乐二十二年（1424年），已是60岁高龄的陈诚最后一次出使西域，行至肃州将出塞间，明成祖去世。仁宗即位，诏赦天下，停止四夷差使。陈诚中途返回，未达西域。陈诚最后的官职是广东布政使右参政。

陈诚在第一次出使哈烈返回后，著《西域行程记》和《西域番国志》，对哈烈等地的地理、风俗、人情及制度，作了翔实的叙述。这是两本详细记录中亚国家风俗民情的专著，不但历来在中国史料里有重要地位，更被西方学者所重视。另外，他还撰有《进呈御览奉使西域往回纪行诗》多首。晚年他还撰写了《历官事迹》，除了记录自己数次出使西域的全过程外，还详细阐述了有关双边谈判、招抚异族、尊重少数民族习俗、通商贸易等方面的种种学问，后来明朝的几代名臣李东阳、杨廷和、王崇古等人都对此书推崇备至。

《西域行程记》作于永乐十二年（1414年）出使哈烈的途中，是他的旅行日记。书中详细记载了他自肃州出发一直到哈烈的具体行程以及沿途的气候、地理、风俗民情，"是明代初期关于中亚形势最重要的资料"。

从行程记看，永乐十二年（1414）正月十三日，陈诚一行自肃州卫（酒泉）北门外发轫西行，渡过北大河，"北岸祭西域应祀之神，以求道途人马平安"。沿着丝绸之路出玉门关至哈密，然后越火焰山、流沙河，经鲁陈、火州抵达吐鲁番。这一段大致与唐代的中、北道相合。但是，出了吐鲁番后，陈诚并未沿着中道，也未沿北道继续前行，而是在崖儿城将使团分为南北两路，陈诚随南道前进，他的日记也仅记载了这部分人的行程路线。使团中分出的北路因史籍缺载，无法叙述其行程。大概这批人从崖儿城向西北沿着汉唐时代的丝路北道继续前进,直到今伊宁以西、阿力马力山口以东的地方,南北两路才得重逢。陈诚使团出了崖儿城,折而向南,到达了托克逊,沿阿拉沟继续西行,绕过窟丹纳兀儿,穿越博脱秃,进入了孔葛思河谷。这条道路既不是汉唐时代的北路,也不是中路,陈诚是在古之北路与中路之间穿行的,历代旅行家均未走过此路。四月十七日,陈诚使团在孔葛思河畔的忒勒哈喇遇到了马哈木使臣,陈诚一行在马哈木王驻地盘桓了13天,然后越过阿力马力山口,渡过衣烈河折向西南,翻过险峻的爽塔石(三塔什山脉),绕过亦息可儿东面,向西南行走,再过塔尔塔什大坂,于六月十一日访忽罗达牙帐的所在地喀喇乌只。在此处停留3天后,便取道北行,越过伊塞克湖与松湖之间东西走向的山脉,溯喀修喀儿河西上,越其分水岭到达塔拉斯河谷,沿河谷西行,于六月二十六日到达养夷城。这之后又穿越了养夷、塞蓝、达失干、迭里迷、撒马尔罕、迈母纳、马剌绰等地,于闰九月十四日抵达西使的终点哈烈城,即告此次出使顺利完成。

《西域番国志》是陈诚与同行的李暹出使西域时笔录所见西域山川风土著成的一部上呈朝廷的报告。全书分18章:哈烈、撒马尔罕、俺都淮、八剌黑、迭里迷、沙鹿海牙、塞兰、达失干、卜花儿、渴石、养夷、别里八失、土尔番、崖儿城、盐泽城、火州、鲁陈城、哈密。纪录范围包括山川风土、居民状况、历史、古迹、物产、气候、宗教、民俗、语言、文字等各方面。

陈诚的西域报告中,对山川形势、气候物产、宗教民俗尤其是商品经济、集市贸易、货币、衡器、税收等记述甚详。陈诚初使帖木儿朝临行前,翰林学士胡广嘱咐说:"子鲁宜考其山川,著其风俗,察其好尚,详其居处,观其服食,归日征诸史传,求有合焉者""他日国家修纂志书,稽诸西域以见声教之达,其有待于子鲁之行乎?"他在《西域番国志》中曾提及帖木儿朝与别失八里、蒙古部落相互争斗的事,在《西域行程记》中提到别失八里马哈木王西迁之事,但这些记载均非常简略,是一种客观描述。《西域番国志》以哈烈为首,记"哈烈"的内容最详,约占全书的一半。在哈烈期间,陈诚等人不仅递交了国书,写好行程记,而且对哈烈的山川风物细加察访,得知其地有狮子、花兽等物,并敦促沙哈鲁遣人朝贡。

图 9-2-1 《蒙古山水图》之嘉峪关图

三 郑和下西洋"三书"

从永乐三年（1405年）首次下西洋，至宣德八年（1433年）结束最后一次航程，郑和"总率巨舻百艘"，"浮历数万里，往复几三十年"，到达亚非30多个国家和地区，在世界航海史上谱写了光辉的一页，创造了巨大的功绩。郑和七下西洋的伟大历史壮举，对于扩大明朝的国际声威，传播先进的中华文明，加强中国与海外诸国之间的相互了解与交流，起到了巨大的推进作用。

郑和下西洋，先后7次，历时近30年之久，其间又可分为前后两个时期。前期从永乐三年郑和第一次奉命出使，至第三次下西洋于永乐九年归国为止。在这一时期中，郑和使团的活动范围，不出东南亚和南亚，而主要往来于东南亚各国之间，主要为解决中国在东南亚和南亚所面临的一系列问题，树立起中国在东南亚和南亚各国中的威信，"重振已坠之国威"，进行广泛的外交活动。后期包括郑和下西洋的第四次到第七次的航行，从永乐十年到宣德八年间。后期航海的主要任务，是向南亚以西继续航行，到达波斯湾以远地方，通过开辟新的航路，让从来不通中国的海外远国，"重译"（辗转翻译）而来，"宾服"中国。在后期航海中，郑和船队经过南洋群岛，横渡印度洋，取道波斯湾，穿越红海，沿东非之滨南下，最远到达赤道以南的非洲东部沿岸诸国及马达加斯加岛一带，分航甚至远达西非沿岸。

七次下西洋所航行的路线略有不同。在航海沿途，船队设立了4大交通中心站和航海贸易基地。这4大交通中心站分别是占城、苏门答剌、锡兰山别罗里和古里。占城和苏门答剌属于中南半岛、马来半岛范围，为郑和船队发展南海及南洋海上交通，与东南亚各国进行航海贸易的要冲之地。别罗里和古里属印度半岛及其附近范围，为郑和船队发展印度洋和阿拉伯海上交通，与南亚、西亚和东非各国进行航海贸易的要冲之地。主船队利用这4大交通中心站，遵循惯常的主航线，与亚非各国开展贸易活动。梁启超依据《瀛涯胜览》和《星槎胜览》等相关文献考释，认为郑和船队到过40个国家：

（1）马来半岛以东有15国：占城、灵山、真腊、昆仑、宾童龙、暹罗、彭坑、东西竺、龙牙门、交烂山、假马里丁、麻逸冻、爪哇、重迦罗、吉里地闷；

（2）满剌加诸国凡四（仅列举三国）：有满剌加、哑鲁、九州山；

（3）苏门答剌诸国凡七：旧港、苏门答剌、南浡里、那孤儿、黎代、龙涎屿、翠蓝屿；

（4）印度诸国凡七：榜葛剌、柯枝、大小葛兰、古里、锡兰、溜山洋；

（5）阿拉伯半岛诸国凡五：佐香儿、阿丹、忽鲁谟斯、天方、剌撒；

（6）阿非利加沿岸诸国凡三：木骨都束、卜剌哇、竹步。

郑和下西洋档案没有完整保留下来，郑和本身又没有著述。今人所见下西洋原始资料有3部基本文献，即马欢《瀛涯胜览》、费信《星槎胜览》、巩珍《西洋番国志》。这3部基本文献即郑和下西洋史地"三书"，都是当时跟随郑和下西洋的人所著。书中记载了万里远航中"浮针于水，指向行舟"的航程；大量记述了海外各国的天时气候、物产之别、疆域之制，更详记了途经各国的地理位置、疆域范围、气候变化，以及矿产、林木、果蔬、禽兽、水产等自然资源，从而丰富了人们的地理概念和航海知识，扩大了国人对外部世界的认识。

这"三书"都明确表达了明朝"宣德柔远"，加强中外联系、"共享太平之福"的意愿。马欢等人所撰下西洋"三书"虽在内容上详略有别、各具特点，然而都明确记述了郑和船队"前往海外，开诏颁赏，遍谕诸番""宣布纶音往夷域"的共同使命。"宣布纶音"意在用仁义来感化西洋各国，使他们都来效法中国的礼乐制度，敬顺天道纲常，彼此和睦相处，密切联系，以共享太平之福。

马欢《瀛涯胜览》一书，在三部书中史料价值最高，是研究郑和下西洋不可或缺的参考文献。马欢，字宗道，号会稽山樵，浙江会稽（今绍兴）人。他通晓阿拉伯语，任通事（翻译官），曾随三宝太监郑和于永乐十一年（1413年）、永乐十九年（1421年）和宣德六年（1431年）三次下西洋。《瀛涯胜览》一书在马欢第一次跟随郑和下西洋时就开始着手写作，并广集材料。他将下西洋时亲身经历的20国的航路、气候、物产、工艺、交易、货币和土产动植物等状况纪录下来，从永乐十四年（1416年）开始著书，此后经过35年修改和整理，在景泰二年（1451年）完成。《瀛涯胜览》19篇，记载了占城、爪哇、旧港、暹罗、满剌加、哑鲁、苏门答剌、那孤儿、黎代、南浡里、锡兰山、小葛兰、柯枝、古里、溜山、佐法儿、阿丹、榜葛剌、忽鲁谟厮、天方等20个国家和地区的情况。每一个国家都单独成篇，皆记录前去的航行路线。《瀛涯胜览》以简洁的文字对其位置、沿革、重要都会港口、山川地理形势、社会制度和政教刑法、人民生活状况、社会风俗和宗教信仰、生产状况、商业贸易和气候、物产、动植物等做了翔实而生动的叙述。《瀛涯胜览》中对相关国家的民俗描写细致入微，被各国学者公认为重要的史料，被广泛引用。

《星槎胜览》的作者费信，字公晓，吴郡昆山（今江苏昆山）人。费信14岁时，代亡兄当兵，戍江苏太仓。费信先后参加了第三次（1409年）、第四次（1413年）、第五次（1416年）、第七次（1431年）的下西洋，是下西洋史地"三书"的作者中下西洋次数最多的作者。费信每到一地，抓紧公务之余，"伏几濡毫，叙缀篇章，标其山川夷类物候风习，诸光怪奇诡事，以储采纳，题曰《星槎胜览》"。于明正统元年定稿。费信还说他"二十余年，历览风土人物之宜，采辑图写成帙"。这似乎说该书原配有绘画插图（包括地图海图）。但后来插图亡佚，没人见过。《星槎胜览》分前后两集，前集所记占城国、宾童龙国、灵山、昆仑山、交栏山、暹罗国、爪哇、旧港、满剌加国、九洲山、苏门答剌国、花面国、翠蓝屿、锡兰山国、小唄喃国、柯枝国、古里国、忽鲁谟斯国、剌撒国、榜葛剌国，均为费信亲身游历过的国家和地区。后集所记真腊国、东西竺、淡洋、龙牙门、龙牙善提、吉里地闷、彭坑、琉球国、三岛、麻逸国、假马里丁国、重迦罗、渤泥国、苏禄国、大唄喃国、阿丹国、佐（祖）法儿国、竹步国、木骨都束国、溜洋（山）国、卜剌哇国、天方国、阿鲁（群岛）国等国家和地区，均为采辑旧说传闻而成，其中有些内容采自元代汪大渊的《岛夷志略》。所记40余国，对其位置、沿革、都会、港口、山川地理形势、社会制度及政教刑法、人民生活状况、社会风俗和宗教信仰以及生产状况、商业贸易和气候、物产、动植物等，做了扼要的叙述。该书补充了《瀛涯胜览》所未收录的20多个亚非国家和地区，对于研究15世纪初亚非各国，特别是下西洋船队抵达访问的3个非洲国家（竹步、木骨都束、卜剌哇）的基本情况，极有价值。书中对郑和船队访问各国的一些情况，也做了记述，是研究下西洋和中西交通史的重要史籍之一。

《西洋番国志》的作者为巩珍。巩珍号养素生，应天（今南京）人，兵士出身。宣德五年（1430年）郑和最后一次下西洋，他为总制之幕（相当于秘书）随行往还3年，历20余国，凭通事转译，询悉各国事迹。巩珍归后写成《西洋番国志》一卷。他自述"凡所纪各国之事迹，或目及耳闻，或在处询访，汉言番语，番凭通事转译而得，记录无遗"。《西洋番国志》全书20则，记述明郑和第七次下西洋的经过。书中记录了郑和船队经过的20个不同的国家和地区：占城国、爪哇国、旧港国、暹罗国、满剌加国、苏门答剌国、哑鲁、南巫里、柯枝国、小葛兰、古里国、阿丹、榜葛剌、忽鲁谟斯国、天方等，对此行途中的山川形势、人物风俗、物产气候等，都一一作了忠实而详尽的记录。

马欢《瀛涯胜览》、费信《星槎胜览》和巩珍《西洋番国志》，这"三书"，以亲身的见闻，记载了郑和下西洋的详细经历，是记载郑和船队所见所闻的第一手材料，具有重大的历史价值。

下西洋"三书"记载了万里远航中"浮针于水，指向行舟"航程。例如，《星槎胜览》中详细记录了沿途的航线和日程。

> 中国至占城，海舶从福建五虎门开洋，张十二帆，顺风十昼夜可至；占城至爪哇，顺风二十昼夜可至；爪哇至旧港，顺风八昼夜可至；旧港至满剌加，顺风八昼夜可至；满剌加至苏门答剌，顺风九昼夜可至；满剌加至锡兰山，顺风十昼夜可至；锡兰山至古里，顺风十昼夜可至；古里至忽鲁谟斯国，顺风十昼夜可至；忽鲁谟斯至天方，顺风十昼夜可至。

可以看出，以上航程是以占城、满剌加、苏门答剌、古里为重要航站的，船队总是先到达这几个航站，再由这几个重要的中转站，分抵西洋各国的。

郑和所立之《天妃灵应之纪》碑记载，苏门答腊国为"西洋总路头"，苏门答腊为当时东南亚的海上航运中心，即航路网络中心。中国舰队前往西洋航行时，一般先到苏门答腊，再由此分驶各地。据史料记载，苏门答腊有抵达航线一条，启程航线六条；苏门答腊至各地的启程航线，据祝允明《前闻记》有：

苏门答腊→满剌加（行九日，此航线在马六甲海峡内，由西向东）；

苏门答腊→龙涎屿（西去一昼夜，此航线在马六甲海峡西端与孟加拉湾相交处，由东向西）。

据费信《星槎胜览》有：

苏门答腊→榜葛剌（顺风二十昼夜，此航线由东南向西北穿越孟加拉湾）；

苏门答腊→锡兰山（顺风十二昼夜，此航线由东向西穿越孟加拉湾）。

据马欢《瀛涯胜览》有：

苏门答腊→南巫里（正西好风三昼夜，此航线由马六甲海峡西端进入孟加拉湾）；

苏门答腊→溜山（此航线由东向西穿越孟加拉湾，然后进入西印度洋之阿拉伯海）。

典籍里的丝绸之路

当时西洋的"路头",即航线汇聚中心并非只有苏门答腊一处,而是有好几处,主要是:占城、满剌加、龙涎屿、锡兰山、古里、小葛兰、溜山、忽鲁谟斯、莽葛奴儿等。这些航线形成了郑和船队的航路网络,它具有如下特点:以当时印度洋上的几个主要的航行枢纽为中心,彼此交叉,郑和的船队在这些地方分舳。

"三书"大量记述了海外各国的天时气候、物产之别、疆域之制,从而丰富了人们的地理概念和航海知识,扩大了国人对外部世界的认识。他们还记录了航行沿途的山形水势,以及运用罗盘浮针、牵星过洋等航海知识。巩珍在《西洋番国志自序》说:"惟观日月升坠,以辨西东,星斗高低,度量远近。皆斫木为盘,书刻干支之字,浮针于水,指向行舟。"这是记述当时船队用"牵星过洋"和水罗盘定向相结合的方法来确定航向。为了准确地判定航向和里程,船队还要选取有经验的船师担任"火长",多是选取福建广浙一带"驾船民梢中有经惯下海者",其执掌"针经图式",以保"更数起止,计算无差"。巩珍还描述了下西洋宝船"体势巍然,巨无与敌,篷帆锚舵,非二三百人莫能举动"的壮观景象;记载了船队每停泊一处,需及时"汲取淡水,水船载运,积贮仓储,以备用度。斯乃至极之务,不可暂驰"。凡此种种,描写细致,均为研究15世纪中国航海史的重要材料。

下西洋"三书"更详记了途经30余国的地理位置、疆域范围、气候变化,以及矿产、林木、果蔬、禽兽、水产等自然资源,对亚非各国记载的地理范围虽然没有超出元代汪大渊的《岛夷志略》,然而对《岛夷志略》的内容却有重要的补充。汪大渊对亚非国家地区的记载,每条之下往往只有寥寥几句,语焉不详,让人费解。而"三书"中每国每地的内容都十分丰富,其中费信书于地理、疆域的记载更详;马欢书则于物产的叙述更细。"三书"对西洋各国地理物产的记录亦对《岛夷志略》有重要补充。例如,三书所记之"柯枝国""阿丹国""佐法儿国",《星槎胜览》所记之"九洲山""翠蓝屿""剌撒国""竹步国""木骨都束国""卜剌哇国",《瀛涯胜览》《西洋番国志》所记之"黎代国"等10个国家与地区皆为《岛夷志略》所无。"三书"所记之锡兰山国、忽鲁谟斯国、溜洋国、阿鲁国,汪大渊则分别称为僧加剌、甘埋里、溜山、淡洋;马欢、巩珍书所记之南浡里国,汪大渊称喃巫哩;费信书所记之吉里地闷，汪大渊则称古里地闷。这些也可以看出明代中国对西洋地区的认识，在元人的基础上又有了发展变化。

"三书"对西洋各国物产的记载，可补《岛夷志略》的内容更多。《岛夷志略》所记海外物产品名的数量可谓繁多，据统计有350余种，而"三书"对西洋各国物产的记录可补《岛夷志略》者，又多达100余种。其中，珠宝类的如青米蓝石、昔剌泥、金刚钻、玛瑙、黑珀等；林木类的如白檀香、花梨木、观音竹等；果蔬类的如万年枣、芦荟、胡荽、胡萝卜等；禽兽类的如火鸡、马哈兽、珍珠鸡、飞虎、麒麟等；水产类的如马鲛鱼、鼍龙、神珠等。他们还形象地记录了西洋许多奇珍异产的详状，例如：占城的观音竹"如细藤棍样，长一丈七八尺，如铁之黑，每一寸有二三节，他所不出"；旧港的火鸡"大如仙鹤，圆身簇颈，比鹤颈更长，头上有软红冠，似红帽之状，又有二片生于颈中。嘴尖，浑身毛如羊毛稀长，青色。脚长铁黑，爪甚利害，亦能破人腹，肠出即死。好吃烧炭，遂名火鸡"。

下西洋"三书"还特别注意从社会制度、文化习俗、经济活动等各个方面，介绍海外诸国的社会面貌，记载了西洋各国的社会制度、军事、法律等方面的情况。例如，占城国"酋长所居高广，屋宇门墙俱砖灰甃砌，及坚硬之木雕琢兽畜之形为华饰，外周砖垣，亦有城墙之备""其部领所居，亦分等第。门高有限，民下编茅复屋，门不过三尺，过则即罪之"。爪哇、暹罗、阿丹等国重兵习武，阿丹国"人性强梗，有马步锐兵七八千，所以国势威重，邻邦畏之"。暹罗"风俗劲悍，专尚豪强"，"削槟榔木为标枪，水牛皮为牌，药镞等器，惯习水战"。爪哇兵为"诸蕃之雄"。占城国刑罚严峻，"罪轻者以藤条杖脊，重者截鼻，为盗者断手，犯奸者男女烙面成疤痕。罪甚大者，……令罪人坐于尖木之上，木从口出而死"。印度半岛的榜葛剌国"国法有笞、杖、徒、流等刑，官品衙门印信行移皆有，军亦有官管给粮饷"。而在一些国家，社会形态还处在比较落后的阶段，如与爪哇相邻的重迦罗"无酋长，以年高德者王之"。印度半岛的柯枝、古里有"木瓜"民，"无屋居之，惟穴居树巢"。溜洋国居民也是"巢树穴居""裸形无衣，惟结树叶遮前后也"。

"三书"记载了西洋各国的民俗民情，如占城、爪哇国民俗忌人摸头，"如有触其头者，如中国杀人之恨"。爪哇、锡兰等地有好吃槟榔之俗，终日

典籍里的丝绸之路

"不绝于口"。暹罗旧有鸟葬之俗,"人死,抬尸于郊外海边,放沙际,随有金色之鸟大如鹅者,三五十数,飞集空中,下将尸肉尽食飞去。余骨家人号泣就弃海中而归,谓之鸟葬"。印度半岛的榜葛剌国、波斯湾口的忽鲁谟斯国的耍虎、耍羊、耍猴等杂耍马戏,技艺绝胜。"三书"所记各国淳朴的民风,例如:苏门答剌北边的花面国"强不夺弱""富不倚骄,贫不生盗,可谓一区之善";马来半岛上的龙牙犀角地区民风淳朴,"以亲戚尊长为重,一日不见,则携酒持肴而问安";天方国则"居民安业,风俗好善"。西洋各国有的已有文字,如占城、爪哇皆有文字,然无纸笔,占城"用羊皮槌薄,或树皮熏黑""以白粉载字为记";爪哇则"以尖刀刻之,亦有文法,国语甚美软"。"三书"还详细记述西洋各国之宗教习惯和习俗。例如:《瀛涯胜览》记占城、暹罗、锡兰、小葛兰、柯枝、古里等国的佛教习俗和传说,记东南亚、阿拉伯等国家的伊斯兰教仪式和穆斯林不食猪肉、妇女蒙面的习俗;《星槎胜览》详细描述了天方国即麦加的圣殿、黑石等结构、形状。

"三书"还注意记载了西洋各国的农业、手工业生产和经济活动。东南亚各国因"田沃勤热",所以农业往往比较发达。例如:暹罗"田平而沃,稼多丰熟";旧港"田土甚肥,倍于他壤。古云:一季种谷,三季生金。言其米谷盛而为金也。民故富饶"。而阿拉伯半岛、东非等国则因"数年无雨""草木不生",所以不合耕种。例如,佐法儿国"田广而少耕,山地皆黄,亦不生草木,牛羊驼马惟食鱼干"。手工业方面,西洋各国所生产多有海盐、西洋布、酿酒等。酒的品种多样,如榜葛剌国"酒有三四等,椰子酒、米酒、树酒、茭樟酒",有些地方还有"蔗酒"。西洋人民心灵手巧,善于就地取材,一物多用。例如,古里国"其椰子有十般使用。嫩者有浆甚甜,好吃,可酿酒。老者椰肉打油、做糖、做饭吃。外包之穰,打索、造船。椰壳为碗、为杯,又好烧灰,打镶金银细巧生活。树好造屋,叶好盖屋"。三书还记述了各国的货币流通,如《西洋番国志》记爪哇、旧港用中国铜钱,暹罗以海贝为钱,苏门答剌的七成淡金铸钱称"底哪儿",古里国的六成金铸钱称"吧南",佐法儿的金币称"倘加",阿丹国的金币称"甫噜黎"、铜币称"甫噜斯",榜葛剌国的银币亦称"倘加",忽鲁谟斯国的银币亦称"底哪儿"。

"三书"还记述了中外交通的历史、中国人移居海外与当地居民友好相处的史实；记载了中国人在东南亚许多国家和地区成批聚居，建立新村，或杂居于当地，与"原住民"通婚生活，世代繁衍的历史与现实，体现了中外文化交流的密切联系，展现了中外贸易的繁荣。

图 9-3-1 郑和宝船复原效果图

图 9-3-2 马来西亚槟城寺庙的郑和下西洋宝船壁画

四 《郑和航海图》

郑和下西洋留下了一份重要的文献，即《郑和航海图》。《郑和航海图》原名《自宝船厂开船从龙江关出水直抵外国诸番图》。郑和下西洋的同时，进行了科学考察，绘制了 20 幅 40 面海图，即《郑和航海图》及其附图《过洋牵星图》。该图制作于郑和第六次下西洋之后，全体下西洋官兵守备南京期间。其时正值明宣宗酝酿再下西洋之际，是在继承前人航海经验的基础上，将郑和船队历次下西洋航程综合整理，绘制成整幅下西洋全图，为郑和使团适应下西洋的需要而集体编制。巩珍在宣德九年（1434 年）所写的《西洋番国志·自序》中写道：下西洋前预先到福建广东浙江招募有出海经验的船员，"用作船师，乃以针经图式付与领执，专一料理，事大责重，岂容怠忽"。

《郑和航海图》得以传世，是因为明代晚期茅元仪将其收录在他编纂的《武备志》中。

茅元仪是明末杰出的军事家和文学家。茅元仪自幼好学，尤喜兵农之书。成年后，对长城沿线的隘道了如指掌。面对后金的崛起、明廷的腐败，他立志发奋著书，探讨历代兵法韬略，搜集器械战具资料，积 15 年心血，于天启元年（1621 年）辑成《武备志》。自此声名大振，以知兵之名被任命为赞画，随大学士孙承宗督师辽东，抵御后金，并到江南募集战船舟师，提高明军战斗力。与孙承宗、袁崇焕、徐光启、李之藻、孙元化等人，同为御敌保国之中坚。他一生曾著有 60 多种、数百万言的著作，但因屡遭禁毁，散佚较多，而《武备志》得传后世。

兵学巨著《武备志》是中国古代卷帙最多、门类最齐全的军事百科全书，受到中外学者的高度评价。《武备志》共 240 卷，200 多万字，附图近 738 幅。《武备志》规模宏大，所用军事资料翔实，全面仿效了《武经总要》的编纂体例，在几乎转录《武经总要》大部分内容的基础上，把各门类及其内容的宽度、深度大加扩展和延伸，囊括了自宋代以来所创造的最新成果，又融汇了当时的新鲜内容，吸收了《纪效新书》《练兵实纪》《筹海图编》《阵纪》《武编)《神器谱》《兵录》等兵书的创造性成果，辑为巨著，著成大作，具有浓厚的时代特色。

《郑和航海图》在《武备志》中叫作《自宝船厂开船从龙江关出水直抵外国诸蕃图》。茅元仪没有说明航海图的来历，根据向达《整理郑和航海图序言》的考证，嘉靖三十五年（1556年），胡宗宪为浙江巡抚，为防御倭寇，曾请郑若曾等人搜集海防材料，编辑《筹海图编》。茅元仪的祖父茅坤在胡宗宪幕府里参加过《筹海图编》的编纂工作，见到一些与海防有关的材料；他又做过兵部的官，也可能见到兵部的档案。茅元仪秉承家学，《武备志》里的《郑和航海图》，如果不是出自兵部档案，就是从胡宗宪那里得来的，渊源有自。

《郑和航海图》原图呈一字形长卷，收入《武备志》时改为书本式，自右而左，有图20页，共40幅，最后附《过洋牵星图》2幅。海图中记载了530多个地名，其中外域地名有300个，最远的东非海岸有16个。标出了城市、岛屿、航海标志、滩、礁、山脉和航路等。其中明确标明南沙群岛（万生石塘屿）、西沙群岛（石塘）、中沙群岛（石星石塘），1947年民国政府内政部以郑和等命名南海诸岛礁，纪念这位伟大的航海家。

《郑和航海图》采用传统的绘画方法，是写景式的海图，图中的地域大小、远近比例，都只是相对而言的，有些地方的方位甚至有错。但只要了解其绘制方法，结合所记针路（航向）及所附的《过洋牵星图》，并以今图对照，便可发现该图在描绘亚非沿海各地形势，以及在认识海洋和掌握航海术等方面，在当时都达到了较高的科学水平。《郑和航海图》的图幅配置以航线为中心，图上的方位不是以上北下南绘制的，而是突出以航线为主，整个航线是从右向左连贯的，由于这些线原来的向位是不同的，因此图幅的方位亦随之而异。如南京至太仓航线，原是自西向东，而图上绘成从右至左，图幅方位就成为右西左东，上南下北；又如出长江口后沿大陆海岸的航线基本是由北向南，但图上的航线还是由右而左绘出，所以图幅方位又成为右北左南，上西下东。这样绘制的航海图，其图幅方位虽不统一，但便于在航行中使用。

《郑和航海图》突出了与航行有关的要素，表现在该图的内容要素都是为了航海的需要。一是突出标明航行的针路（航向）和更数（航程）；二是为了定位导航的需要，将显著目标均画成对景图，以便于识别、定位；三是用文字

典籍里的丝绸之路

说明转向点的位置和测深定位的水深数,以及注明牵星数据。这些都是保证安全航行的基本要素。《郑和航海图》是中国最早不依附于航路说明而能独立指导航海的地图,从航海学和地图学的角度来看,该图内容非常广泛,涉及大陆和岛屿岸线、浅滩、礁石、港口、江河口;沿海的城镇、山峰;陆地可作航标的宝塔、寺庙、桥梁;航线及其方位等。对沿海各个地区的海洋形势,航向、航程、航道深度,该图也都作了相当详细的描述与标注,此外还配置有天文导航专用的"过洋牵星图"。

《郑和航海图》属于针路图系统,该图最主要的内容为针路。郑和下西洋的地文航海技术,是以海洋科学知识和航海图为依据,运用了航海罗盘、计程仪、测深仪等航海仪器,按照海图、针路簿记载来保证船舶的航行路线。航行时确定航行的线路,叫作"针路"。针路一般包括针位与航程。"针位"是指罗盘上的磁针所指的方位,有了罗盘导航以后,在航海上就有了针位的问题。中国罗盘分为24个方位,每一个方位相当于15°。航程一般用"更"来计算,一更约合60里。《郑和航海图》以南京为起点,最远至非洲东岸的慢八撒。图中标明了航线所经亚非各国的方位,航道远近、深度,以及航行的方向牵星高度;对何处有礁石或浅滩也都——注明。图中列举自太仓至忽鲁谟斯的针路共56线,由忽鲁谟斯回太仓的针路共53线。对于这些针路,大都附有针位和航程,根据针位和航程,即可知针路所经的一些地方的方位和相互之间的里程。船队往返针路全不相同,表明船队在远航中已灵活地采用多种针路,具有高超的航海技术和较高的海洋科学水平。

中国很早就可以通过观测日月星辰测定方位和船舶航行的位置。郑和船队已经把航海天文定位与导航罗盘的应用结合起来,提高了测定船位和航向的精确度,人们称"牵星术"。用"牵星板"观测定位的方法,通过测定天的高度,来判断船舶位置、方向、确定航线。这项技术代表了那个时代天文导航的世界先进水平。根据《郑和航海图》,郑和使用海道针经(24/48方位指南针导航)结合过洋牵星术(天文导航),在当时是最先进的航海导航技术。郑和的船队,白天用指南针导航,夜间则用观看星斗和水罗盘定向的方法保持航向。由于对船上储存淡水、船的稳定性、抗沉性等问题都做了合理解决,故而郑和的船队能够在"洪涛接天,巨浪如山"的险恶条件下,"云帆高张,昼夜星驰",很少发生意外事故。白天以约定方式悬挂和挥舞各色旗带,组成相应旗语。夜晚以灯笼反映航行时情况,遇到能见度差的雾天下雨,配有铜锣、喇叭和螺号等用于通讯联系。《郑和航海图》中的4幅"过洋牵星图"是:

(1) 丁得把昔到忽鲁谟斯:从印度代奥格尔到忽鲁谟斯;用北辰星、织女星、灯笼骨星定位。
(2) 锡兰山回苏门答剌过洋牵星图:用北辰星、织女星、华盖星、灯笼骨星定位。
(3) 龙涎屿往锡兰过洋牵星图。
(4) 忽鲁谟斯国回古里国过洋牵星图。

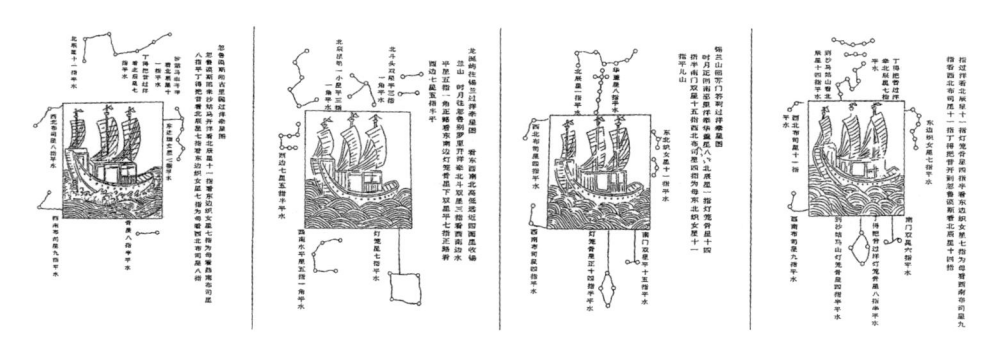

图 9-4-1 《过洋牵星图》,显示了郑和船队独特的天文导航技术

《郑和航海图》上的航区,主要由4部分组成:一是内河航区,起自南京龙江关(今南京下关),止于长江口;二是东南沿海区,止于福建厦门五虎门;三是近洋航区,止于东南亚诸国及印度半岛;四是远洋航区,止于非洲东海岸。该图所示的地域非常广阔,航线众多、漫长。在图中郑和船队所经之地,均有命名,涉及的地区为今天的中国、越南、文莱、柬埔寨、泰国、印度尼西亚、马来西亚、新加坡、缅甸、斯里兰卡、印度、马尔代夫、也门、伊拉克、阿拉伯、索马里、坦桑尼亚、阿联酋、卡塔尔、巴林、科威特、塞舌尔、马达加斯加、科摩罗、莫桑比克等,约500个地名中,外国地名约300个,大大超过汪大渊《岛夷志略》一书所收的外国地名。例如,在这张航海图的非

典籍里的丝绸之路

洲大陆东、南海岸，标注着 15 个地名。其原文自北至南分别为：葛儿得风、哈甫泥、木儿立哈必儿、黑儿、剌思那呵、抹儿干别、木骨都束、木鲁旺、十剌哇、慢八撒、起若儿、者剌则即哈剌、门肥赤、葛苔干、麻林地。15 世纪以前，中国关于亚非两洲的地理图籍，以《郑和航海图》最为详尽。该图不仅是研究郑和下西洋和中西交通史的重要图籍，在世界地图学、地理学史和航海史上，也占有重要的地位。

《郑和航海图》是郑和航海实践的一份重要成果。《郑和航海图》是郑和船队根据航海实践和长期考察经验所绘制的，是我国现存年代最早的一份航海图。《郑和航海图》也是世界上现存最早的航海图集。以航海的实用性为特点，突出导航、定位所需的基本要素，具有较高的实用价值。该图集除了对指导当时和以后的古代航海具有重要意义，还对后人研究中国古代航海史和亚非航线的开辟，起到重要作用。与同时期西方最有代表性的波特兰海图相比，《郑和航海图》制图的范围广，内容丰富，实用性强。13 世纪末到 14 世纪初，由于西方帆船航海贸易的不断发展，便诞生了航海使用的地图——波特兰海图。这种海图在欧洲出现后，在 14、15 世纪数量增加，使用也比较广泛，但内容及形式却变化不大，代表了西方国家的海图发展水平。《郑和航海图》与同时期西方海图比较，也就是与 15 世纪的波特兰海图比较，要先进得多。首先，是制图的范围。《郑和航海图》全面反映了郑和下西洋所经区域的地理概貌，制图范围是当时中国所绘地图中范围最广的，从中国东南沿海直至非洲东岸，而波特兰海图范围主要在地中海及大西洋沿岸，不及《郑和航海图》的范围广阔。其次，是图幅内容、表示方法及精确程度。《郑和航海图》的内容丰富，包括了航海需要的诸如航线、针路、航道、牵星数据等各种要素，十分完备。而波特兰海图在这方面却要逊色得多，有的内容绘得过于夸大，不符合实际。第三，在实用性上。《郑和航海图》的针路注记胜过了波特兰海图。在使用时，可以按图上表示的有关图形结合测定深度等方法确定船位；图上的针路注记是实践的总结，是实际的航向，实用性很强。而波特兰海图虽然也有实用性，但针路有偏差。

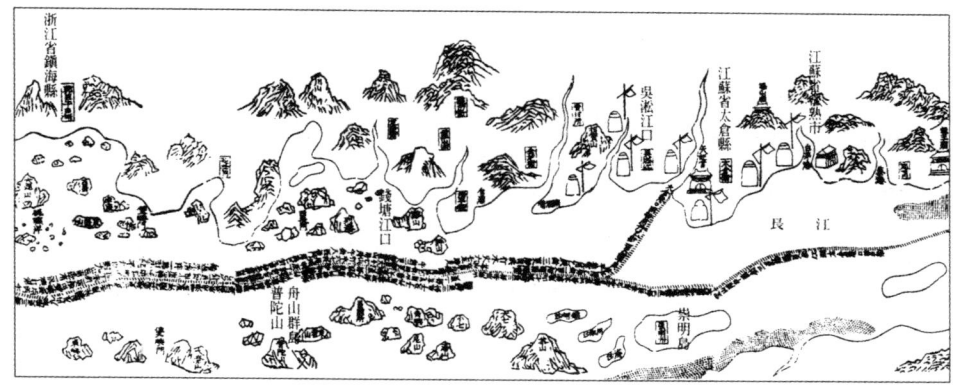

图 9-4-2 《郑和航海图》局部

五 严从简的《殊域周咨录》

在明前期记述外国的著作中，《殊域周咨录》最为有名。《殊域周咨录》约成书于万历二年（1574年），为严从简所撰。严从简，字仲可，号绍峰，浙江嘉兴人，嘉靖三十八年（1559年）进士。初授行人，后转工科、刑科给事中。隆庆元年（1567年）遭陷害谪婺源县丞，历扬州同知，免官还乡。

《殊域周咨录》是记载明代关于邻近及有交往的各国和地区以及边疆民族状况的著作。全书以明王朝为中心，分别记载其东、南、西、北四方海陆各国和地区的道里、山川、民族、风俗、物产等。所用资料取自明王朝历年颁发的敕书、各国间交往大事和相互来往使节所作的文字记录，以及行人司所藏文书档案等。严从简在自序中说：

> 明兴文命，诞敷宾廷，执玉之国，梯航而至。故怀来绥服，宝册金函，灿绚四出，而行人之辙遍荒徼矣。我圣祖之敕本司有曰：稽道里之遐迩，识其缓急，验其辞色，进退节度，规矩弗移。斯圣谟也。夫岂为我中邦之使告哉，凡以训承巽外域者耳！盖方今天下，车书混同，驿路有版籍，仪礼有注式，皇华届止，雍容委蛇，导扬休命，罔不承听，所谓节度规矩，不肃而中者也。惟彼夷酋，言语不通，心志叵测，王人往临，恪顺威旨者，虽云其常，而间有匪茹反覆，狡猾二心，或以胁羁，如西域之于傅安；或以利诱，如高丽之于祁顺。狭诈多端，变生俄顷，则我所以守正出奇，刚不取祸，柔不取辱，以万全天子之委重者，其急缓辞色，诚不可不慎。皇祖训敕之旨，良有以哉！
>
> 曩予备员行人，窃禄明时，每怀靡及，虽未尝蒙殊域之遣，而不敢忘周咨之志。故独揭蛮方而著其使节所通，俾将来寅采，或有捧紫诰于丹陛，树琦节于苍溟者，一展卷焉，庶为辞色进退，将命采风之一助也。然其间勘讨之略，守御之策，列圣威让之谟，诸臣经画之论，随事具载。虽以著一国之始终，要亦官守所系，不可缺焉。何者？盖行人奉使条例，其凡有九，而有曰军务者，有曰整点大军者，则武事乃居其二，非特司礼文之末而已。况国家每有征伐，必以行人为之先谕。故太祖欲征缅甸，则遣李思聪诏其罢兵；成祖欲讨安南，则遣朱勋许其赎罪。以干戈取之而不足，以口舌代之而有余。君子称行人之职，与将帅相为表里，其然矣。岂可曰军旅之事吾未之学，边疆之筹吾未之任，而漫焉废讲哉！乃备录之，而并附其诗文、道里、风俗、土产之类，非徒夸文炫武，而实服膺圣祖之训，周肢爰询度，犹恐有遗识焉耳。但是录之作，昔合为使职文献之外编，今因板泐，重校分为一书，名曰《殊域周咨》，以畀我僚之便览云。

《殊域周咨录》共 24 卷，以厚今薄古的宗旨，着重叙述当代边疆各国和海外国家的人文、风土、地理以及和中国的来往，并将周边国家，按地理方位分为东夷、西戎、南蛮、北狄：

东夷：朝鲜、日本、琉球。

南蛮：安南、占城、真腊、暹罗、满刺加、爪哇、三佛齐、浡泥、琐里、苏门答刺、锡兰、苏禄、麻刺、忽鲁谟斯、佛郎机。

西戎：吐蕃、拂菻、榜葛刺、默德那、天方、哈密、吐鲁番、赤斤蒙古、安定、阿端、曲先、罕东、火州、撒马儿罕、亦力把力、于阗、哈烈。

北狄：鞑靼、兀良哈。

东北夷：女真。

《殊域周咨录》是研究明代中外关系史和少数民族史的重要资料。书中叙事较为详细，遇有歧说则并列有关史料，不轻易排斥异说。又注明材料出处，给后人研究提供方便。此外，正文后面的按语和辑录的有关诗文亦很有价值。今通行本为 1920 年故宫博物院图书馆排印本。

六　张燮的《东西洋考》

明后期关于外部世界的著作，首先要说到张燮的《东西洋考》。张燮（1574—1640），字绍和，又字理阳，号汰沃，又号石户主人、海滨逸史、蜇遁老人，福建省龙溪县石码人。张燮出生于官宦世家，受家庭熏陶，自幼通五经、览史鉴，青年时便以文才名噪一时。他 21 岁中举，但无意仕进，家居期间，潜心著述，侍奉父亲，并与当地名流蒋孟育等于漳州开元寺旁风雅堂组成伭云诗社往来唱和。张燮一生著述编纂的著作有 15 种共约 700 卷。张燮为人"志尚高雅，博学多通"，一生著述甚多。黄宗羲称他为"万历间作手"，陈继儒则赞其"闽中唯三著述家，候官曹学佺，晋江何乔远，龙溪张燮也"。而黄道周在《三罪四耻七不如疏》中写道："雅尚高致，博学多通，足备顾问，则臣不如华亭布衣陈继儒、龙溪举人张燮。"其著作除著名的《东西洋考》外，还有《霏云集》《群玉集》和《闽中记》，在当时也很有影响。他和刘廷蕙等人一道编纂了《漳州府志》，和蔡国祯等人一道编纂了《海澄县志》，还帮助何乔远编辑《皇明文征》。

典籍里的丝绸之路

明代，漳州手工业和海外贸易迅速发展，月港成为全国最大的外贸港口。据清乾隆版《海澄县志》记载，明成弘间"闽人通番，皆自漳州月港出洋"。于是，漳州月港顿时"人烟辐辏""商贾咸聚""方珍之物，家贮户藏"，一跃成为"闽南一大都会""南方小苏杭"。张燮受海澄知县陶镕和漳州府司理萧基、督饷别驾王起宗委托，着手编写《东西洋考》，作为漳州与东、西洋各国贸易通商的指南。向达指出："这是一部半官性的官修书。据卷首王起宗的序，知道这部书的著作起始于前澄令陶镕，而完成于王起宗之手。书中所述不限明代，很带有一点历史的性质。所收材料也很复杂，散见各种类书里面的六朝时代地理学家的著述，也偶然采入。东西洋诸国纪事中兼附考证。这的确是一部很经意很重要的著作。"[①]

张燮编撰《东西洋考》，引用不下百余部书籍，其中包括《水经注》《宋史》《唐书》《元史》《岛夷志》《大明一统志》《瀛涯胜览》《真腊风土记》和多种海道针经等，还广泛地采录了政府的邸报、档案文件，参阅了许多前人和当代人的笔记及著作。为了编好这部书，张燮还亲莅月港码头采访舟师、船户、船主、水手、海商，了解他们的生产生活、航海常识。经过详细、严密的考订和编辑，并仿照宋赵汝适《诸蕃志》体例，在万历四十五年（1617年）写成。

《东西洋考》共12卷，记载东、西洋40个国家的沿革、事迹、形势、物产和贸易情况，以及国人长期在南海诸岛的航行活动、造船业和海船的组织等情况，还收录了秦汉以来中外关系的有关史料及宋、元、明三朝中外关系的有关文献。其中，卷一至卷四是"西洋列国考"，以我国南海诸岛为分界线，将东、西两方向分为东、西洋，记述了交趾、占城、暹罗、下港、柬埔寨、大泥、旧港、麻六甲、哑齐、彭亨、柔佛、丁机宜、思吉港、文郎马神、迟闷共15国的地理、历史、气候、名胜、物产，基本上都在今越南、泰国、印度尼西亚、柬埔寨和马来西亚境内及其附近地区。卷五是"东洋列国考""外纪考"，记述吕宋、苏禄、猫里务、沙瑶、呐哔啴、美洛居、文莱等国的地理、历史、气候、名胜、物产。卷六"外纪考"，专门介绍与明朝没有正式通商关系的日本和"红毛番"（即荷兰）两国的国情。卷七"税饷考"，叙述了朝廷征收税饷的情况，并明确记载各种饷税的征收和征收职官、公署等情况。卷八

---

① 向达：《唐代长安与西域文明》，石家庄：河北教育出版社2001年版，第552—553页。

"税珰考",记载了明神宗时,宦官高采利用职权在福建贪赃枉法、强取豪夺的罪恶行径和激变人民的史实。卷九"舟师考",记载了如二洋针路、祭祀、占验、水醒水忌、定日恶风、潮汐等有关海洋天文气象及海上航行知识。其中,"西洋针路"和"东洋针路"是有关航海针经记录的总结。方豪认为关于"二洋针路"的记载是"其书最有价值部分"[①]。卷十至十一为《文艺考》,收集了宋元明三朝有关中外关系的众多文献。最后一卷为《逸事考》,摘抄了秦汉以来史籍中有关中外关系的一些记载。

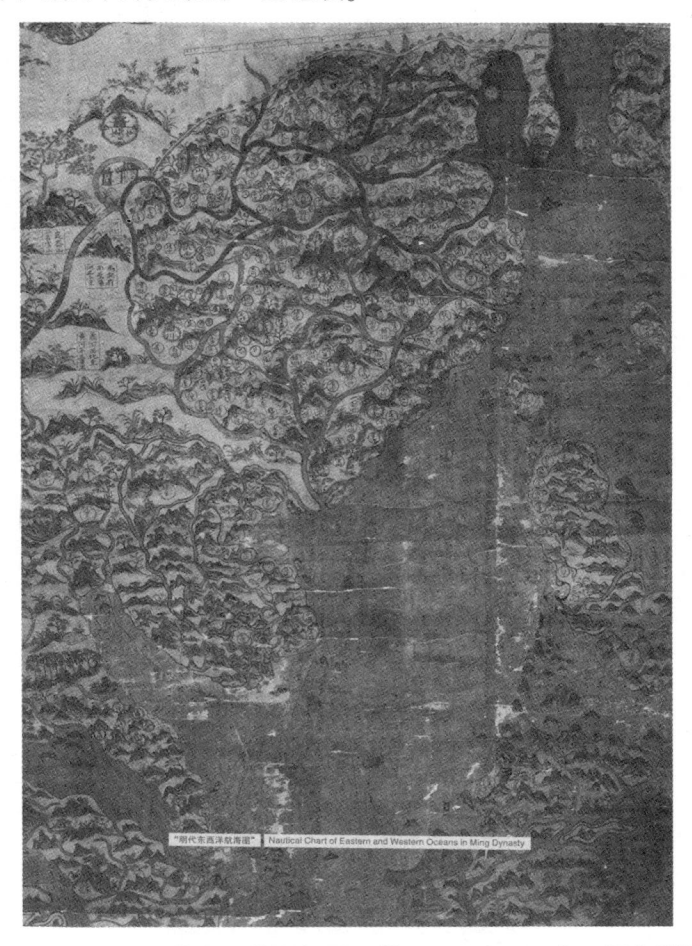

图9-6-1 《明代东西洋航海图》,绘于1566—1620年,绢本彩绘
(英国牛津博德利安图书馆中国文献馆藏)

---

① 方豪:《中西交通史》下卷,上海:上海人民出版社2008年版,第581页。

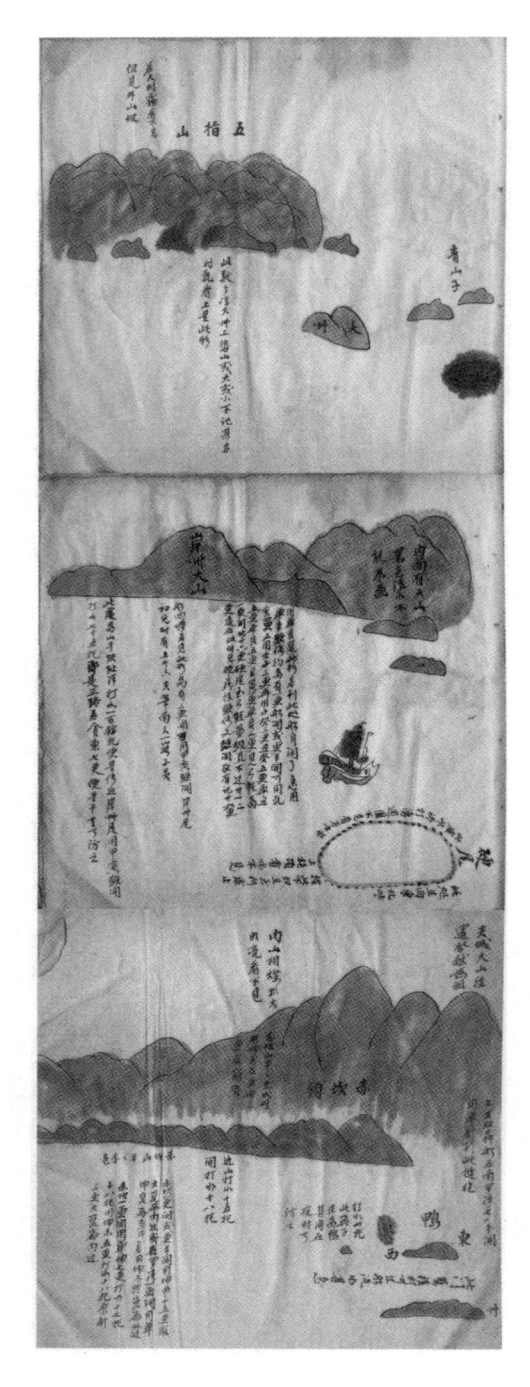

图 9-6-2 《中国山形水势图》局部，即中国的航海图

《东西洋考》是记载明代中外关系和东南亚各国历史、地理的重要文献，也是一部综述漳州与东、西洋各国贸易通商的指南。它对研究中外关系史、经济史、航海史、华侨史等都有很高的史料价值。周起元为《东西洋考》作序，誉之为"开采访之局，垂不刊之典""补前人所未备"。

第十章 明前期西方人记述的东西交通

一 《克拉维约东使记》

15世纪,欧洲还有西班牙人克拉维约《东使记》中对中国的记载。克拉维约(Ruy Gonzalez de Clavijo)是西班牙卡斯蒂利亚王朝宫廷大臣,他曾受国王派遣,出使帖木儿王朝,这是与当时的国际政治形势密切相关的一次重要的外交活动。14世纪末15世纪初,土耳其奥斯曼帝国扩张迅速,威胁着拜占庭帝国及信奉天主教的欧洲国家。但是,此时帖木儿王朝在中亚崛起,与奥斯曼帝国争夺在西亚的领地,屡占上风。1402年,奥斯曼帝国的苏丹"闪电"巴耶塞特一世在安哥拉之战中,惨败于帖木儿,并沦为俘虏。对于欧洲而言,帖木儿的崛起,可说是解除奥斯曼帝国威胁的转机。同年,西班牙卡斯蒂利亚国王亨利三世派使赴帖木儿帝国,并颇获优待。亨利三世为了加强与帖木儿的关系,决定再派遣以克拉维约为首的使节团,出使帖木儿帝国。1403年5月,克拉维约出发,经君士坦丁堡、特拉比松(Trabzon)抵桃里寺(Tabriz)。途中遇到埃及使团,遂结伴一同东行。历孙丹尼牙(Sultaniye)、马什哈德(Mashhad)、巴里黑(Balkh)、渴石(Kesh)等地,1404年9月抵达撒马尔罕城。克拉维约使团受到帖木儿的隆重款待,屡次获邀参加盛宴,参加各种庆典。克拉维约又饱览撒马尔罕的宫殿、花园及各项建筑。但因帖木儿突然病重,汗国内部亦出现权力斗争,克拉维约使团只好仓猝离去,于1406年3月归国复命。

克拉维约在旅途中，将沿途的见闻经考察以日记的形式作了翔实的记录，回国后整理成一部游记，写成《克拉维约东使记》，原名为《帖木儿时代之自卡提斯至撒马尔罕游记》。1582年，由奥尔古特·欧摩里那（Argot Omolina）据马德里国立图书馆所藏抄本第一次付印。此书作为继《马可·波罗游记》之后关于中亚史地之学的又一重要游记，在欧洲受到重视。

《克拉维约东使记》全书正文共17章，可分两大部分。第一部分为1—15章，主要记述了组建使团的原因和本书的宗旨，进入撒马尔罕沿途的种种见闻，涉及所经地的地理、历史沿革、物产、社会习俗、宗教等。其中对于帖木儿及其家属宫内生活的记述，为他人未曾述及，弥足珍贵；有关沿途所见清真寺及苏菲派传教士的记述，对考察研究帖木儿时代中亚地区伊斯兰教有重要学术价值。第二部分为16—17章，主要记述了使团离开撒马尔罕返国途中所见帖木儿患病、宫廷汗位之争及各地掀起的反抗斗争。在这部《东使记》中，有不少关于中国情况的记载，在当时中国与欧洲交通阻隔的情况下，这部分材料弥足珍贵，对于西方人认识和了解当时中国的情况起到很重要的作用。

克拉维约在撒马尔罕期间，也有中国使臣抵达，所以了解到许多中国的情况以及有关中国与帖木儿帝国关系的一些情况。克拉维约介绍说，中国皇帝名"九邑斯汗"（Cayis Han），意为"统有九邦之大帝"。鞑靼人则称其为"通古斯"（Tanguz），其意为"嗜食豕肉之人"。中国首都名"汗八里"（Kam Ballik），中国境内之城市，以此为最大。他写道：汗八里"其城近海，大于大不里士城20倍。……由此观之，汗八里实世界最大之城也。其人又云，契丹国皇帝威权强盛无比。出征时，所统大军不计外，尚可余兵马40万人，留守国境。军队之大，可以想知"①。

克拉维约还打听了前往中国的路程，他说从撒马尔罕到契丹国首都汗八里，须行6个月，其中两个月须穿越荒野。此地荒野，人迹罕至，唯牧人驱其牲畜、逐水草游荡而已。他谈到撒马尔罕为各地货物集散地，是四通八达的道

---

① 张星烺：《中西交通史料汇编》第1册，北京：中华书局2003年版，第429页。

路网的中心。1404年,从中国来到撒马尔罕的有一支800匹骆驼的商队,"由中国运来丝货,美丽非凡,尤以绸缎为最。又麝香一物,世界他处所无。红玉、钻石、珍珠、大黄等物,亦皆来自中国。中国货物,在撒马尔罕者,最良且最为人宝贵。中国人者,世界最精巧之工人也"①。这些货物在这里与来自俄罗斯的货物进行交换,而俄罗斯的商人又会把这些中国货物运到西欧。帖木儿把这支商队全部扣留,不放一人回去。这段论述,反映了中国货物在撒马尔罕受欢迎的情况,也反映了在当时的国际贸易里中国所占据的重要地位。

二 《沙哈鲁遣使中国记》

沙哈鲁统治帖木儿帝国时期,与中国明朝往来十分密切,曾数次派遣使团入明,受到永乐皇帝的热情款待。在这些使团中,有一次即永乐十八年(1420年)那次的使团,有一位成员将使团入明活动和沿途见闻笔录成文,成为中国波斯交通史和文化交流史上的一份重要文献。这份文献就是《沙哈鲁遣使中国记》。

沙哈鲁派出的这个使团规模庞大,有500多人。其中有沙哈鲁本人的代表,也有他的几个王子的代表。这些王子分别是帖木儿帝国各部的总督,其中三王子贝孙忽儿(Baysunqur)的代表是画师盖耶速丁·纳哈昔(Ghiyath al-Din Naqqash)。贝孙忽儿是沙哈鲁最有才能的王子,他也"是一位科学和艺术的保护人、精明的文人,热爱艺术家和文学家团体。他没有把代表他出使北京的使团交给一些普通的商人或一般的朝臣,而是委托给了一位享有艺术家外加文学家头衔的人"②。盖耶速丁根据主人的要求,用日记形式记下了出使的过程。这份日记保存在同时代沙哈鲁宫廷史学家哈菲兹阿不鲁的通史性著作《祖布答特—塔瓦里黑》中。

---

① 张星烺:《中西交通史料汇编》第1册,北京:中华书局2003年版,第428页。
② [法]玛扎海里:《丝绸之路——中国—波斯文化交流史》,耿昇译,北京:中华书局1993年版,第33页。

在盖耶速丁之前，来中国的外国旅行家，都是在返回他们的本国后才把见闻记录下来，整理成书。而盖耶速丁在旅行前已奉命用日记体裁把当日的事记下来，"自从他抱着旅行中国的愿望离开哈烈都城那天起，迄至他返回的当天，用日记的形式记下了他曾访问的所有地方和他眼见的每件事，包括路途的特色、国土、建筑物的种类、城市中的规章、国王们的庄严、政府和行政的制度，以及他在该邦观察到的一些奇妙事物"[1]。因此，他的游记内容更加可靠，与中国的历史文献也可相互参照，比如讲到城市建筑、警报制度、宫廷典仪，乃至音乐、舞蹈、杂技、饮食、外宾的待遇等，总之内容十分丰富。

盖耶速丁完整地记录了使团的行程。这个行程单可以看作那个时代丝绸之路的完整路线。1420年2月25日，使团离开了撒马尔罕，经过塔什干、赛蓝和阿思巴拉，于4月25日进入蒙古境内，经过由伊塞克湖和伊犁河，过天山、裕勒都斯西北而往。从裕勒都斯，使团于7月11日到达吐鲁番。7月13日，他们离开吐鲁番，于7月16日到达喀喇和卓。过此行5日路程，使团遇到中国官员，中国官员登录使节姓名并使团一行人数。此后行7日抵达阿塔苏菲（Atasufi）城，前行两站至哈密（Kamul），此后使团行25日跨越大沙漠。8月24日，使团抵达中国边境，中国官员来迎，再前行一段路程，使团看到沙漠中建起一座高台，台上有帐篷，中国官员为使团举行了盛大的宴会。8月27日，使团继续越沙漠前行，至喀拉兀耳（Karaul）堡，堡位于峡谷中，极坚固。道路经过峡谷中间。至肃州（Sukchan），使团寄宿于城门口大驿馆。从肃州到汗八里全途有驿站99所。使团自肃州行9个驿站而至甘州（Kamchau）。每一天使团均驻足一所驿站，每星期则到达一城。10月12日，使团抵达卡拉穆兰（Karamuran）河。经过37天跋涉之后，使团到达另一条大河，使团乘船渡过河去，23天后抵达萨丁府（Sadinfu），城市有一座铜制镀金大佛，高达50腕尺。此后11天，12月14日黎明前，使团到达汗八里城门。整个旅途花费一年零20天。

使团在北京停留5个多月后启程归国。使团的回程，是沿着原路返回。他

---

[1] 《海屯行纪·鄂多立克东游录·沙哈鲁遣使中国记》，何高济译，北京：中华书局1981年版，第103—104页。

典籍里的丝绸之路

们于1421年5月18日离开汗八里,7月2日抵达毕坎(Bikan)城,在这里受到盛情款待。10月3日使团渡过卡拉穆兰河。19天后到达甘州。使团在此滞留两个月,在肃州也停留一些时日,1422年1月9日始过边塞。使团由沙漠取少有人走的南路。5月30日抵达和阗,7月5日至喀什噶尔。从此地使团经俺的干(Andijan)峡谷即捷列克达宛(Terek Dawan),跨越高原而往。使团在此分为两路,一队取道向撒马尔罕,另一队取道巴达赫尚,趋向希撒尔沙都曼(Hissar Shasuman),8月18日到达巴里黑。1422年9月1日,使团最终到达哈烈,觐见沙哈鲁陛下,讲述出使之经历。其往返共计2年零10个月。

盖耶速丁参加的这个使团完全是执行官方使命。他们一到北京,就受到中国皇帝(明成祖)的接见。盖耶速丁详细描绘了在皇宫中受到接见的宏大场面。整齐的仪仗、森严的警卫、繁絮的礼仪,以及奢华的陈设,都在他的笔下栩栩如生,令人读来如亲临其境。他以相当多的篇幅介绍了在北京的外交活动,如觐见中国皇帝和太子,进呈礼品和接受皇帝的赐品,参加宴会,观看杂技歌舞,以及受到的各种礼遇。除此之外,他还描绘了北京城和皇宫的雄伟气势,并深为赞叹。例如,他描绘参观刚刚完工的新宫,"从朝见殿的门到外门,有一千九百二十五步远。……左右是亘绵不绝的殿室、亭阁和花园。它的整个地板是用大块瓷砖铺成的,其色泽极似白大理石。它的面积长宽为二百或三百腕尺。地板瓷砖的接头丝毫不显偏斜弯曲,以至人们以为它是用笔画出来的。石块镶有中国的龙和凤,光泽如玉石,使人惊叹。论石工、木工、装饰、绘画、瓦工的手艺,所有这些地方(即波斯)没有人能与他们(中国人)相比。如这些地方的名匠一见这些东西,那么他们会同样信服和表示他们的赞赏"[①]。

盖耶速丁在北京期间,赶上中国农历新年。他记载了明宫中安扎"鳌山灯"的壮丽场面。他写道:

> 那些天中另一件事是,他们有庆祝七天七夜"灯节"的习惯。在皇城的范围内,他们建筑一座木头小山,整个面上覆以松柏枝,看似一座绿

[①] 《海屯行纪·鄂多立克东游录·沙哈鲁遣使中国记》,何高济译,北京:中华书局1981年版,第126页。

玉山。那里挂着十万盏灯，尚有几千用木板制成的俑，其形状、面孔和服装，远看与真人无异。那些灯都用绳连接，绳上穿着火油爆管，当一盏灯点燃后，爆管开始沿着那些绳子滑动，把它接触到的灯都点着，以至在刹那间从山头到山底灯火通明。城内的百姓也在他们屋舍和店铺门上点燃无数的灯。①

盖耶速丁对明朝的法律制度也有细致的观察和描写。他在皇宫等候接见时，看到皇帝对一批囚犯的最后判决。他说："在整个中国，官吏或司法官均无权把任何人处死。一个人犯罪时，就把他的罪行，按他们法律中定下的罪行处分，写在一块木牌上，再用链子或枷板系于他的脖子。罪人这样给送往北京。哪怕他到那里有一年的旅程，仍然绝不让他停留，直到把他送达北京。"② 盖耶速丁还真实记述了中国的警报制度。中国自古以来就有烽火台，元代时又开始实行急递铺制度。明代的警报制度是急递铺制和烽火制并用。盖耶速丁记载说：

> 烽火指的是一所高二十码的房子，在这座建筑物上总有十个人在守望。他们实际上把它建筑得高到从那里可以望见另一座烽火。倘若突然发生了意外的事，例如在边境地点出现了外国军队，他们马上点燃烽火。下一个烽火一发现火的信号，就照样行动。这样在一天一夜的时间中得知三个月旅程外发生的事。紧跟这烽火之后，所发生的事被记在一份信件中，由急差一手交到另一手。急递铺指的是很多长期驻守在一个特殊地点的人户。他们的职掌和工作是这样：当接到一份信件时，一个作好准备的人立刻把它火速送往另一急递铺。他又用同样的方法送往下一个，直到把它送达都城。③

---

① 《海屯行纪·鄂多立克东游录·沙哈鲁遣使中国记》，何高济译，北京：中华书局1981年版，第127页。
② 《海屯行纪·鄂多立克东游录·沙哈鲁遣使中国记》，何高济译，北京：中华书局1981年版，第119页。
③ 《海屯行纪·鄂多立克东游录·沙哈鲁遣使中国记》，何高济译，北京：中华书局1981年版，第111—112页。

> 典籍里的丝绸之路

因为盖耶速丁参加的这个使团是正式的官方使团，所以他们一进入中国境内，便有中国官员迎接并安排食宿、交通等事宜。他们被安排住在沿途各地的驿馆。驿馆为这些外国使臣提供食物和其他必需品，准备了450匹马和快骡，另有50到60辆车。这样他们每天到达一个驿馆，每礼拜到达一个城镇。每到一处都有当地官员迎来送往。越是接近北京，礼节就越是隆重。盖耶速丁记述了沿途的经历和受到的礼遇，特别提到了渡黄河时过的一座舟桥：

> 河上有一座由二十三艘船搭成的桥，壮丽坚实，用一条粗如人腿的铁链连接，铁链又两头各拴在一根粗若人腰、在岸上有十腕尺远，并且结实地埋进地里的铁桩上，船是用大钩跟这条链子连接起来。船上铺有大木板，坚固平坦，所有牲口毫无困难地从上面通过。①

盖耶速丁本人是位画家，所以他对中国的艺术特别留意观察。他沿途参观了许多佛教庙宇，除了描绘庙宇建筑之雄伟、佛像制作之精美外，还特别注意到寺院中的浮雕和绘画作品。他说墙上的图画会"使世上所有的画工都惊叹不止"，"哪怕名画师看见都要惊叹"。他还说到在甘州参观的一座塔，他说："世上所有的木工、铁匠和画师都会乐于去参观它，由此为他们的行业学点东西！"② 盖耶速丁深为中国艺术所陶醉。他无论是在皇宫还是在佛寺，抑或是在旅途各处，都注意考察和研究中国的绘画、雕塑、装饰和建筑艺术，并详细记载在自己的游记中。此外，据有的研究者认为，盖耶速丁也于其旅途中带回了一些中国画以及由他本人绘制的素描和速写画，用以补充哈烈的收藏品。这些收藏品后来启发了许多波斯画家的灵感。

---

① 《海屯行纪·鄂多立克东游录·沙哈鲁遣使中国记》，何高济译，北京：中华书局1981年版，第115页。
② 《海屯行纪·鄂多立克东游录·沙哈鲁遣使中国记》，何高济译，北京：中华书局1981年版，第114、115、116页。

三 阿克巴尔的《中国纪行》

明代初期，特别是永乐年间，中国与中亚和西亚地区的往来是很频繁的。成祖"欲远方万国无不臣服，故西域之使岁岁不绝"。然而，成祖之后，这种频繁交往的势头逐渐减弱了。而"自仁宗不勤远略，宣宗承之。久不遣使绝域，故其贡使亦稀至"（《明史·卷三三二·哈烈传》）。孝宗时，国势渐衰，朝廷对同西域的交往活动感到财力负担过重，因而更加"不勤远略"，"边臣劫贡"的事也常有发生，进入中国的外国人要比以前少得多了。15世纪末16世纪初，中国与西域的关系实际上已处于低潮。

然而，正是在这时候，有一个叫赛义德·阿里·阿克巴尔·契塔伊（Seid Ali Akbar Khatai）的中亚人来到中国。关于阿里·阿克巴尔身世，据法国学者玛扎海里推测，他可能是一名商人，青年时代是在撒马尔罕度过的，"而撒马尔罕正是前往中国的驼队的启程地和从中国返回的所在商队的到站地"。他的名字中的"契塔伊"（Khatai），意思是"中国人"或"前往中国北方旅行的人"。因此，他可能不止一次地到过中国。否则就不会享有这样的绰号。[①] 他从中国回去后，于1516年在奥斯曼帝国京城君士坦丁堡用波斯文把他的所见所闻写成《中国纪行》（*Khitai-nameh*）。这部著作是代表16世纪初期波斯人乃至中亚和西亚人对中国的知识的一份重要文献。

《中国纪行》不同于普通的游记，也不仅仅限于旅途的见闻，而是试图对中国进行系统的介绍。《中国纪行》全书共分21章，论述了当时中国社会各个方面的情况，包括国家、军队、法律、监狱、经济管理、城市建设、历史、地理、文化、艺术、宫廷礼仪、社会习俗，甚至对妓女、乞丐，都有或详或简的描述。季羡林说此书"简直是一部中国的百科全书"[②]。

[①] ［法］玛扎海里：《丝绸之路——中国—波斯文化交流史》，耿昇译，北京：中华书局1983年版，第112、117页。

[②] ［伊朗］阿里·阿克巴尔著，张至善编：《中国纪行》，北京：生活·读书·新知三联书店1988年版，第2页。

典籍里的丝绸之路

1500年前后，中西交通已入低潮。在这种情况下，《中国纪行》对16世纪西亚人了解中国必定起了重要作用。对于欧洲人来说，它更是自13世纪的《马可·波罗游记》、14世纪的《伊本·白图泰游记》，到17世纪后半叶的耶稣会传教士报告中国情况之间唯一的、全面描述中国的文献。德国东方学家保尔·卡莱（Paul Kahle）认为，《中国纪行》的价值犹如第二本《马可·波罗游记》，它涉及范围极广，内容详细而有趣，与《马可·波罗游记》相比有过之而无不及。

阿里·阿克巴尔的《中国纪行》中首先介绍了通往中国的道路情况。他写道：

从伊斯兰国家经陆路到中国去，有三条路线可走：一是克什米尔路线，二是蒙古路线，三是和阗路线。

和阗路和克什米尔路上人烟稠密，一路上有水和饲草。然而走上十五天后，水和饲草就不再多见了。但每经一站都可挖地取水，挖半人深，地就出水，有些地方甚至挖一肱深就可见水。

至于蒙古路（即察合台），那是一条很好的路。埃米尔·帖木儿曾想走这条路，他下令让每个驿站（约为一天路程）都设立一座城堡，给每个城堡派几千名士兵。这些士兵平时种地屯粮。这样，在过大军时就不愁没有粮草给养了。……沿着吉洪即阿姆河两岸到中国边境的肃州关口，有三个月路程。在这个关口上，他们建造了一座非常坚固的城堡，周围挖了一条壕沟，并筑起一道长城和许多箭楼。从这里起，要在中国境内走几个月，每一站都有一个城镇和堡垒。[1]

阿里·阿克巴尔的《中国纪行》与其他中国游记的不同之处，在于它不仅仅是作者的亲身经历和见闻，而且试图对中国作系统的介绍。他提供了一系列有关中国机构和中国地理的情况。他说中国的行政管理机构是以府、定州、

---

[1] ［伊朗］阿里·阿克巴尔著，张至善编：《中国纪行》，北京：生活·读书·新知三联书店1988年版，第38—39页。

郭台、郭、县、乡依次排列的。"按照中国制度，每个地区都设有地方官吏和监察。"他把中国分为12个大的部分或12个省，并大体介绍了每个省的地理位置。不过，当时的明朝是分为15个省，可能阿克巴尔说的12个省是沿袭元代的说法。他说每个省都有许多大城市，"每个城市都有大不里士那么大"。和13—14世纪来中国的旅行家们一样，阿克巴尔对中国城市特别感兴趣，尤其是对中国城市的规模之大赞叹不已。他写道，有一位游览过杭州的人说："我们早上从杭州的一头开始走，到了晚上才到城的中间，就在那里留宿过夜，第二天早上再走，到晚上才走到它的另一头。真主知道，他们说的都是真的。中国的大多数城市都很大，汗八里也是这样大。……中国城市之大是众所周知的。"①

阿克巴尔还谈到中国各地的财富和特产，如麝香、白银、亚麻、绸缎、波纹绸、珍珠、翡翠、煤以及瓷器等，而他最感兴趣的是瓷器、煤和银。他说中国的瓷器洁白、质细，瓷器上绘有动物和四季植物的图案。烧瓷工匠们也把他们的手艺作为传家宝世世代代保留了下来。他还提到了瓷器的烧造技术和销售方式。他提到中国人以"石头"（煤）作为燃料，代替柴火。他说中国白银的产量很大，中国四分之一的白银即相当于全世界其他国家白银的总储藏量。

阿克巴尔对中国军队的组织和训练作了详细介绍。他认为，从中国军队的士兵、训练、武器、纪律等方面来看，中国的战士是世界第一流的。中国士兵是一往无前的。他说中国军队戴盔披甲，武器齐备，配有火炮、铳枪，每天都进行严格的训练。他们动作灵活，敏捷机智，精通兵器并敢于交锋。在世界上除了中国，"没有任何地方有这种经久的每日训练"。他说："中国人管理军队是很高超的，如果下达命令，可以在一个时辰之内在兵场上集合五万全副武装的人马。"不过，他还指出："中国军队很少作战，他们不想侵占别国领土，而只是保卫自己的国家。但他们并不松闲而永远有事做。例如，建设城市、驿

---

① ［伊朗］阿里·阿克巴尔著，张至善编：《中国纪行》，北京：生活·读书·新知三联书店1988年版，第99页。

站或堡垒，挖国境护沟。"①

阿克巴尔对明朝的法律制度给予更多的关注，以较大的篇幅作了介绍。他描绘了中国的监狱情况以及处置犯人的刑罚、对死刑的判决。他写道，中国人说，"像我们国家这样的统治和管理别的国家是没有的。事实上我也没有见过和听过其他国家治理到这种程度。中国依靠法律管理，没饭吃也不能违法""正是由于忠于法律，他们的国家几千年来没有遭到破坏，相反地，它日日昌盛"②。

和许多到过中国的外国人一样，阿克巴尔对中国的繁荣富庶有很深的印象。他说："我们在中国内部旅行了上百天，亲眼见到连绵不断的农田。在山坡、沙漠和沙石地区，他们运土到那里造田，并在新造的田上种庄稼。庄稼种得十分稠密，……从农业可以了解人民生活和国家的繁荣。"③ 他还谈到明朝政府在饥馑时期所采取的措施。和其他旅行家一样，阿克巴尔对中国的驿站制度也多有记述。因为他们在中国旅行，在很大程度上依赖各地驿站提供的便利。与盖耶速丁一样，他也提到中国的警报制度，他说，由于有了烽火台，"一个月路程以外的敌人来犯的信息，一天之内就可以传到首都"。

阿克巴尔对中国人的日常生活习惯、节日礼俗的描写细致入微，栩栩如生。特别是对中国人过新年的介绍，更是详细生动。他说，中国人"在全国范围内过节欢庆一个月。到处喜气洋洋，又吃又喝，十分愉快"。按照中国的习俗，时值新年，无论贫富，都要穿上美丽的新衣服。因为中国人相信，新年会给万事带来新气息。"这时中国皇帝的宫殿更加辉煌。成千的显贵，成群结队地来到皇宫，他们穿着五颜六色的中国绸缎衣服，有红色的，有绿色的，也有棕色的，里三层外三层，可达十层之多。""皇帝也享受着这样欢乐的聚会。在面对着皇帝的宫院里，张灯结彩，显贵们衣着五颜六色的绸缎，就像春天的

---

① ［伊朗］阿里·阿克巴尔著，张至善编：《中国纪行》，北京：生活·读书·新知三联书店1988年版，第56、59—60页。
② ［伊朗］阿里·阿克巴尔著，张至善编：《中国纪行》，北京：生活·读书·新知三联书店1988年版，第141、83页。
③ ［伊朗］阿里·阿克巴尔著，张至善编：《中国纪行》，北京：生活·读书·新知三联书店1988年版，第124页。

原野和一幅美丽的中国画。"① 阿克巴尔还说到新年的宴会。他说新年的宴会丰盛已极,除了有各种各样的佳肴外,还喝一种米酒。在宫廷的宴会上,皇帝和官员都彼此恭贺祝福。还有乐师和歌手演唱乐曲,使宴会气氛更加热闹。他说,只有身临其境,享受其乐者才能领会这种愉快和欢乐。除了中国有这样的宴席,在世界其他地方是看不见的。

  阿克巴尔对中国的科学技术、工艺和艺术也有所介绍。他认为中国的医学和天文学都很发达。在医学方面,最使他赞不绝口的是胸外科手术。他说到他的一个同伴曾患有心脏病,到中国后寻医看病,中国医生把这个人的胸切开,在心脏部位做了治疗,使病人摆脱了病痛。他介绍说中国的天文学研究分为4个部分,分别由4位高级官员领导。他们编成一部精选的历书,呈给皇帝审阅定稿。他提到中国的火药,说烟火十分普遍,老少都会制火药,人人皆知造烟火。他还说到,在中国各地,每个城市或街道都有一个大的画院,陈列着奇特的画幅和作品。各小城镇也有适合自己特点的绘画展览馆。阿克巴尔还注意到中国的教育制度。他说中国各地都有教授数学和其他科学的学堂。在学堂里学成后就可成为官吏。他们学习过法律,将是执法者,实际上也是国家的治理人。

  许多中外关系史的研究者都抱怨《马可·波罗游记》中没有提到中国的长城。而在阿克巴尔的《中国纪行》中,则几次提到长城,并对长城的建造及功能也有介绍。

  和到过中国的许多旅行家一样,阿克巴尔在他的纪行中,处处流露出对中国和中华文化的倾心仰慕之情。他赞扬"中国人十分讲究礼貌和尊敬人,好像他们把世界的礼貌都集中起来,传授给他们的男女"。他由此赞扬神圣和崇高的"创世者",说"他把无数的'中国美人'画在每个城市和每个'画馆'的墙壁上"。② 李约瑟曾指出,《中国纪行》"是一件重要的文献,能说明16世纪初期波斯人对中国的认知"。与100年前的《沙哈鲁遣使中国记》相比,阿

---

① [伊朗]阿里·阿克巴尔著,张至善编:《中国纪行》,北京:生活·读书·新知三联书店1988年版,第94页。
② [伊朗]阿里·阿克巴尔著,张至善编:《中国纪行》,北京:生活·读书·新知三联书店1988年版,第106、31页。

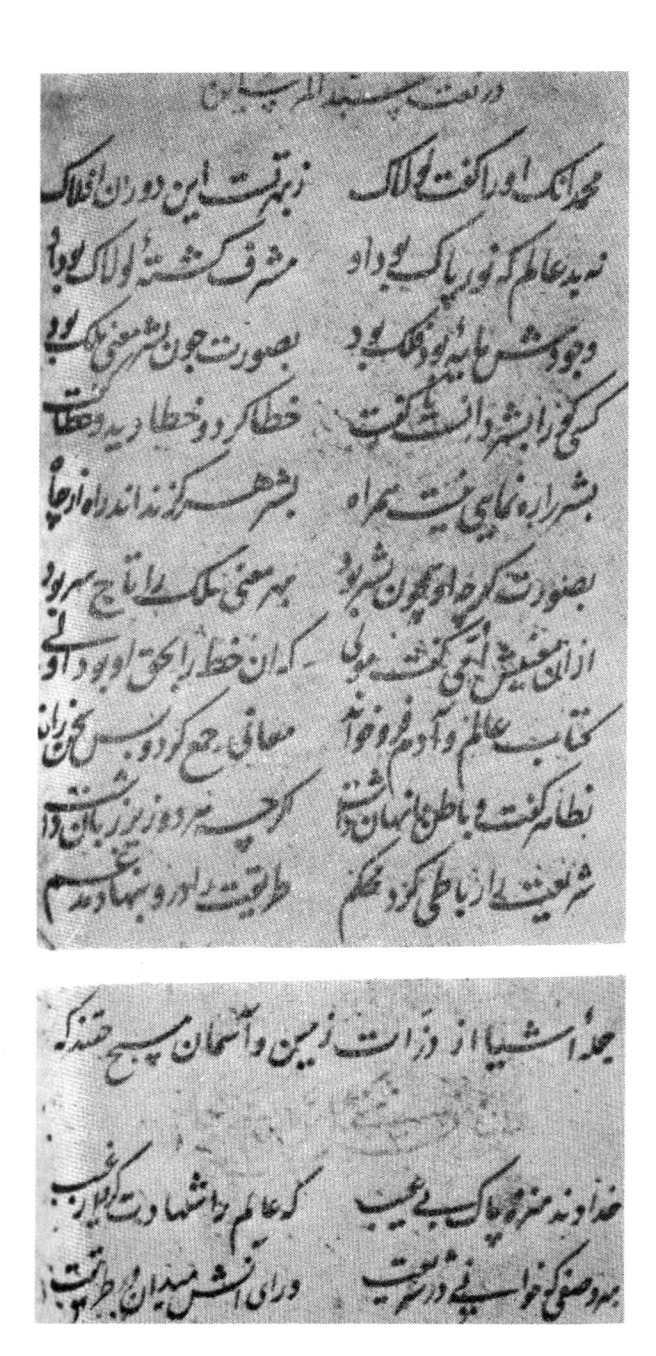

图 10-3-1 阿里·阿克巴尔《中国纪行》波斯文 1516 年手抄稿本
（伊斯坦布尔及开罗国家图书馆藏）

克巴尔的《中国纪行》对中国的了解和介绍，内容更为广泛，阐述得也更为深刻。虽然也有一些得自道听途说的传闻和不甚准确的记载，但总体来说还是真实可信的。并且，更为重要的是，《中国纪行》的基调，与《沙哈鲁遣使中国记》一样，都认为当时东方的中国，是一个充满奇迹般事物的、昌盛强大的国家。19世纪德国学者伏莱舍（H. L. Fleischer）是最早发现和研究《中国纪行》的学者之一，他评价这部著作说："从本书序言可以看到它照传统的方式，充满了亚洲式的修辞，像用大小花卉点缀似的。全书在风格上，尽管插进了许多诗文，打断了全书的叙述，但写得朴实，使人感到著者是用实际事实来启发吸引人们。一些表达和某些叙述是有教育意义的，它们联系着道德和政治的目的，例如关于中国国家的公共机构，关于中国行政管理的井井有条，关于中国某些机构的实用有效等，都是一面镜子可供奥斯曼帝国借鉴。"①

四　利玛窦关于丝绸之路的考辨

16世纪末以后，陆续有天主教传教士来到中国传教。第一位进入中国内地传教的是意大利传教士利玛窦。利玛窦在晚年除主持中国耶稣会教务、从事传教活动之余，还撰写了他在中国传教经历的回忆录。《利玛窦中国札记》共分5卷。第一卷主要介绍中国的状况。首先介绍中国的地理位置，版图的大小，所跨越的经度和纬度，行政区域的划分；接着介绍中国丰富的物产。后半部分侧重介绍中国的制度和文化，包括中国的文字、书法、哲学、天文、历算、教育、科举制度、政府机构、君主制度、官阶制度、法律制度，以及中国人交往的礼节和习俗等；然后介绍中国的儒教、佛教和道教。第二卷至第五卷记载了耶稣会传教团在中国传教的过程。《利玛窦中国札记》是一部当时最有权威的、认真而全面地介绍中国文化的力作，对于欧洲人了解中国起到了重要

---

① ［伊朗］阿里·阿克巴尔著，张至善编：《中国纪行》，北京：生活·读书·新知三联书店1988年版，第159页。

作用，是"欧洲人叙述中国比较完备无讹之第一部书"①。

利玛窦的中国札记是"写给欧洲人读的"，所以他首先从地理上介绍中国。我们看到，无论是早期来中国的传教士或旅行家，还是利玛窦及其以后的耶稣会士们，都很注意介绍中国的地理情况。在这当时的欧洲是十分重要的和必要的，因为当时人们对于中国的具体位置还不很清楚，所以才会出现哥伦布寻找中国而发现了美洲这样伟大的"错误"。此外，当时人们对于中国的地理概念还停留在马可·波罗的水平，那么，马可·波罗所说的"契丹"和"蛮子"就成了一个难解之谜。而从利玛窦开始，才把"契丹""蛮子"和"中国"联系起来，统一起来。

利玛窦明确指出，被人称为"丝绸之国"（serica regio）的国度，就是他所到达的这个中国。明确这一地理概念，对于当时欧洲人的中国认知，是一个非常重要的问题。

马可·波罗和后来的方济各会传教士都曾叙及东方大国 Cathay（契丹），但欧洲人始终不知道这指的就是中国（China）。一般人们都认为"契丹"与"中国"是两个国家，"中国"在"契丹"的东边；或者认为"中国"是"契丹"的一部分。李约瑟指出："在欧洲中古时期，对于 China 和 Cathay 这两个名称是否指同一个国家还不能辨别，就像在早期对于 Sina 和 Seres 的情形一样。理由是相同的，因为上述两组名称中的前者是由海路而来，后者则由陆路而来。"②

对于最早到达东方的葡萄牙人来说，直至16世纪末，马可·波罗在其《马可·波罗游记》中讲述的那个"Cathay"（葡文常写作 Cataio，即"契丹"），仍然是一个神秘的国度。尽管他们早在1508年（明正德三年）就曾同中国人在马六甲相遇，1513年就踏上了中国的土地，1517年向中国派遣使节，1521—1522年曾两次同中国师船在中国东南沿海兵戎相见，1553年（明嘉靖三十二年）借居中国领土澳门。此后，耶稣会士又渐次由中国沿海进入内地传教，但他们并不知道他们在马六甲遇到的"Chins"（秦人），就是《马可·

---

① [法] 费赖之：《在华耶稣会士列传及书目》上册，冯承钧译，北京：中华书局1995年版，第150页。

② [英] 李约瑟：《中国科学技术史》第1卷，袁翰青译《导论》，北京：科学出版社1990年版，第174页。

波罗游记》中的"Cataios"("契丹人"),所遣使的国家"China"(秦国),就是他们自 15 世纪中叶起,一直向往的那个"遍地黄金"的"Cathay"。虽然 16 世纪初,葡萄牙人还不知道 Cathay 究竟位于东方何处,也没有证实 China 与 Cathay 之间是否有什么关系,但是,他们并没有因为此时已经很少有人谈论这个神秘的 Cathay 而不再相信它的存在,更没有放弃对"发现"或征服 Cathay 的锐意追求。

葡萄牙人在进入印度洋并向太平洋扩张期间,所到之处,几乎都会见到来自"秦人之地"(Terras dos Chijns)的丝绸、瓷器等物产,都能听到有关"秦人"和"秦人之地"的奇闻逸事,所以,他们的目标不仅仅是紧盯着印度和亚洲其他国家,还非常重视搜集有关"秦人之地"的情报,打探"秦国"的虚实。达·伽马首航印度,以及在达·伽马前后曾经去过马林迪或马六甲的葡萄牙人,他们在返回里斯本之时,不仅带回许多"秦人之地"的物产和情报,还向亲友、朝廷大臣甚至国王转述了一些有关"秦人之地"的故事。此外,1502 年,一位葡萄牙探险家根据葡萄牙船长和水手的见闻绘制了一张亚洲地图,地图上的马六甲近旁标着 Terra dos Chins("秦人之地"),并且还注明了该地的物产,如大黄、珍珠、麝香、瓷器等。葡萄牙国王唐·曼努埃尔一世对"秦人之地"极有兴趣,他派遣阿尔梅达(Dom Francisco de Almeida)和阿尔布克尔克(Afonso de Albuquerque)到东方建立殖民帝国之后不久,即于 1508 年 2 月 13 日诏令塞盖拉(Diogo Lopes de Sequeira)前往征服马六甲,并以此为扩张基地,开发远东。此外,国王还在谕令中要求塞盖拉调查一系列问题。唐·曼努埃尔一世这道考察"秦人"和"秦人之地"的谕令说明,当时他并不知道此"秦人之地"或"China"就是《马可·波罗游记》中的"Cathay",否则,他会责成塞盖拉去设法证实 Chins("秦人")是否来自 Cathay,或者 Chins 是否就是 Cataios。不仅葡萄牙国王把 China 和 Cathay 看成是两个毫不相干的国家,就连 16 世纪中叶在澳门或广东学习汉语并准备进入中国内地传教的耶稣会士,他们也都以为 China 和 Cathay 是两个国家,并且说 Pequim(北京)是前者的首都,Khanbalik(汗八里)是后者的首都。

不过,16 世纪初,随着地理大发现时代的到来,有一些商人和传教士到

> **典籍里的丝绸之路**

了菲律宾等中国周边地区，甚至进入中国的沿海地区，开始对"契丹"与"中国"有了一些认识。比如葡萄牙人伯来拉曾提到，葡萄牙人所说的"中国"（China），实则叫"大明"，居民叫作"大明人"。葡萄牙人称中国为"China"，很可能是从交趾支那（Cochin China）这一称谓中派生出来的。皮列士曾确认"北京"就是"汗八里"，并估计"中国"和"契丹"可能是同一国家的不同名称。在德·拉达的记述中，就明确地提出："契丹"实际上是"中国"或"中华"的另一个称谓，按朝代，现在称作"大明"。这是拉达行纪中的一个特别值得注意的看法。但是，拉达对于这一结论并没有提出明确的证据，所以也没有人予以特别的注意。但是，拉达的这个论断可能对利玛窦有所启发。因为在来华的途中，行至马六甲时，西班牙籍的方济各会士若望-巴蒂斯特·路卡瑞利也登上利玛窦乘坐的舰船一同前往澳门。在旅途中，他们很可能讨论过中国国名的问题。

传教士们关注"契丹"与"中国"是否为同一个国家的问题，还有其宗教上的原因。在《马可·波罗游记》中，至少有二十几处论及基督教在契丹各地传播的情况。但当时的基督教徒大多为西北少数民族和来华的外国人。1368年元朝灭亡，信奉基督教的教民大多数迁居塞外。不过，200年后来华的传教士并不了解这个情况。他们特别关注"契丹"与"中国"的名称问题，如果最终证实契丹为中国北方的一个独立国家，那么他们将致力于寻找从陆路通往契丹的通道，进一步和契丹的基督教徒建立联系，南北合围将十分有利于最终实现中国的基督教化。如果最终证实"契丹"和"中国"为同一国家，那么中国历史上曾有人信仰过基督教这一史实本身就是对耶稣会士的一个鼓舞，也必将增强他们归化中国人的信心和热情。

利玛窦等人进入北京后，开始对中国的地理有了一些明确的概念。1601年，利玛窦和他的助手、西班牙传教士庞迪我因为中国政界的内部分歧而受到牵连，一时被关押在会同馆内。在会同馆里，他们遇见了两支来自西方的穆斯林商队。他们都是按照明朝的规定，每5年一次从陆路来北京朝贡的。利玛窦和庞迪我借机向他们询问一些他们路途上的见闻。当问他们，在他们的国家是如何称呼这个他们正在向其朝贡的国家时，两支商队的人都回答说叫"契丹"。而且他们说，除了他们自己的国家以外，所有的莫卧儿王朝统辖的国

第十章 明前期西方人记述的东西交通

家、波斯和其他各地都称中国为"契丹",而没有别的称呼。利玛窦和庞迪我又问这些朝贡商人,如何称谓他们现在所在的这座都城?他们回答说是"汗八里"。由此利玛窦和庞迪我终于证实,所谓的"契丹"就是"中国","汗八里"就是"北京"。这就第一次肯定了马可·波罗所说的契丹乃是中国的别名,中国就是 Cathay,或 Khitai,或 Xathai。

1602 年,庞迪我在写给古斯曼主教的长信中将这一发现作了报告。这是将经过证实的"契丹"就是"中国"的科学论断第一次传播到欧洲。与此同时,利玛窦也给在印度的传教士们发去信函,说明"契丹"和"中国"就是一个国家,并且列举了许多证据来证明这一点。但是,在印度的传教士们对此说法一直将信将疑。当时作为莫卧儿王朝宫廷耶稣会传教团团长的是沙勿略的侄孙哲罗姆·沙勿略(Jerome Xavier)。他在伴随莫卧儿君王在印度各地视察时,不断听说从陆路可以通达马可·波罗所描述的"契丹"和雪域高原西藏。而且,据传说这两地的居民多信仰基督教。因此,他坚信"契丹"和"中国"是两个不同的国家。哲罗姆和视察员皮门塔(Nicbolas Pimenta)于 1599 年向教皇和西班牙国王菲利普三世(Felipe Ⅲ)作了报告,希望派遣传教士去寻找通往"契丹"和西藏的通路。菲利普三世对于哲罗姆的计划非常支持。于是,"为了解决这些互相冲突的疑点,也为了寻找一条是否有与中国通商的捷径,他们最后决定进行这次探险调查"①。他们于 1603 年派葡萄牙耶稣会传教士鄂本笃(Bento de Goes)率队从陆路寻找通往"契丹"之路。

关于鄂本笃的经历,在《利玛窦中国札记》中有专门的 3 章来论述。1603 年 1 月 6 日,也就是利玛窦到北京的两年后,鄂本笃从拉合尔出发,开始了他漫长的旅程。鄂本笃一行从拉合尔到喀什噶尔,然后到达喀布尔,通过丝绸之路,进入察理斯城(又译"焉耆")。他们在这里遇到了从北京回来的商人。这些商人正是在北京和耶稣会的神父们包括利玛窦、庞迪我等共住在会同馆的那些穆斯林。他们向鄂本笃修士提供了有关利玛窦及其同伴的第一手消息,还向鄂本笃展示了利玛窦等人用葡萄牙文写的字条。"正是以这种方式鄂

---

① [意]利玛窦、[比]金尼阁:《利玛窦中国札记》,何高济等译,北京:中华书局 1983 年版,第 542 页。

本笃才首次极为高兴地得知，中国真是他要去的契丹。""鄂本笃和他的同伴们对这个消息惊喜过望。他们已毫不怀疑，契丹只不过是中国的另一个名字，而撒拉逊人称为汗八里的那个首都就是北京城。离开印度之前，鄂本笃从他在中国的兄弟们的来信中得知这完全符合他们的论点。"① 鄂本笃一行继续东行，进入嘉峪关，到达肃州。"就是在这里，鄂本笃修士最终打消了他对契丹和中国除了名字之外完全是同一个地方这一点所报的任何怀疑。"② 这已经是1605年底，从他们出发到现在已经两年了。

鄂本笃在肃州给利玛窦写了一封信，托人带到北京。这封信于1606年11月送达利玛窦手中，他们马上安排人去接鄂本笃。12月11日，中国的教徒钟鸣礼（Giovanni Femandes）修士从北京出发，于1607年3月底到达肃州，与鄂本笃会面。据此，契丹和中国的关系才终于得到了证实，而马可·波罗所描写的中国也为人们所确认。鄂本笃与钟鸣礼的这次会面被认为是确认"契丹"和"中国"为同一个国家的标志性事件，而这一确认，如前文所说，是一个伟大的发现。钟鸣礼本来要接鄂本笃去北京，但是他这时已经病得很重了。在钟鸣礼到达后的第11天，鄂本笃就去世了。他自己知道，他是在"中国"去世的。鄂本笃是地理大发现以后第一个通过陆路到达中国的欧洲传教士，他为发现了"契丹"就是"中国"这一伟大的发现奉献了自己的生命。英国东方学家裕尔指出："1603年鄂本笃的契丹之行，其特殊目的是为了探索先前欧洲旅行家和近时伊斯兰教徒所记载的契丹和中国是否为不同的地区，对二者同时并行的赞美在当时已传诵多年。正如鄂本笃的一位教友为其所作的墓志铭所说，鄂本笃'探寻契丹却发现了天堂'；但不久他就确知中国和契丹实为一个国家。"③

《利玛窦中国札记》指出，托勒密时代为人所知的 Sina，近世葡萄牙人兴起后所说的 China，就是马可·波罗所说的 Cathay。这一萦绕在欧洲人心头几百年的历史之谜终于有了肯定的结论。许多西方人是在读了《利玛窦中国札

---

① ［意］利玛窦、［比］金尼阁：《利玛窦中国札记》，何高济等译，北京：中华书局1983年版，第557页。
② ［意］利玛窦、［比］金尼阁：《利玛窦中国札记》，何高济等译，北京：中华书局1983年版，第558页。
③ ［英］裕尔：《东域纪程录丛》，张绪山译，昆明：云南人民出版社2002年版，第144页。

记》之后才得知"契丹"就是中国这一重要结论。有学者认为,也许《利玛窦中国札记》中最有意义的历史项目是他揭示了契丹就是中国的另一个名字,而不是欧洲在马可·波罗时代所认为的另一个国家。"他解决了中国—契丹问题,奠定了一个新的地理时代。"利玛窦的"这一重大发现可以和亚美利哥·维斯普齐(Amerigo Vespucci,1451—1512)之论证哥伦布所发现的新大陆并不是印度相媲美,堪称近代初期西方地理学史上最有价值的两大贡献"[①]。

而这一发现,实际上就考辨和证实了陆上丝绸之路的存在。

图 10-4-1 中国籍耶稣会士游文辉绘《利玛窦像》,
这幅画后来由金尼阁带回罗马,保存在罗马耶稣会总部

---

① 何兆武、何高济:《读利玛窦的〈中国日记〉》,《中国文化研究集刊》第 2 辑,上海:复旦大学出版社 1985 年版,第 132 页。

典籍里的丝绸之路

图10-4-2 《利玛窦中国札记》法文第一版，1616年

第十一章　俄罗斯记载的东方之路

一　俄罗斯对东方之路的发现

地域的接近使俄国迫切需要了解中国，特别是西欧人这时也在努力寻找从欧洲经西伯利亚到中国的最短的陆上道路，并多次努力想从俄国借道，遭到俄国的拒绝。但这也引起沙皇俄国的高度警觉，他们力图把从俄罗斯到华北地区的商路掌握在自己手中，所以，取道西北陆路来华几乎是俄国人的专利。

1616年，沙皇政府曾派遣图敏涅茨到喀尔喀蒙古西部的科布多地区进行活动。图敏涅茨在科布多期间，曾听到关于中国内地情况的种种传闻，他回到俄国后在报告书中写道：北京城的规模是"如此宏伟，骑马绕城走一圈也需要十天时间"。又说，中国盛产黄金、白银、生丝、绸缎、天鹅绒、小麦、大麦、燕麦、小米等等，应有尽有。这些消息激起了俄国政府的很大兴趣。1618年，沙皇米哈伊尔·费奥多罗奇为获得关于中国内地情况的详细材料，决定派伊万·佩特林率领的哥萨克代表团出使北京。

1618年（明万历四十六年）5月中旬，使团从托博尔斯克出发，经喀尔喀蒙古、归化城（今呼和浩特）、张家口和宣化等地，穿过长城，于同年9月到达北京。这是以前俄罗斯人所没有走过的通往北京的路，所以佩特林此行最引人瞩目的是对这条路的发现。

明朝政府对佩特林一行予以适当的礼遇。他们在北京总共逗留了4天，明朝万历皇帝尽管未能接见这个外交使团，但下给它一封诏书，允许俄罗斯人前来建使馆、在中国做买卖。1619年春，佩特林使团返回俄国。他们在出使期间搜集了有关中国地理、物产、交通、军事等各方面的情报。佩特林于1619年9月回到莫斯科，呈上了《详细的笔记，内容涉及中国和罗宾斯克及其他一些或定居或游牧国家的情况，其中还有大鄂毕河、其他河流和路途上的种种描述》（以下简称《详细笔记》）。他描绘的中国城市都十分华丽，行业兴旺，货物一应俱全；北京城"非常大，洁白如雪呈四方形，绕城一周需4天。在4个城脚和城墙中央都筑有又高又白，并刷有各种颜色的城楼"。中国人"不论男女都很整洁"。他还写到中国的长城，"这个雄伟的工程使他大为震惊，他对中国长城进行了详细的考察和记录。……他是第一个看到中国长城的俄国人"[1]。除《详细笔记》外，佩特林还带回了"中国地图"和明朝万历皇帝的文书。虽然"佩特林的中国之行并没有取得实际的结果，即没能同中国建立稳定的关系，但他第一个讲述了那条不为人知的北京之路，那条穿过阿尔泰山系、戈壁滩，经张家口直达长城的通途"[2]。

"佩特林的《详细笔记》是第一批俄罗斯旅行家中最有价值的文献之一。"[3]《详细笔记》很快在欧洲广为传播，引起地理学家、外交官、出版者的极大兴趣。佩特林返回俄国5年后，《详细笔记》先是以英文面世，后来几乎以所有的欧洲语言出版。因为当时的欧洲人对佩特林所经过的这条线发现的通向中国的道路十分关注。

1654年2月，沙皇阿列克塞·米哈伊洛维奇指派费多尔·伊萨科维奇·巴依科夫（1612—1663）出使中国。此行的主要任务是：（1）转达沙皇同中国友好相处的愿望；（2）探听清政府对俄方针和通使、通商的可能性；（3）详细调查中国的商品、物产、交通、军备、财政、人口、城市等方面的情况。

巴依科夫一行携带沙皇的国书，于1656年（清顺治十三年）3月到达北

---

[1] [苏联] 马吉多维奇：《世界探险史》，屈瑞、云海译，北京：世界知识出版社1988年版，第598页。

[2] [俄] 斯卡奇科夫：《俄罗斯汉学史》，柳若梅译，北京：社会科学文献出版社2011年版，第8—9页。

[3] [俄] 斯卡奇科夫：《俄罗斯汉学史》，柳若梅译，北京：社会科学文献出版社2011年版，第11页。

京。使团出发前，俄国政府已听说中国礼仪烦琐，还会要求外国使者下跪，履行丢脸的仪式。为了避免俄使受辱、维护俄国的体面，俄国沙皇颁下训令，命令俄使巴伊科夫觐见中国皇帝时，必须按照欧洲各国通行的礼仪，其他如亲吻礼仪、递交国书、呈送礼物等细节，也详列办法，不愿接受中国安排的礼仪。巴伊科夫到北京后，遵守沙皇训令，不愿先交出俄国国书，坚持觐见顺治皇帝，再面交国书，并声明自己是沙皇的代表，只能站立递书，绝对不行跪拜礼。顺治朝延续明代对外交涉的惯例，遵行"朝贡礼"，不愿变通觐见礼仪。因此，中俄双方对递交国书、觐见礼仪的看法，争执不下，反复谈判 6 个月，仍无法解决问题。经诸王大臣部议后，理藩院只好驱逐巴伊科夫使团。后来，巴伊科夫派人赴北京求情，并答应行跪拜礼，请求俄国使团能返回北京，觐见皇帝。顺治皇帝虽不同意巴伊科夫重返北京的要求，但仍让巴伊科夫携回致沙皇的诏书。

巴依科夫在中国逗留半年之久，也不是一无所获。他搜集了许多很重要、很有价值的关于中国政治、经济和文化发展的情报，探明了经西伯利亚前往中国的道路，并详细调查了北京、张家口和归化城等地情况。巴依科夫 1658 年回到莫斯科。在他上报给政府的《出使报告》中，记载了在他之前俄国和西方完全不知道的通往中国的道路。此外，巴依科夫还记述了很多俄国人过去对中国人的传闻。

巴依科夫的中国之行在西方引起了更强烈的兴趣。1666—1672 年间在巴黎出版的旅行文集中，地理学家德维诺收入了巴依科夫的《出使报告》，后来被译成拉丁语、德语、荷兰语和法语出版，在俄国也多次出版。

1668—1669 年，彼得·伊万诺维奇·戈东诺夫编写了《关于中国和遥远的印度的消息》，汇总了截至 17 世纪 60 年代俄国所积累的所有关于中国的信息，体现了到过中国的俄国商人和公职人员的观察。该书以简洁的公文体写成，介绍了关于中国和中国人的很多新资料。

1692—1695 年，荷兰人伊兹勃兰特·义杰斯和丹麦人亚当·勃兰特受沙皇彼得一世派遣，担任俄国赴华使团的领队和秘书，分别撰写了出使笔记，这些笔记被认为是"俄中关系史的珍贵文献，也是世界地理文献的经典作品"。莱布尼茨和伏尔泰都曾注意到他们二人的贡献。这些文献增加了俄罗斯人的中国知识，促进了中华文化在俄罗斯的传播。勃兰特的札记于1698年出版了英文版，1699年出版了荷兰文版。1704年，在彼得一世的首肯下，义杰斯关于中国之行的记录，在阿姆斯特丹以《三年中国之行》为题出版，1706年被译成英文，1707年被译成德文，1718年在法国也得到出版。

1726年11月，萨瓦·弗拉基斯拉维奇伯爵率领的使团抵达北京，他们在北京逗留了半年多，其中担任文书的斯捷潘·比萨列夫曾撰文描述了中国的一些情况。萨瓦回国后，提交了《关于中国及其军队的秘密消息》的报告，其中使用了米列斯库手稿的一些资料。此外，萨瓦还介绍了《尼布楚条约》、图里琛使团、伊斯梅洛夫使团、朗格使团、《恰克图条约》，详细描述了他去中国的路线，并附上了从莫斯科到北京的路线图。萨瓦的"这份报告在彼得堡受到高度重视，重视的人中显然包括安娜·伊凡诺夫娜女王"①。

二　米列斯库的中国之行

1675年（康熙十四年），沙皇派尼古拉·斯帕塔鲁·米列斯库出使中国。米列斯库（N. Spataru Milescu，1636—1705），又名H. 斯帕法里，原本是罗马尼亚人，曾在君士坦丁堡就学，攻读希腊语、土耳其语、阿拉伯语、神学、哲学、历史以及文学等课程，接着又到意大利学习拉丁语、意大利语、自然科学和数学等。学成归国后，在当时罗马尼亚的两个公国历任宫廷文书、兵部总管、常驻奥斯曼帝国使节，先后出使过瑞典、法国等国。1668年因篡夺王位之嫌而受劓刑，随后出走君士坦丁堡。1671年，米列斯库经友人推荐，去俄国任外务署的希腊文、拉丁文和罗马尼亚文翻译，不久被提升为首席翻译。

米列斯库的使团包括随行人员共有150人，其中有负责收集中国情报的专业人员，如"查找当地的药材和所有的植物根"的人和"负责了解石材"的人。米列斯库在途中曾在托博尔斯克做短暂逗留，这期间他每天都同被流放到

---

① ［俄］罗曼年科主编：《临近又遥远的世界——俄罗斯作家笔下的中国》，朱达秋译，北京：北京大学出版社2011年版，编者前言第6页。

这里的尤里·克里扎尼奇见面。克里扎尼奇送给他两本小册子，其中有一本《中国贸易手册》。克里扎尼奇还允许米列斯库抄自己的书，在这本书里克里扎尼奇"很早就从各种故事中收集关于中国的各种事务，特别是其中间或辅以自己的哲学思考"。另外，克里扎尼奇还为米列斯库翻译了他从莫斯科带来的书中的"所有对米列斯库有用的事"。据推测，这本书可能是卫匡国的《鞑靼战纪》。

米列斯库途经嫩江时，受到清朝特派迎接的礼部侍郎马喇的接待。1676年5月，米列斯库一行到达北京，受到康熙皇帝的接见。

米列斯库在北京逗留三个半月，其间除与清朝官员进行外交谈判外，还与许多中国官宦商贾接触。特别是与当时在华的耶稣会传教士南怀仁过往甚密，据说南怀仁向米列斯库透露了不少中国情报。沙皇政府交给米列斯库的出使任务，主要有3项：（1）全面考察乌拉尔以东西伯利亚的俄国疆土；（2）尽力与远东建立商业和外交联系，避免波罗的海和黑海封锁的影响；（3）了解中国经济、政治、行政、文化和军事等各方面的实情。米列斯库返回俄国后，写了3份材料：

（1）《旅行日志》（或称《旅经西伯利亚日志》），详细介绍了西伯利亚的地理、经济和人文资料，适应了第一项任务的要求。

（2）《出使中国奏疏》（或称《官方文件》《出使报告》），也就是米列斯库出使活动的正式报告（按照沙皇政府的规定，所有俄国使节自越过国界之时起，必须写出逐日报告，内容是完成使命和谈判情况），适应了第二项任务的要求。

（3）《中国漫记》，这是第三项任务的成果，也是这位使节的特殊使命，即尽量完整、准确而多方面地了解中国和中国人民。可以说，米列斯库以其出众才华和渊博学识，出色地完成了他的任务。在17世纪俄国关于中国的文献报道中，米列斯库所著的《中国漫记》是一部很有代表性的作品，是俄国文学中全面介绍当时对人们十分陌生的中国的第一部著作。这部著作，由于作者对当时中国实情考察之细致，搜集材料之丰富，文笔之生动，而被称为是"关于中国古代文明的一幅才华卓绝的壁画"。

《中国漫记》全书共有58章，分为两大部分。第一部分包括20章，叙述

典籍里的丝绸之路

了"中国人的公众事务、帝国情况和风俗习惯,以及一般介绍所涉及的其他情况",包括中国的历史、地理和经济、外交和政治、军事、人种学等等;第二部分"对所有十五个省分别作了专门描述,介绍了这些省的省会和较小的城市、河流山川、自然资源、物产种类"等,这部分包括38章,其中最后两章介绍了朝鲜和日本。

米列斯库在《中国漫记》中首先介绍了中国的地理位置,他说:"中华帝国东邻大洋,所以中国人称这个海洋为东海。……海洋几乎环抱整个中华帝国,从北到东,从东到南,从南到西。""从中华帝国的地理位置来看,似乎是一个与世隔绝的另外一个世界。因为在它的四面八方,来自其他帝国的道路都似乎遇到一些天然屏障。"①

虽然路途艰险,但还是有许多道路通向中国。米列斯库首先介绍了海路:"头一条海路是在150年前,由葡萄牙人发现的。当时他们发现了东印度,并征服了海岸诸国,然后自印度继续向中国东航,来到中国沿海各地和广州。"②此外,"虽然尚不为人知,但确实还存在一条通往中国的海路:从阿穆尔河流入东海的入海口(这里森林密布,有各种木材,可以制造任何船只),经海口抵达中国,路程很近。这条水路唯一的困难是:从这里到辽东半岛,然后到中国的最大港口天津,必须绕过朝鲜半岛。但是,从这个城市再到北京,只剩200俄里的水路了"③。

《中国漫记》重点介绍的是从俄罗斯到中国的陆上交通线,他说:

头一条从印度通往中国的陆路是耶稣会士走的……这条道路艰难而危险,路上盗贼蜂起,旅客必须穿过荒漠和山岭。

第二条道路是从波斯到中国,也可以从阿斯特拉罕到中国,耶稣会士走过这条路,布哈拉人通常都是经过撒马尔罕、吐鲁番、哈布尔(哈密)等布哈拉城市,也有经过博隆塔拉的,达赖喇嘛就住在这里。由于缺水,

---

① [俄] 米列斯库:《中国漫记》,蒋本良、柳凤运译,北京:商务印书馆1990年版,第9—10页。
② [俄] 米列斯库:《中国漫记》,蒋本良、柳凤运译,北京:商务印书馆1990年版,第10页。
③ [俄] 米列斯库:《中国漫记》,蒋本良、柳凤运译,北京:商务印书馆1990年版,第12页。

沿途尽是沙漠,这条道路非常艰难……这条道路通向中国的边界城市肃州……从肃州到中华帝国的京城北京,要沿长城走大约一个月。

第三条道路是通常走的巴伊科夫路,在这条路上,布哈拉人和喀尔木克人,还有我们俄国人曾多次用平底船航行在额尔齐斯河上,从托博尔斯克到大盐湖,然后从这里起,穿过喀尔木克国和蒙古到达中国的美丽城市库库河屯(呼和浩特)。……从这里到北京有两个星期的路程。

第四条路是最近才发现的一条新路,它越过平原,从色楞格斯克起穿过鄂齐垒·赛因汗(Oceroi Sain-han)和库图塔喇嘛(Kutuhta-lama)统治的蒙古地区……这条路要走八个星期。

第五条通往中国的道路,是经过涅尔琴斯克(Nercinsk,尼布楚)、达呼尔地区、脑温河通向中华帝国的一条路,我们这次走的就是这条路。从俄罗斯帝国算起,这是最短的一条路。……在所有的各条道路中,此路可算最佳。

还有第六条道路,这是最后一条陆路。这最后一条路也是离俄罗斯帝国最近和最少危险的一条路,从阿尔巴津和阿穆尔河到脑温河直到京都,携带辎重,行程也只需十天。①

米列斯库提到的第二条陆上通道,即传统的丝绸之路绿洲贸易线,第三条陆上通道则为"西伯利亚新商道"中的一段。

《中国漫记》一书写作风格十分严谨,表现了米列斯库对中国人民的赞赏和仰慕之情。他从当时对充满神奇传说的中国迷惑不解而又十分向往的欧洲,抱着探索中国之真情的热切愿望,步入了清朝鼎盛时期的中华帝国,以好奇赞

---

① [俄]米列斯库:《中国漫记》,蒋本良、柳凤运译,北京:商务印书馆1990年版,第15—18页。

叹的眼光，饱赏中国之古老文明，由衷感受中国民众之勤劳朴实和聪敏睿智。

　　米列斯库盛赞中国地域广大、物产丰盈。他说："中国景色之优美、物产之丰盛是无与伦比的。""中国的许多东西都是举世无双的。因此可以说，中国犹如镶嵌在戒指上的稀世宝石。即使积世界财富之总，也无法与中国之富庶相比。""中国值得讲的东西，远远胜过罗马。一位古代哲学家说，所有其他国家都应该拜倒在中国脚下，因为凡是人的生活和娱乐所需之物品，这里应有尽有，取之不尽，用之不竭。"① 他称赞中国人的勤劳，视务农为立身之本，变荒漠为沃土，阡陌纵横，井然有序，无他国可与之媲美。

　　米列斯库热情赞扬中国人的善良品格和礼仪风俗。他说中国人头脑敏锐，远非欧洲人所能比。"中国人的天性是珍重行善以及行善的人，……他们在孝敬父母和尊敬师长方面，胜过任何其他民族"。中国人本性爱好和平，不尚武事，从不携带任何武器，视舞枪弄棒和从事战争为盗贼行径，凡正人君子均应和睦相处，谦恭相待。"他们相互之间以及对待公众事务，都十分重视人的荣誉和礼节，在这一方面，他们胜过任何其他民族。""他们的言谈举止都是超乎寻常地谦逊，简直到了无以复加的程度，尤其是官吏和哲学家，个个温文尔雅，表现得极为和善。"②

　　米列斯库对中国崇尚学问这一点尤为仰慕。他说："世界上没有任何帝国能像中华帝国这样崇尚学问和知识。"他说中国人是如此崇尚学问、尊重科学，以至"无人不知书识字"。至于那些愚昧无知、没有文化的人，即使最低的职位也得不到，知识愈渊博就愈受敬重。官职的晋升也是以学问的深浅为前提的。即使普通百姓，也没有年满15岁而不知书识字的。中国人认为最有学问的人是最高尚的，学识最渊博的人，即使出身贫贱，也可以获得最高的官职。米列斯库对当时中国先进的工艺技术表现出浓厚的兴趣，他详细记述了中国的掘井和开凿河道技术、船舶和陆路交通、军事和建筑技术、医学、制瓷、刺绣等等。他还记载了当时被视为闻所未闻的奇事：火井——天然气、燃烧如柴的黑石头——煤炭。米列斯库特别强调指出，中国的工艺技术在许多方面都

---

　　① ［俄］米列斯库：《中国漫记》，蒋本良、柳凤运译，北京：商务印书馆1990年版，第23页。
　　② ［俄］米列斯库：《中国漫记》，蒋本良、柳凤运译，北京：商务印书馆1990年版，第38—39页。

领先于世界。

  米列斯库的《中国漫记》是欧洲人认识中国史上的一部重要文献。在同时代人的同类著作中，它提供了更为广博的关于中国的知识，论述也更为详细和系统。这部著作在当时的欧洲也很有影响。1693年，耶稣会士d'Avril在巴黎出版了《欧亚探险记》一书，在书中他几乎逐字地引用了从米列斯库那里得到的资料。不仅如此，对于刚开始与中国交通且又对中国所知甚少的俄国人来说，米列斯库的《中国漫记》和出使报告更具有特别的意义和价值。

三　朗格与贝尔的中国之行及其记录

  18世纪上半叶，在俄国任职的瑞典人朗格曾先后6次出访中国。蔡鸿生指出："朗格的中国之行，无论对俄国商队史、俄罗斯馆史，还是俄国汉学史，都发生深远的影响。""从1715年（康熙五十四年）至1736年（乾隆元年），朗格20年来华6次，长期以俄国商队驻办专员的身份与理藩院打交道，并监护东正教北京布道团的活动，是一个为俄国汉学家编织摇篮的重要人物。"① 1715—1716年他第一次随使团访华。此次中国之行朗格留下了大量的日记和札记。"朗格的日记对于研究俄中关系史和西伯利亚史具有重要价值，从地理学和民族学角度来看，日记包含了十分有价值的关于中国的资料。除朗格的日记外，留下的资料还有《中国》一书。""《中国》中包含着关于中国的方方面面的信息，既有朗格自己的观察，也有通过各种书信文献以及同生活在北京的耶稣会士纪理安谈话得到的消息。""这些作者亲身经历得到的中国信息，大大丰富了18世纪初的世界地理学知识。"②

  1719年，俄国政府派出以列夫·伊斯梅洛夫为特使的使团出访中国，朗格作为使团秘书随行。使团结束访问后，朗格作为贸易代表被允许留在北京。

---

①　蔡鸿生：《俄罗斯馆纪事》（增订本），北京：中华书局2006年版，第77—78页。
②　[俄] 斯卡奇科夫：《俄罗斯汉学史》，柳若梅译，北京：社会科学文献出版社2011年版，第33页。

在此期间，他以日记的形式记下了和清朝官员进行的谈判，有关贸易的各种事务，贩卖毛皮和其他货物的困难和购买当地商品的情况。这篇札记在俄国发表，"提供了关于在北京的俄罗斯贸易、关于清朝官员如何设置种种障碍以迫使俄罗斯停止北京贸易，并把俄中贸易地迁往俄中边境地区的很多消息"[1]。而在俄文版发表之前，朗格的札记就已为欧洲所知，1726 年在莱顿发表，1727 年在阿姆斯特丹发表。另外，还被译成德文，收入韦伯的《改变了的俄国》一书，于 1721 年在法兰克福出版。1725 年被译成法文在巴黎出版。

这个使团的另外两名成员是大地测绘者瓦鲁耶夫和伊格纳季耶夫，他们绘制了从色楞格斯克到北京的路线图。这份地图标明了商队的准确路线，丰富了 1719—1720 年间的地图学资料。

与朗格同行的英国科学家约翰·贝尔（John Bell）也发表了《详述伊斯梅洛夫伯爵的北京之行》的报告。美国汉学家、历史学家史景迁说："伊斯梅洛夫使节团扮演了一个角色，其实有助于扩展西方对中国的理解。这多亏使节团成员里头出现的一位苏格兰籍年轻医师约翰·贝尔。"[2] 贝尔在爱丁堡大学取得医学学位后，就来到俄国，寻求在俄国宫廷里谋求职务。他被选中加入伊斯梅洛夫使团，担任使团的随团医师。"贝尔的文字大不同于前人，传统上，不论明示或暗喻，有关中国的描述都从天主教的观点出发。但如今，中国人的宗教信仰已不具有吸引力，政府组织结构也不是重点。取而代之的是一种非正式、有探索意味的、具有人道精神甚至质疑的文字，完全合乎当时理性时代的潮流。"[3]

史景迁还评论贝尔的报告说："贝尔对中国的评论，整体而言，相当正面，而且他似乎认为，中国深具贸易及外交潜力。中国人做生意时，'很诚实，并奉荣誉和公平为圭臬'。也许'他们之中有些人性喜欺诈，善耍花招'，但那也是因为他们'发现许多欧洲人多善此道'。由于中文为单音节，贝尔认

---

[1] [俄] 斯卡奇科夫：《俄罗斯汉学史》，柳若梅译，北京：社会科学文献出版社 2011 年版，第 36 页。

[2] [美] 史景迁：《大汗之国——西方眼中的中国》，阮叔梅译，桂林：广西师范大学出版社 2013 年版，第 65 页。

[3] [美] 史景迁：《大汗之国——西方眼中的中国》，阮叔梅译，桂林：广西师范大学出版社 2013 年版，第 65 页。

为，要学会基础中文以应付日常会话'并不困难'。不过他承认，'若想达到中国知识分子的程度，就得勤下功夫，还得有相当天赋'。无论是茶叶、蚕丝、锦缎、瓷器或棉花，贸易机会均极佳，因为中国人'无论做什么，都有始有终，耐心极佳，值得赞扬'。至于军事侵略，最好免谈。'若想征服中国，我想只有一个国家可能有此能耐，'贝尔得出结论说道，'那就是俄国。'尽管中国偏居世界一隅，但贝尔认为，从东南海域进攻中国也许不失为良策，当时欧洲君主实在没必要'自寻烦恼，去打搅这个既强大又与邻为善的民族，更何况他们一向乐天知命。"[1]

---

[1] ［美］史景迁：《大汗之国——西方眼中的中国》，阮叔梅译，桂林：广西师范大学出版社2013年版，第71页。

第十二章　清人记载的俄罗斯之路

一　图理琛的《异域录》

在 18 世纪上半叶，清朝廷也分别于 1712 年、1729 年和 1732 年派出使团出使俄国。这几批使团是清朝派往欧洲国家的第一批使团，使团成员穿过西伯利亚的各个城市，经过长途跋涉到达莫斯科和彼得堡，为清朝提供了关于俄国的丰富信息。

康熙五十一年（1712 年），康熙皇帝派出以殷扎纳为首的使团，慰问驻扎在俄罗斯境内伏尔加河下游的蒙古土尔扈特部，欲说服土尔扈特出兵，与清政府连手征讨准噶尔。使团的成员包括内阁侍读学士殷扎纳、理藩院郎中纳颜、史官图理琛、武官雅图、五等官苏该以及 3 个骑兵，连同他们的仆从 22 人，另加阿拉布珠儿的 4 人。图理琛在使团中的地位实居第三，由于图理琛写成这部《异域录》，人们习惯上把这个使团称为图理琛使团。

图理琛等人于康熙五十一年（1712 年）六月二十三日由北京启程，历时两年的艰苦跋涉，于康熙五十三年（1714 年）七月十二日到达阿玉奇的驻地马奴托海。图理琛使团一行受到阿玉奇汗和土尔扈特人的热烈欢迎，阿玉奇命各部台吉、喇嘛各率所属人众前往迎接，沿途陈设筵宴、排列牲畜、热情接待，欢迎仪式十分隆重。图理琛等转达了康熙皇帝对土尔扈特部人的问候，阿玉奇汗向使团表达了对祖国的向往和对沙俄压迫的不满。

图理琛虽未能谒见俄皇，但成功探查了中俄边境的民情、经济及地理形势，使团还从与西伯利亚总督加格林亲王（Prince Matthew Fedorovich Gagarin）的4次会谈里，了解了俄国政治和文化，并趁机向加格林重申《尼布楚条约》的内容，要求俄国约束边民，不得私行越境。虽然没有去俄国首都，但所经之地，俄国地方官员迎来送往，排兵列阵，鸣枪放炮，鼓吹迎接。中国使团的言行举止给俄国人留下深刻的印象，以至于俄国官员向沙皇报告称图里琛为"天朝使者"，"知识高明"。

图理琛一行途经蒙古高原、西伯利亚、乌拉尔山等地。一路上，图理琛每天写日记，对沿途见到的山川地势、村落城堡、节气物候、生物、土产、人种、宗教、生活习俗、户口、驻兵和里程作了翔实的记录。使团在1715年4月30日返回北京。图理琛将日记整理后上奏康熙皇帝。皇帝很满意，要他刻印成书。图理琛写成《异域录》一书，于雍正元年（1723年）用满、汉文字刊行。该书分上下两卷：上卷记康熙皇帝的谕令及取道俄国前往的经过；下卷记土尔扈特情况和归国途中的见闻。该书主要记载俄国情况，卷首有俄罗斯地图，为中国最早介绍俄国和伏尔加河下游土尔扈特蒙古的著作。

二 何秋涛与《朔方备乘》

何秋涛（1824—1862），字愿船，福建光泽人。史载何"少负异禀，过目成诵""披天下舆图，能历举府厅州县名，默数其四境所至"。道光二十四年进士，授刑部主事，后任员外郎，懋勤殿行走。同治元年（1862年）任保定莲池书院院长。何秋涛在京期间，"益广交游，博览传记，学乃大进"。受清初经世学者顾炎武的熏陶较深，"专精汉学"，侧重于经史考释和古今山川地理风俗制度的整理辨析。他一生"言规行矩，不谈人过，读书外粥粥若无能，而军国重计，深识远虑，往往援引故事，陈之当道，咸以诚服"。他与张穆、陈庆镛交游密切。何秋涛与张穆同以治边疆史地著名，由于他们的活动和著作的影响，边疆史地遂成为晚清学者关注的一门新学问。

何秋涛一生的心血尤萃集于《朔方备乘》一书。《清史列传·卷七十三·

何秋涛传》称其著作缘起为"秋涛以俄罗斯地居北徼，与我朝边卡切近，而未有专书，以资考镜"，遂发愤收集史料，精心著述，成《北徼汇编》6卷。在此基础上，又继续详加扩充、考订、增补，最后成书80卷。咸丰八年（1858年），兵部尚书陈孚恩以何秋涛"通达时务，晓畅戎机，足备谋士之选"而向咸丰帝举荐，逢何正服母丧，未得赐官，仅将《北徼汇编》先行呈览。咸丰帝阅其《北徼汇编》，称其于制度沿革、山川形势考据详明，足证学有根底，因赐名《朔方备乘》。咸丰十年（1860年），何奉召入觐。同年，御览本在第二次鸦片战争时被毁，吏部尚书黄宗汉取所藏副本，拟缮写重进，也不幸毁于火灾。不久，何秋涛逝世，无人再为其整理原稿。至光绪间，秋涛子何芳徕将存于祖居的残稿呈交给直隶总督李鸿章。经黄彭年和畿辅通志局编修的努力，才得以恢复原稿，并于1881年编成刊行。恢复后的《朔方备乘》比原书增加了两幅地图，即俄国地图和中俄边界图，均由黄彭年与黄图瑾绘制。另外，翰林院编修李文田为此书作注《朔方备乘札记》，收入《烟画东堂小品》及《灵鹣阁丛书》中。

何秋涛虽是英年早逝，学术成就却斐然成章，著述颇丰。所著《王会篇笺释》3卷，以王氏《补注》为本，并取诸家，于训诂地理，考证钩析，观者咸服其精博。《水经注考》"实取诸家异同，钩贯而条纂之，比诸赵戴，弥加精审"。又有文集《一镫精舍甲部稿》五卷和《篆录源流》，并编订张穆的《蒙古游牧记》和《延昌地形志》二书，校订《元圣武亲征录》和《李忠定公全集》等。

何秋涛撰著《朔方备乘》的直接动机，是因深感于俄罗斯与中国相接壤，边境绵长，延亘北部及东北、西北，且自康熙二十八年（1689年）雅克萨之役以来，中俄双方直接交涉已达一百六七十年，而至今竟未有一部专书，一旦有事，何从取资参证？《朔方备乘·凡例》开宗明义地标出：

> 是书备用之处有八：一曰宣圣德以服远人；二曰述武功以著韬略；三曰明曲直以示威信；四曰志险要以昭边禁；五曰列中国镇戍以固封圉；六曰详遐荒地理以备出奇；七曰征前事以具法戒；八曰集夷务以烛情伪。

第十二章 清人记载的俄罗斯之路

何秋涛认为，以往这方面的记载不仅有阙漏疏略，且所记"半属传闻，淆讹迭出，又或展转口译，名称互歧，竟尚琐闻，无关体要"。何秋涛特别强调他在两个方面要达到的目的：一是将广袤的中俄边境和北方边疆的山川形势、行政区划、市镇关卡，详细记载考订清楚，结束长期以来地理不明、正误不辨的荒忽渺茫状态，为边疆事务和抵御沙俄侵略提供切实有用的参考。二是详细记载中俄两国发生交涉以来的历史事件，钩稽考订各种资料，以明其中的是非曲直，总结历史经验教训，证明正直的一方在中国，同时尽可能地提供有关中俄关系各个方面的资料。

何秋涛尽可能搜集了广泛详备的史料，主要包括：

（1）清朝官方文献和记载，包括皇帝谕旨、事件经办大臣奏折、条约原文，官修《平定罗刹方略》《大清一统志》《皇朝通典》《皇朝文献通考》《大清会典》等官书；

（2）历代正史有关北方边疆地区的记载；

（3）中外地图，以之与文献相参证；

（4）搜集各种私家著述、稗官野史乃至外籍人士的记载。

此书旁采图理琛、陈伦炯、方式济、张鹏翮、赵翼以及近人张穆、魏源、姚莹等之论述，并取外国人艾儒略、南怀仁、雅裨理等人著作，上溯圣武之昭垂，下及窝集之要害，"旁征博采，务求详备"。

全书共80卷，按内容分为10项：圣训钦定之书12卷；圣武述略6卷；纪事始末2卷；记2卷；考24卷；考订诸书15卷；辨正诸书5卷；传6卷；表7卷；图说1卷。"其结构体例骤视有庞杂之嫌，实则全书有明显的主体部分，此即以记载北部边疆和中俄关系事件为纲、以考证为特色的综合性史书体裁记载。事件共10篇，包括《东海诸部内属述略》《索伦诸部内属述略》《喀尔喀内属述略》《准噶尔荡平述略》《乌梁海内属述略》《哈萨克内属述略》等6篇'圣武述略'，《俄罗斯互市始末》《土尔扈特归附始末》两篇'纪事始末'，《俄罗斯进呈书籍记》《俄罗斯丛记》两篇'记'。考证部分包括详考史实24篇，有《北徼界碑考》《北徼喀伦考》《雅克萨城考》《尼布楚城考》等。考订辨正诸书记载20篇，如《考订职方外纪》《考订使俄罗斯行程录》

《辨正西域闻见录》等。"①

《朔方备乘》中的《北徼星度考》《北徼水道考》《北徼教门考》《北徼方物考》《乌孙部族考》《汉魏北徼诸国传》《俄罗斯互市始末》《俄罗斯进呈书籍记》《考订俄罗斯国总记》《俄罗斯境内分部表》等,系统地介绍了俄罗斯的历史、地理、政区、沿革、人口、文化、宗教、物产、民族、贸易的概貌以及清初的中俄关系,为国人展现了一个"雄长欧洲,侵凌回部,疆土日辟,事变日增"的沙俄帝国,从而为"知夷制夷",抵御沙俄侵略提供了全面的依据和参考。

该书记载的重点,是中俄关系史上的重大事件。特别是对中俄雅克萨之役的前因后果,书中以《雅克萨城考》《尼布楚城考》《北徼界碑考》3篇互相参照,对于中国政府坚决反抗沙俄侵略,在军事上胜利之后又主动给俄方以通商等项的便利,予以明确记载,同时纠正了官修《一统志》等书中的重大错误。卷十四《雅克萨城考》证明清朝两次用兵雅克萨之役中,对俄国的防御反击在第二次,以澄清史实记载的混淆。对于围绕雅克萨城中俄交涉事件的许多重要关节点,详引各种官私文献,精心考证。《尼布楚城考》中,何秋涛详载了中俄尼布楚条约签订的经过。他指出,由于康熙帝的运筹帷幄和索额图等大臣、将领的努力,"于雅克萨、额尔古纳河皆收入版图,而尼布楚则捐之",使俄方有"贸易栖托之所"。在卷八《北徼界碑考》中又详载两国界碑的确定。

《朔方备乘》除了重点记载政治、外交、军事、民族、地理沿革等方面内容外,还以专篇记载中俄贸易往来和文化的联系。卷三十七《俄罗斯互市始末》分京师互市、黑龙江互市、恰克图互市三项,记载了许多有价值的内容。书中还有《俄罗斯馆考》(卷十二)、《俄罗斯学考》(卷十三)、《俄罗斯进呈书籍记》(卷三十九)等篇,记载中俄间文化教育的往来。

《朔方备乘》终篇共绘制了地图25幅,这些图均与书中各部分记载相配合,并且在卷首有总叙;每图配以论说,阐发其意义,提示阅读使用这些地图的方法。绘制这25幅图的内容性质分类及作用,总叙中予以概括

---

① 陈其泰:《中国近代史学的历程》,北京:华夏出版社2018年,第434页。

的说明：

> 臣秋涛谨案：山川方位、远近形势，匪图弗显。图举其形，说详其事，故每图必详以说，亦古者左图右史之意也。臣纂辑兹编，合诸图说为一卷，首冠皇舆全图，以示令归有极之义；次列中国与俄国交界图，以著边塞之防；次地球图二，揽山海之全形也；次历代北徼图十有二，备古今之异势也；次俄罗斯初起图，次分十六道图，次《异域录》俄罗斯图，明彼国由微而渐巨；次康熙、乾隆、嘉庆、道光以来各图，明边塞之事不可执一，宜博以考之，详以辨之也。

这些地图虽然绘制尚未达到精当，但大致地形、方位已基本正确，与全书各部分文字相结合，完全可以达到明边防险要、山川形势、俄罗斯以至地球五大洲方位远近的效用。

《朔方备乘》在中国近代史学史上的价值决定了其对后世的深远影响。早有近代史家把何秋涛的《朔方备乘》与魏源的《海国图志》相提并论，"自林文忠公译西人《四洲志》，邵阳魏默深、光泽何愿船因以考订列史外国传，及《佛国》《西游》《西使》诸记为《海国图志》；并及《异域录》《宁古塔纪略》诸书为《朔方备乘》"。

三　缪佑孙的《俄游汇编》

康熙和雍正朝曾派使臣出使俄罗斯。此后，直到19世纪中期，再没有中国人到俄罗斯实地考察。直到同治五年（1866年），清政府第一次派遣代表团赴欧洲游历，这才出现了近代以来亲自到俄罗斯的中国人。斌椿父子及同文馆学生一行5人，于同治五年六月初四至初十日在俄罗斯停留，仅仅几天时间，不过浮光掠影而已，并没有获得有关俄罗斯的特别信息与知识。志刚亦曾到达俄罗斯，并曾计划从陆路回国，但因畏难而止。张德彝曾于光绪二年随郭嵩焘使英，其间曾奉调出访俄罗斯。这一时期，到俄罗斯的人员或是游历，或是谈判，或充当出使人员，但是都没有对俄罗斯进行较长时间细致的观察与了解，尤其是对在东北及西北地区同清王朝接壤的俄罗斯腹地，并没有进行切实的考察。

当时已有人认识到深入了解考察俄国的必要性。在曾纪泽赴俄改订条约时，黎庶昌曾给曾纪泽写信，表示愿意亲自赴西伯利亚、中亚地区旅行考察，以增强对于俄罗斯的了解。他在信中写道："俄罗斯边地绵长，与国邻接二万余里，疆场纠纷，时时多故，其在亚细亚者，仍属茫然无稽。俄人……志在得地南侵，蒙古、新疆，垂涎已久。故尝欲创火车设电线以达中华，君臣同力谋之数十年，徒以地势险远，经营未就。而中国从未有遣一介之使，涉历欧亚两洲腹地以相窥觇者。"黎庶昌建议在条约改订之后派员赴俄罗斯腹地游历考察，以广泛搜集情报，对于游历人员"以两年为期，限令从容行走，凡所经过之处，山川城郭、风土人情、道途险易、户口蕃耗、贸易盛衰、军事虚实，以及轮车、电线能否安设，一一咨访查看而记载之。可图者并图其形势而归，以备日后通商用兵有所考虑，不为俄人所欺，实亦当务之急"。

黎庶昌的这个建议直到1887年（光绪十三年）才由户部主事缪佑孙得以实现。

缪祐孙（1851—1894），字右岑，江苏省常州府江阴县人，出生于四川省成都府。光绪十二年（1886年）丙戌科第二甲第二十九名进士出身，授户部学习主事。1887年，总理衙门选派出国考察的游历使，以海防边防论、通商口岸记、铁道论、记明代以来与西洋各国交涉大略等属于洋务范围的题目考试，缪佑孙以第二名的优异成绩考取。随后，缪佑孙被派往俄罗斯游历，一起出使的还有同在户部任主事的广西籍进士金鹏。

他们于光绪十三年（1887年）九月十三日乘德意志公司的"萨克森"号启程，经香港、新加坡等地，在意大利热那亚登陆，由此改乘火车经德国柏林，于十月二十二日进入俄罗斯境内，二十三日到达俄罗斯都城圣彼得堡。其后两年，缪佑孙在俄罗斯境内游历。光绪十五年（1889年）经恰克图从陆路回国，途经水陆、历时冬夏，往返七万余里。

缪佑孙在俄罗斯的活动以游历与探访、翻译与著述为主，"日则游探，夜则考证"。缪佑孙游览的范围甚广，包括博物院、蜡人馆、印书局（印刷厂）、文案库（档案馆）、铸钱局、书库（图书馆）、礼拜堂（教堂）、监狱、造船

第十二章 清人记载的俄罗斯之路

厂、花园、炮厂、德律风局（电话局）、格致学塾（学校）、水师学堂、万牲院（动物园）、炮台、观象台、印布厂（纺织厂）、医馆（医院）、酿酒厂、磨面厂等，涉及军事、文化、制造等多个领域。此外，缪佑孙还观看了阅兵式及陆军的日常训练，也曾看马戏、观油画、参加舞会。除了在圣彼得堡参观之外，缪佑孙还到俄罗斯内地，如莫斯科、基辅、雅尔塔、八枯（巴库）、裘冕（秋明）、伊尔古慈克（伊尔库茨克）等地参观游览。

在俄罗斯游历期间，缪佑孙一面通过翻译俄罗斯方面相关的书籍和地图以记述俄罗斯的地理、历史概况，通过翻译报纸了解俄罗斯及国际新闻，一面通过拜访相关人员探听俄罗斯的各种情况，如通过翻译柏兰荪前去拜访曾经在俄国海军部任职的宽思坦丁（柏兰荪的弟弟），以了解俄罗斯海军及舰只情况。缪佑孙甚至还尝试学习俄语，为此聘请了一位俄国老妇人，但进展似不大。他认为俄语中"有数音皆中国所无，而措辞之变法尤多，倘轻重急徐及其变法稍有未谐，便茫然不解"，故其所学"颇难吻合"。缪佑孙坚持记日记，详细记载自己在俄罗斯期间的活动及感受。

通过近两年的游历，缪佑孙认为自己对于俄国境内的"山川险要、政治得失、帑藏盈绌、兵力厚薄、物产饶歉、户口众寡、俗习美疵"，都已经"亲履观览"。缪佑孙将翻译、考察、日记综合起来，写成了《俄游汇编》，该书于1889年由上海秀文书局石印出版，1895年又由上海江左书林石印再版。《俄游汇编》总共12卷，第一卷为俄罗斯源流考、译俄人自记取悉毕尔始末、译俄人自记取中亚细亚始末三部分，第二至第四卷为疆域表及所附地图，第五卷为铁路表及路线图，第六卷为通俄道里表，第七卷为山形志、水道记，第八卷为舟师制、陆军制、户口略，第九至第十二卷为游历日记。

《俄游汇编》第一卷为"俄罗斯源流考"，是缪佑孙对于以往诸说进行了辨析、订正，得出了自己的结论，他认为俄罗斯乃"吐蕃之遗"。"译俄人自记取悉毕尔始末""译俄人自记取中亚细亚始末"两部分是缪佑孙从俄国人的著作中翻译来的，清晰地记载了俄罗斯向西伯利亚、中亚细亚的侵略扩张情况，对于了解俄罗斯的领土扩张野心和策略具有重要的参考价值和现实意义。

第二至第四卷是对俄罗斯地理疆域的详细记载，这一部分是书中的重要部分，占全书的四分之一，分量很重，尤其是其后所附地图，价值甚高。缪佑孙根据俄罗斯的地理特点对其疆域进行了划分，"欧洲凡四部，西曰波罗的海部，西南曰黑海部，东南曰里海部，西北曰白海部。亚洲凡三部，西曰喀复喀思部，东北曰悉毕尔部，南曰中亚细亚部"。对于俄罗斯各省，缪佑孙通过列表的形式对其属城、山川、物产、炮台、兵屯、全界（界址）、度数（经纬度）、道里（方圆）——介绍，此外还有杂考以记其他诸说及自己的考证。缪佑孙对同清朝接壤的西伯利亚、中亚两部分进行了重点介绍，不仅有全图，而且有诸山形势图、水道图。《悉毕尔全图》对该地区的城、庙、炮营、游牧人冬天所住之所、作厂、村、堆子、海口、交界线、海道线都——表明；《中亚细亚全图》对该地区的城、炮台、村、井、卡伦、小营、小台——注明，要而不繁。

第五卷对俄罗斯境内的各条铁路线、沿途站点、路程远近，通过表格——列出，非常清晰，所附《俄罗斯国铁路图》更是一目了然。此时铁路对于一个国家的军事、经济意义已经是不言而喻了，缪佑孙明确认识到了这一点，对于铁路之重要性给予了肯定，故特为一卷。

第六卷《通俄道里表》，缪佑孙得到了俄罗斯的行军地理图，将其翻译出来，"凡由我边陲能达于彼者，悉取录焉。若官路、若商路、若夏路、若冬路、若轮舟、水程皆分注如左"。缪佑孙在翻译的基础上，参考了俄罗斯的情况，尤其是最近的情况——加以补充。

第七卷对于俄罗斯境内的山脉、河流进行概述，尤为难能可贵的是"俄境诸水，身所经行者已得其半，爰就俄书之言水道者译之，撮取崖略，实以耳目所及，分条而叙次焉，庶几枝分脉别，得所指归"。

第八卷舟师制中，缪佑孙对于俄罗斯波罗的海、黑海、里海、远东各舰队的情况，诸如舰只的名称、大小、吨位、动力、武器装备、将官兵员、制造时间——列出，并对俄罗斯海军的整体状况及其在远东的情况进行了分析，对于俄罗斯的陆军的建制、驻军、兵种及其装备——介绍。户口略则列出各省之人口数及省会人口数。

第九至第十二卷是游历日记，详细记载了游历期间的各种活动以及沿途之所见所闻。

缪佑孙对于俄罗斯的介绍参考了俄罗斯的著作，有些部分是翻译而来，可以说是得自第一手的材料,更为准确、翔实,而且是最近的材料,故现实性强、价值大。该书一方面根据中国之古籍进行考证,一方面参以实地之考察、考证、翻译并相结合,这是以往著作难以企及的,可谓通古鉴今之作。《俄游汇编》采用表格的形式,将各项主要内容纳入其中,未尽部分放在杂考部分,比单纯采用文字记述的方式更为清晰直观,在编纂体例上比以往同类著作胜出一筹。缪佑孙对同中国关系密切的部分,着墨甚多,尤其是对西伯利亚、中亚的记载,《通俄道里表》更是具有重要的军事和商业价值。

回国之后,缪佑孙仍回户部任职,由于所著《俄游汇编》"采访精详,有裨时务",于光绪十六年六月被总理衙门褒奖,"免补主事,以本部员外郎遇缺即补,并赏加四品衔"。不久,缪佑孙受醇亲王载沣赏识,调任总理各国事务衙门章京,任司务厅收掌,改管理俄国股事务章京,兼管法国股事务。

四 王之春与《使俄草》

王之春(1842—1906),字爵棠,号椒生,湖南清泉人,为明末清初大思想家王夫之的七世孙,由诸生而从戎。19 世纪 70 年代,他曾先后任李鸿章、彭玉麟之部属,率军驻防北塘海口及江苏镇江。后历任山西巡抚、安徽巡抚、广西巡抚等要职。曾出访日本、俄罗斯、德国、法国,多次向朝廷上书自强新政。中日《马关条约》签订,朝野人士激烈反对,要求废止条约。他受命赴法,引法国出面干涉。俄、德、法三国为维护其在华利益,联合照会日本,迫使日本放弃对辽东半岛的侵占。晚年因镇压广西柳直起义,激起国内拒法运动而被解职,待罪京师,后迁寓上海。1903 年 10 月,万福华在黄兴指使下,于上海一酒家刺杀王之春,未遂,万福华被捕,黄兴、章士钊等牵连入狱,成为轰动一时的大案。王之春从此回乡静居。去世后诰授光禄大夫、建威将军。

王之春熟悉洋务,对中国的国情和西方的了解超出了当时的士人,成为洋务运动的支持者和实践者。王之春是文武兼备的时务人才,政务之暇,兼事著述,著作甚多。现留存的有《船山公年谱》《国朝柔远记》《谈瀛录》《王大中丞椒生奏议》《使俄草》《中国通商史》《椒生随笔》《椒生诗草》《防海纪略》《王椒生集》《高州府志》等。其中《清朝柔远记》一书，记述了清代自顺治元年（1644年）到同治十一年（1872年），长达230年的外交历史，以为谈时务者之资。

光绪十七年（1891年），王之春署理广东布政使期间，曾代生病的广东巡抚刘瑞芬接待来华旅行的俄罗斯世子尼古拉二世。光绪二十年（1894年）到京师为慈禧太后祝贺六十大寿以及3年任满奏请先期晋见时，以头品顶戴、湖北布政使的身份，作为唁贺专使被派出使俄罗斯，吊唁沙皇亚历山大三世逝世，同时庆贺尼古拉二世加冕。

此时，中日甲午战争正在进行，清政府却做出了这项看似与战争无关的外交决定，派王之春作为专使参加次年四月俄罗斯沙皇的加冕仪式并赠送头等宝星，并谕令接旨之后即行交卸乘轮赴沪，候国书递到，迅速启行。光绪帝于十月十八日召见王之春时说："甲申年间，朝鲜巨文一岛，英人曾泊兵船于其地。俄人恐其占据，屡来问讯。嗣诘英人，英人以恐为俄占据复。俄遂与中国定约，日后俄人断不占夺朝鲜地土。今倭人乃无故召衅，占据朝鲜全境，俄人岂得视若无睹？"王之春回答："俟到彼国，从容与外部议及，彼纵不助我，将来亦免为其占据朝鲜境土地步。况今中俄交谊正孚，当必秉万国公法与倭人诘难也。"此以夷制夷之法，意在通过俄罗斯对日本施加压力。

王之春受命之后即开始为出使进行各种准备。一面拜谒恭亲王奕䜣、礼亲王世铎、庆亲王奕劻及军机大臣、总理衙门大臣，请示各种机宜；一面调派熟悉洋务的人员作为随行属员并奏调翻译人员。王之春还拜会了俄罗斯驻京公使喀希尼，告以使命。此外，他还到总理衙门查阅有关巨文岛一事的来往文档、帕米尔界务档册，对于重要的部分加以抄录、整理成册以备查询和参考。

王之春一行于光绪二十年（1894年）十二月初十日自上海启程，经新加坡、印度洋、红海、地中海，于光绪二十一年（1895年）正月十三日在法国马赛登陆，十五日乘火车抵达法国首都巴黎，十八日抵达德国首都柏林，二十一日进入俄罗斯境内，二十二日抵达俄罗斯首都圣彼得堡。

从光绪二十一年（1895年）正月二十三日到达圣彼得堡，到二月二十二日由俄罗斯启程，王之春在俄国总共只待了一个月的时间。在俄罗斯期间，除了参加有关的外交活动以外，其余时间几乎都在各处进行游览、访谈。他先后参观过船式厂、制造钱币局、大教堂、皇宫、博物院、万生院（动物园）、书库（图书馆）、格致学塾、礼拜堂、水师学堂、哥特林岛（岛上有船厂、炮厂、军械火药库）、布霍弗司克炮厂、报馆等，此外还曾观看芭蕾舞、陆操（陆军演练）、溜冰、赛马。通过这些活动，他对俄罗斯的"山川、险要、政治、帑藏、兵力、物产、户口、风俗"进行了详细的调查。回国途中，王之春又取道柏林、伦敦、巴黎，以考察各国的武备与军械。他曾参观德国的伏尔铿船厂、鱼雷厂、枪炮厂、克鲁伯炮厂，英国的胡力枢枪炮厂，法国的武备学堂，此外还曾到英国和法国的议院参观。

在游览和参观的时候，王之春时时留心，处处留意。如参观船式厂，见到了彼得一世亲手所制的舰船模型，随后就想到康熙六十年时，彼得一世曾向清王朝赠送亲手所制木船模型三个，他认为如果将来清政府仿效俄罗斯建立类似机构时，可以将此三个模型存于其中，以备考证。俄罗斯的制造钱币局也给王之春留下了深刻的印象，他在回国后所上奏折中称："泰西造办纸厂，俄国为上，此纸须用机器，其费甚巨，民间不能猝办，故可杜绝伪造，其用暗码人头即在水中制成。"由此主张由驻俄使臣从俄国订购暗印纸张，作为发行钞票用纸。从这些小处可以看到，王之春在俄罗斯不仅处处留印，亦且时时留心。

通过实地考察与参观，使得他对于一些新事物有了更为真切的感受和体验。例如，对于铁路的理解。王之春在到日本探访时就曾乘坐过火车，并以诗的形式形象而传神地描述了火车的迅捷，他写道：

车声辘辘逐斜晖，四面苍茫入翠微。
良骥追风偏就范，游龙天翼亦能飞。
路如砥矢长绳亘，山比烟云转眼非。
或挽或推都是拙，本来达者在知机。

这次到达俄罗斯之后，更加深了他对铁路的认识。他认识到"西人创兴火车，不过数十年，今已密若蛛丝，往来梭织，遇水则设长桥，过山则穿洞穴，或架桥行街市之上，或穴地而行其下，并无大碍人庐墓者，至经行之路不过稍为平治，于风水一说尤无妨碍，道路之畚锸修治，邮落之分运货物，——

需人，亦并无伤于贫民生计，而百货流连化重为轻，缩远若近，不啻以陆作海而以车当舟，运兵速，运漕便，行旅迅疾而无泥泞风涛之苦，何快如之！何惮而不为之？此中土所急宜创兴者也"。通过自己的亲身体验，他认为国内反对修建铁路的那些理由完全是想当然而已，根本站不住脚。认为铁路可以"通国家之有无，济生人之日用"，对于国家的重要性不言而喻。因此，王之春回国后在其所上奏折中提出了八条应该立即着手进行的事情，其中第一条就是铁路。他阐明了铁路的价值，指出了铁路的功用，并且提出建造三条线路的计划：由瓜州到天津以代替漕运，由汉口经襄樊、陕甘到四川，由上海经浙江到广东，以便货物流通、捍卫边疆。他甚至提出："若十年之内不著成效，臣之身家愿职其咎。"

通过这次出使，王之春加深了对西方的认识与了解。例如，对于教育与富强之间的关系，他看到了"欧西各国教民之法莫盛于今日。凡男女八岁以上不入学堂者罪其父母，男固各学其学，女亦无所不学，即聋瞽跛哑者流亦各有学院，设塾师，择其可为者以教之。其贫穷无力及幼孤无父母者皆令收付义塾，在乡则有乡塾，至于一郡一县及国都之内，学塾林立，有大有中有小。自初学以至成材及能研究精详者，莫不有一定程限……近数十年学校以德为尤著，其兵多出学校，所以战胜攻取，而诸大国亦争先竞爽。推之于士农工商，何独不然，推究大局兴衰，观其所以致此之由，而知勃兴之本原不在彼而在此也"。当看到"欧洲妇人无一不识字就学者，无事不与男子同，即战阵亦用之，是其人数虽寡，实则一人有一人之用"，而"中国妇女惟秘置室中，是以人数虽多，已废弃其半于无用之地，宜其积弱而不克自富强"，王之春认为"今日中国万不能似欧洲之薄无检束，然建设女塾，使之各习艺能，自未尝不可仿而行之"。

王之春赞扬欧洲各国在学堂、商政、监狱、街道方面无不法良意美，但是对其道德、风俗、法律等方面并不赞同，甚至是深恶痛绝。例如，王之春看到俄罗斯"官多由世及"，而"其读各国书者，颇自负才能而名位反居其下，多有私意不平者"，他认为对此应该运用儒家的思想来加以教化，让在下位者"读论孟五经，使知纲常之理"，这样"在下者自不敢侵凌其上矣"。当看到议院可以"刑赏与共，而无上下壅阂之虞"时，王之春是赞赏的，一旦由此而导致"权魁巨憨要结蓄谋,迫令其君去位"的局面时,王之春认为是"君臣之义未知讲求者也"。当看到"子女年满二十即所谓宜有自主之权,可婚嫁不请命于父母。子既娶妇与父母别居异财,甚或不相闻问,其稍知亲爱者,夫妇于礼拜日食翁姑一餐即去",认为是"以骨肉至亲而推远之若途人,宗彝传食,羔羊跪乳,是曾禽兽之不若"。当看到"子殴父坐狱三月,父殴子亦坐狱三月"的法律规定时,他认为是被墨子爱无差等一说所误,这简直是颠倒错乱。当看到"西俗贵女贱男,道遇妇女必让其先行,宴会诸礼皆女先于男,妇有外遇虽公侯夫人或弃本夫而再醮,夫有外遇其妻可鸣官究治,正与中国扶阳抑阴之义相反。女子袒肩露臂或竟徒跣,男子除面与两手外,必掩藏甚密,女子未嫁每多男友,生子不以为嫌,国中斗谷于兔之流几于四分居一,所以女多终身不嫁,免受拘束"的情况时,王之春认为是夫妇之伦失正。

经过将近7个月的旅行之后,王之春于光绪二十一年(1895年)闰五月十四日到达上海。次日,即草拟奏折。通过出使,王之春对于西方的工商、制造、武备、教育有了更清晰的认识,认为这些方面是西方的先进之处,中国为求富强,必须加以学习。为此,他提出向西方学习、改革内政的8项主张,具体内容是:

(1)修建铁路;
(2)选派学生出洋学习军事、制造,招募洋将训练军队;
(3)变通科举,将天文、光学、化学、电学、重学、机器、格致等方面内容列入考试范围,或者将天文、舆地各学特设一科,与科甲出身者并重,对于武科举,将步箭改为枪炮;
(4)广设新式学堂;
(5)开设官银号,发行钞票,以筹集款项;
(6)加强商务管理,特简大臣专理商务,允许开设工厂,奖励发明;
(7)振兴矿务,允许外商开矿;
(8)设立专门的外交机构,派头等公使驻扎英、俄。

以上建议并非全由王之春首次提出,但他以亲身体会加以证实,大大增强了其说服力。

  在出使俄罗斯期间，王之春在旅途中对于"西学之源流、山川之险易、民物之简蕃、风俗之殊变、军械之更新"随得随录。不仅如此，他对于出使中之"朝绅宴会、官眷茶会及乐戏跳舞各节"亦不乏详细记载，此即《使俄草》。《使俄草》8卷，光绪二十一年乙未孟秋上海石印。因为他好诗，旅途中作诗不少，所以取了个诗集的名字。

第十三章 丝绸之路的定名与考察

一 李希霍芬为丝绸之路命名

最早使用"丝绸之路"这个名称的是德国人李希霍芬（Ferdinand Paul Wilhelm Richthofen，1833—1905）。李希霍芬是一位著名的地理学家和地质学家，近代地貌学的创始人。他早年就读于布雷斯劳大学及柏林洪堡大学，1856年获得博士学位。随后，他开始在奥地利和罗马尼亚进行地质研究。1863年到1868年间，他在美国的加利福尼亚州做了大量的地质勘查，发现了金矿，他的研究间接导致了加州后来的淘金热潮。从1875年起，他先后在波恩大学、莱比锡大学、柏林洪堡大学任教，著名瑞典探险家斯文·赫定（Sven Hedin，1865—1952）就是他的学生。

1860年到1862年间，李希霍芬以科学特派员的身份随普鲁士远征探险队到亚洲东部进行考察，到过斯里兰卡、日本、菲律宾、马来西亚、印度尼西亚、泰国和缅甸等国家，还到过中国的台湾。由此，他对中国产生了浓厚的兴趣。

1868年，李希霍芬获得美国加利福尼亚银行的资助，专程来华考察地质、矿产资源等，直至1872年5月。在将近4年的时间里，李希霍芬先后7次到中国，足迹遍及广东、江西、湖南、浙江、直隶、山西、山东、陕西、甘肃、四川、内蒙古等省区。踏查之普遍，远非时人所及。回国之后，李希霍芬以考察的丰富实际资料，出版了 5 卷本并带有附图的《中国——亲身旅行的成果和以之为根据的研究》。这部巨著是德国地理学界对东亚地理学的新贡献，对当时及以后的国际地学界都有很重要的影响。李希霍芬被称为"最先明了中国地文之伟大科学家"，对现代中国地质学、地理学的产生和发展也具有重大影响。

就是在这部著作中，李希霍芬把中亚地理与东西文明交流联系起来，把从公元前 114 年到公元 127 年间，亦即中国的汉代，中国与中亚地区以及中国与印度之间，以丝绸贸易为媒介的这条交通路线，称为"Seidenstraβe"。英文译为"Silk Road"，汉文译名就是"丝绸之路"。

李希霍芬在考察途中，将所见所闻以信件形式寄给上海欧美商会（Shanghai Chamber of Commerce），后来汇集成册，名为《李希霍芬男爵书信集》。该书 1903 年在上海出版，记录了他在 1870—1872 年间的考察结果。他在书中对在西安交汇的贸易道路进行了考察，指出："自远古无可考察的年代起，就开辟了从兰州府到肃州的自然商路，并继而向前延伸，分叉成更多的商路。沿着商路，秦朝的声望远播波斯和罗马。14 个世纪之后，马可·波罗沿着这条路线游至兰州府，然后通过宁海府、归仕城，一直来到忽必烈汗的宫殿。中国皇帝在很早的时候就知道掌握这些国际交通道路的重要性，因为这使得他们能够控制中亚。"[①]

"丝绸之路"的概念一经提出，立即受到了国际学术界的广泛响应，成为描述中西之间历史关系的最普遍使用的概念。李希霍芬的学生、著名探险家斯文·赫定在 20 世纪 30 年代出版的《丝绸之路》一书中写道："'丝绸之路'这一名称不是在中国文献中首先使用的。这个很能说明问题的名称，最早可能是由男爵李希霍芬教授提出的。他在一部关于中国的名著中使用了'丝绸之路'——Silk Road——这个名词，并进行了论证；在一张地图上还提到了'海上丝绸之路'。"

后来，德国东方学家阿尔巴特·赫尔曼（Albert Hermann）在《中国与叙

---

① ［英］艾兹赫德：《世界历史中的中国》，姜智芹译，上海：上海人民出版社 2009 年版，第 23 页。

利亚之间的古代丝绸之路》一文中进一步扩大了"丝绸之路"的涵义,把丝绸之路的终点之一由中亚地区向西扩延到遥远西方的叙利亚。他说:"我们应把该名称(丝绸之路)的涵义进而一直延长到通向遥远西方的叙利亚。总之,在与东方的大帝国进行贸易期间,叙利亚始终未与它发生过什么直接关系。但是,正如我们首次了解到夏德研究的结果,尽管叙利亚不是中国生丝的最大市场,但也是较大的市场之一。而叙利亚主要就是依靠通过内陆亚洲及伊朗的这条道路获得生丝的。"①

叙利亚位于地中海东岸,是古代罗马帝国的一部分。在罗马统治时期,叙利亚曾出现帕尔米拉人建立的阿拉伯国家。公元2世纪至3世纪,帕尔米拉人在东西方贸易中起了活跃的中介作用。距离帕尔米拉不远就是大马士革,这就到了地中海岸边。赫尔曼的这个意见就把丝绸之路与地中海文明进而与欧洲联系起来。

李希霍芬和赫尔曼提出的"丝绸之路",所指的是公元前后从中国长安出发,经过河西走廊、穿过天山脚下进入中亚、西亚,然后再通向地中海地区的交通道路。也就是汉朝通向罗马帝国的交通路线。19世纪末20世纪初,一些西方的探险家到中国西北边疆进行考察探险,他们在这里发现了古代中国与西方交往的许多遗址和遗物,用实物证实和说明了丝绸之路的存在与发展。这些考察家在自己的著作中,广泛地使用了丝绸之路这个名称,把古代东西方贸易所达到的地区,都包括在丝绸之路的范围之内。于是,"丝绸之路"就成为从中国出发,横贯亚洲,进而连接非洲、欧洲这条陆路通道的总称。

方豪指出:"丝路实可称谓旧世界最长交通大动脉,为大陆国家文化交流之空前最大联络线。"②

李希霍芬提出的"丝绸之路"是一个具有深远学术影响的概念,从此开启了一扇了解世界与中国关系史、了解中外文化交流史的大门。斯文·赫定说"丝绸之路"是个"很能说明问题的名称",充分肯定了这个概念重要的学术

---

① [德]赫尔曼:《中国与叙利亚之间的古代丝绸之路》,[日]长洋和俊:《丝绸之路史研究》,钟美珠译,天津:天津古籍出版社1990年版,第2页。
② 方豪:《中西交通史》上卷,上海:上海人民出版社2008年版,第50页。

典籍里的丝绸之路

意义和文化价值。这一概念的重大意义,在于廓清了中西交通的大干道,为研究中西文化交流史提供了一个空间的和地理的线索。通过这个概念,笼罩在迷雾中数千年的繁纷复杂的中外文化交往和交流关系,一下子就有了一条清晰的线索。同时,以"丝绸"来命名中西交通的主要路线,更强调了中国的商品长期在国际贸易中的主导地位。这反映了几千年来中西交通和文化交流的基本事实。不仅如此,几千年的中国文化史和世界文化史,也有了一条贯穿始终的主线。因此,有的西方学者说,丝绸之路的历史就是"半部世界史",就是通过欧亚大陆的大交通、文化大交流讲述的世界文化史。法国汉学家布尔努瓦说:"'丝绸之路'是一种形象口号,一种包罗万象的诗一般的名称,具有浪漫色彩,它成了一个若明若暗的词。正如人们对我们的古典绘画所说的那样:一束光芒照亮了绘画本想突出的意义,从而在明暗交界处暴露出了画面的其他因素。""'丝绸之路'是半个世界。"[①] 因此,"丝绸之路"的概念一经提出,立即受到了国际学术界的广泛响应,成为描述中西之间历史关系的最普遍使用的概念。

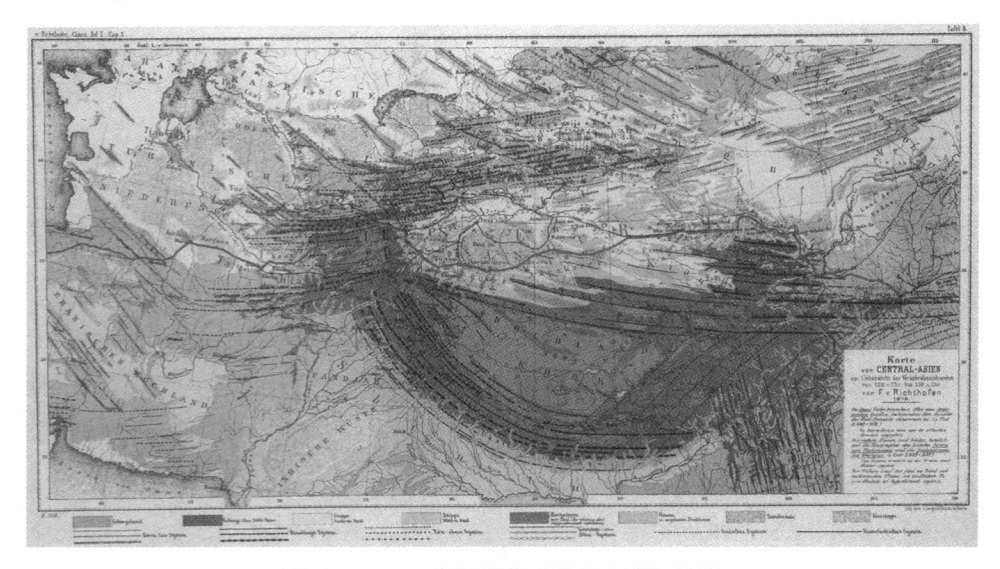

图 13 - 1 - 1 李希霍芬"丝绸之路"地图

[①] [法]布尔努瓦:《法国对丝绸之路的研究》,[法]戴仁编:《法国中国学的历史与现状》,耿昇译,上海:上海辞书出版社2010年版,第375、376页。

图 13-1-2　李希霍芬像

二　考古学家对丝绸之路的考察

19世纪末20世纪初，俄国、英国等国的探险家开始深入亚洲腹地，对中亚和中国西北地区进行探险活动，出现了中亚地区探险考察的高潮。一些西方探险家在这里发现了古代中国与西方交往的许多遗址和遗物，用实物证实和说明了丝绸之路的存在与发展，引起了世界学术界的极大兴趣和关注。这些探险家们在自己的著作中介绍这些情况时，广泛地使用了"丝绸之路"这个名称，把古代丝绸贸易所达到的地区，都包括在"丝绸之路"的范围之内。于是，"丝绸之路"就成为从中国出发，横贯亚洲，进而连接非洲、欧洲这条陆路通道的总称。

到19世纪上半叶，世界大部分地区经过探险、考察，自然地理面貌已基本清楚，但亚洲腹地，特别是中国的西部地区，对于欧洲人来说，仍然是一个神秘的王国。在当时西方人绘制的地图上，这里的地形地貌仍然是一个空白。于是，西方各国的探险家纷纷走向那些没有被发现的地带，进行探险活动，以填补地图上的"空白"。到19世纪末20世纪30年代，俄国、英国等国的探险家开始深入亚洲腹地，对中亚和中国西北地区进行探险活动，出现了中亚地区探险考察的高潮。包括我国新疆、甘肃、内蒙古、西藏等地在内的中央亚细亚地区受到了世界的特别关注，英、法、俄、德、美、日等国频繁派遣探险队、考察队前来进行探险考察活动，广泛搜集地层、地质、地文、水文、气象、交通、矿产、动物、植物等各方面的资料。西方各国探险家对中亚地区，包括中国西北部的探险考察，是西方殖民主义势力向东方扩张活动的一个组成部分。他们的探险和考察活动，为殖民主义在全世界的野蛮扩张提供了技术性基础。

探险家们的这些考察活动，以亲身的经历，踏着当年马可·波罗的足迹，重新走上了古代的丝绸之路。他们以大量的考古材料，证实了古代丝绸之路的存在。他们的探险和考察，重新发现了丝绸之路。所以，从丝绸之路文明史的角度来看，西方探险家在中亚包括中国西北部的探险和考察，是对古老丝绸之路的再发现，是对丝绸之路历史的新的确认。

最早进入中国进行考察活动的是美国地质学家彭拜莱，他于1863年来中国进行地质考察。1865年，印度测量队队员约翰逊（W. H. Johnson）从克什米尔的列城越过喀喇昆仑山口，进入新疆境内，在和田进行经纬度测量。这开了外国人在中国境内进行地理考察的先河。

对中国西北地区进行探险考察最积极的是俄国人和英国人。例如：1868—1874年间英国商人罗伯特·肖（Robert B. Shaw）对新疆的商务考察，1870—1873年间英国的弗赛斯（T. D. Forrsyth）使团，1887年英国的荣赫鹏（F. E. Younghusband）探险队，1870—1885年间俄国的普尔热瓦斯基组织的4次探险。他们的足迹遍及新疆、甘肃、蒙古、西藏的许多地方。他们沿途也收集了不少古代文物，但这些探险的主要目的，是获取各种军事情报，了解当地的政情和测绘地图，探查道路，为将来可能进行的军事行动打基础。这一点十分重要，因为这就确定了他们的探险活动是为殖民主义扩张做准备的性质。荣赫鹏从中国东北进入北方，然后穿越蒙古戈壁，翻越天山，沿天山北麓至帕米尔，开拓了一条从喀什和印度经未曾勘测的穆士塔格通道（Mustagh Pass）的路径。荣赫鹏将此次跨越北中国的长途旅行称为"跨越大陆心脏之旅"，1896 年发表《大陆心脏》一书。凭此成就，他被选为皇家地理学会最年轻的成员并接受了学会的金质奖章。

1889 年，一个名叫鲍威尔（H. Bower）的英国大尉，在库车附近的一座废佛塔中，偶然得到了一批梵文贝叶写本，当时在印度的梵文学家霍恩雷（R. A. F. Hoernle）博士，鉴定出这是现存最古的梵文写本。于是，新疆出土文物的重要学术价值，很快就为欧洲学术界得知。与此同时，法国的杜特伊·德·兰斯（Dutreuil de Rhins）探险队，也在 1890—1895 年间的新疆考察中，从和田地区买到了同样古老的梵文写本。

1899 年，在罗马召开的第 12 届国际东方学家大会上，在俄国学者拉德洛夫的倡议下，成立了"中亚与远东历史、考古、语言、人种探察国际协会"，并在各国设立分会，以推动在中国西北的考古调查。此后，各国纷纷派出考察队进入新、甘、蒙、藏等地区，把发掘沙漠废墟、古城遗址和佛寺洞窟中的古代文物，作为他们的主要目的。其中比较著名的有，俄国科兹洛夫 1899—1901 年的中亚探险，特别是他 1908 年对甘肃居延附近西夏古城黑水城的发掘。瑞典斯文·赫定 1899—1902 年的中亚考察，发现了楼兰古国遗址。英国斯坦因 1900—1901 年、1906—1908 年、1913—1915 年 3 次赴中亚探险，他涉猎的地域最广，收获也最多。普鲁士王国格伦威德尔和勒柯克率领的吐鲁番考察队，先后于 1902—1903 年、1903—1905 年、1905—1907 年、1913—1914 年 4 次调查发掘，重点在吐鲁番盆地、焉耆、库车等塔里木盆地北沿绿洲遗址。此外，还有法国伯希和 1906—1909 年的新疆、甘肃考察，芬兰曼涅尔海姆（C. G. E. Mannerheim）1906—1908 年的考察，俄国奥登堡 1909—1910 年、1914—1915 年的两次新疆、甘肃考古调查，日本大谷光瑞 1902—1904 年、1908—1909 年、1910—1914 年 3 次派遣的中亚考察队，等等。在这期间，西方各国在中国西部地区约进行了 70 多次规模不同的考察活动。

在 19 世纪末 20 世纪初到中国来的探险家中，瑞典人斯文·赫定是最著名的。他继承了地理大发现时代那些伟大探险家的气质和品格，深入西方人

典籍里的丝绸之路

从未到过的地域。斯文·赫定被视为西方人中亚探险的承前启后者。赫定两次到新疆考察，发现了楼兰古城，还发现了罗布泊北部的位置。他预言，罗布泊以 1500 年为周期，南北迁徙，罗布泊终有一天还会重返东北部。斯文·赫定肯定了丝绸之路的存在，他指出：

> 丝绸之路全程，从西安经安西、喀什噶尔、撒马尔罕和塞琉西亚，直至推罗，直线距离是 4200 英里，如果加上沿途绕弯的地方，总共约有 6000 英里，相当于赤道的四分之一。

> 可以毫不夸张地说，这条交通干线是穿越整个旧世界的最长的路。从文化——历史的观点看，这是连接地球上存在过的各民族和各大陆的最重要的纽带。[①]

斯文·赫定说："中国内地沿着（丝绸之路）这条皇家驿道出口的商品中，无论在数量上还是地位上，都没有哪一样能与华美的丝绸相媲美。两千年前，中国丝绸是世界贸易中最受崇尚、最受欢迎的商品。"[②]

英国考古学家和探险家斯坦因（Marc Aurel Stein，1862—1943）一生中的主要活动是深入亚洲腹地的探险考古活动。在英国和印度政府的支持下，他先后进行了三次中亚探险，而他的探险活动又是与敦煌文物的大规模外流密切相关，被称为敦煌的"盗宝者"。斯坦因在英国皇家地理学会做了一次报告，介绍敦煌遗书的发现，立即在欧洲学术界引起强烈的轰动，从此开始了欧洲对敦煌的关注和以后多次的探险。斯坦因撰写了《西域考古记》，以及《古代和田》和《亚洲腹地考古记》等著作，由此诞生了国际性的敦煌学。他认为，"丝绸之路"这个名称早已有之，李希霍芬和赫尔曼不是"丝绸之路"这一名称的首倡者，而只是普及者。斯坦因认为，在希腊地理学家托勒密（Claudius

---

[①] ［瑞典］斯文·赫定：《丝绸之路》，江红、李佩娟译，乌鲁木齐：新疆人民出版社 1996 年版，第 210 页。

[②] ［瑞典］斯文·赫定：《丝绸之路》，江红、李佩娟译，乌鲁木齐：新疆人民出版社 1986 年版，第 214—215 页。

Ptolemaeus，约90—168）之前，居住在地中海东岸港口城市提尔的地理学家马利努斯（Marinos）曾写过一部在公元1世纪前"通往丝国之路"的书。所以，"丝绸之路"这个名称应该是马利努斯首先提出来的。托勒密在《地理志》中关于这条古代交通路线的记载，就是依据马利努斯的著作写成的。据托勒密说，马利努斯的情报又是从马其顿商人马埃斯·提蒂亚努斯那里获得的。"马埃斯是公元1世纪左右与遥远东方的中国从事丝绸贸易的希腊人之一"。

三　从陆上丝绸之路到海上丝绸之路

一般来说，广义的丝绸之路指从上古开始陆续形成的、遍及欧亚大陆甚至包括北非和东非在内的长途商业贸易和文化交流线路的总称。除了通常所说的陆上丝绸之路的路线之外，还包括：约于公元前5世纪形成的草原丝绸之路；中古初年形成，在唐宋时期发挥巨大作用的海上丝绸之路。日本学者长泽和俊指出：

> 丝绸之路的古代史是以草原路为中心，自古代后期至中世纪是以绿洲之路为中心，而近代以后则是以南海路为中心了。[①]

又有学者把古代从四川、云南经过缅甸通往印度的道路称为"西南丝绸之路"，这条道路也很重要，因为到达印度，就可以走到印度洋的岸边，这里的港口很早就与地中海和波斯湾通航。还有的学者把东南沿海地区包括山东半岛的港口通往朝鲜半岛和日本的航道称之为"东方海上丝绸之路"，这样也把与朝鲜与日本的交通纳入丝绸之路的广义概念之内。

1983年，日本学者前岛信次和加藤久祚合编的《丝绸之路辞典》，首次正式提出了丝绸之路包括"草原之路"的概念。他们认为，在欧亚大陆的东西

---

① ［日］长泽和俊：《丝绸之路史研究》，钟美珠译，天津：天津古籍出版社1990年版，第9页。

典籍里的丝绸之路

交通中，中国的丝绸不仅是通过横贯东西的"绿洲之路"即通常所说的丝绸之路运往西方，而且还通过北面的"草原之路"和南面的"海上之路"运到西方。

"海上丝绸之路"这个概念最早是由法国汉学家沙畹（Edouard Chavanne, 1865—1918）提出的，他在《西突厥史料》中提到"丝路有海陆两道"。他说：

> 丝路有陆、海二道，北道出康居，南道为通印度诸港之海道，以婆庐羯泚（Broach）为要港。又称罗马犹斯丁（Justin）与印度诸港通市，而不经由波斯，曾于531年遣使至阿拉伯西南也门（Yemen）与希米提亚（Himyarites）人约，命其往印度购丝，而转售之于罗马人，缘其地常有舟航至印度。①

1933年，斯文·赫定在对丝绸之路考察后，也提出"海上丝绸之路"的概念。他说："在楼兰被废弃之前，大部分丝绸贸易已开始从海路运往印度、阿拉伯、埃及和地中海沿岸城镇。"② 他还说，李希霍芬在提出丝绸之路概念时，已经提到过海上丝绸之路。

20世纪60年代，日本学者三上次男专门研究中国瓷器在海外传播的情况。他在对菲律宾、斯里兰卡、印度、阿富汗、伊朗和两河流域、土耳其、埃及等地的考察中，发现了大量中国古瓷器碎片。他著文《陶瓷之路与东西方文化交流》，首次将这条沟通东西交流的海上通道命名为"陶瓷之路"。他指出，从很早的时候起，海路就与陆上丝绸之路具有同等重要的作用，并且随着汉与西域诸国关系的复杂化，海上通道的重要性日益凸显，海路贸易在9—10世纪更是得到了爆发性发展。三上次男在《陶瓷之路》一书中总结说："从东到西、从西到东的贸易往来，成了打破中世纪各地区的孤立主义和给各地区带来了时代共同性的重要因素，这是无可争辩的事实。陶瓷就是这一事实的象征

---

① ［法］沙畹：《西突厥史料》，冯承钧译，北京：中华书局2004年版，第167页。
② ［瑞典］斯文·赫定：《丝绸之路》，江红、李佩娟译，乌鲁木齐：新疆人民出版社1996年版，第212页。

之一。""这是连接中世纪东西两个世界的一条很宽阔的陶瓷纽带,同时又是东西文化交流的一座桥梁"。①

1967年,三上次男的学生三杉隆敏出版了具有海外游记风格的著作《探寻海上丝绸之路——东西陶瓷交流史》,第一次明确地提出了"海上丝绸之路"的概念。他还根据历史文献记载,大致复原了当时的远航帆船以及航行路线。三上次男在为该书所做的序言中,对三杉氏的这一想法予以肯定,并在三杉氏第二部著作的序言中指出:随着时代的变化,大约从10世纪前后开始,海上丝绸之路即成为东西方主要的贸易通道。后来,日本放送协会(NHK)制作了《海上丝绸之路》系列节目,使这一名称更为广泛地为人们所熟知。

1974年,中国学者饶宗颐发表了论文《蜀布与Cinapatta——论早期中、印、缅之交通》,其中有一节专论"海道作为丝路运输的航线",提出:

> 海道的丝路是以广州为转口中心。近可至交州,远则及印度。南路的合浦,亦是一重要据点,近年合浦发掘西汉墓,遗物有人形足的铜盘。而陶器提筩,其上竟有朱书写着"九真府"的字样,九真为汉武时置的九真郡……这个陶筩必是九真郡所制的,而在合浦出土,可见交、广二地往来的密切……中印海上往来,合浦当然是必经之路。而广州自来为众舶所凑,至德宗贞元间,海舶珍异,始多就安南市易。②

饶宗颐的这段论述,不但肯定了海上丝绸之路的概念及交通路线,而且提出了广州作为海上丝绸之路的始发港。这一点对于研究海上丝绸之路也是很重要的。

"丝绸之路"作为东西方文化的相遇、交流和对话之路,在世界文化史上具有特别重要的地位和意义。日本学者长泽和俊在概述"丝绸之路"的历史意义时指出:

---

① [日]三上次男:《陶瓷之路——东西文明接触点的探索》,李锡经等译,北京:文物出版社1984年版,第155页。
② 饶宗颐:《选堂集林·史林》上册,香港:中华书局1982年版,第390页。

📖 **典籍里的丝绸之路**

> 丝绸之路作为贯通亚欧大陆的动脉，是世界史发展的中心。欧亚大陆由蒙古、塔里木盆地、准噶尔、西藏、帕米尔、河中、阿富汗、伊朗、伊拉克、叙利亚、土耳其等地区构成。把这些地区连接起来，并使之相互依存地发展起来，丝绸之路起到了犹如人体动脉的那样的作用……
>
> 丝绸之路是世界主要文明的母胎。尤其是在这条路的末端部分曾经产生了美索不达米亚文明、埃及文明、花剌子模文明、印度河文明、中国文明等许多古代文明。自古以来还出现了祆教、基督教、佛教、摩尼教、伊斯兰教等宗教。这些宗教向东西传播并给予各地的人类文化以极大影响。从这个意义来讲，丝绸之路也可以说是"求道之路"，是人类的道路……
>
> 丝绸之路是东西文明的桥梁。出现在丝绸之路上的各种文化，依靠商队传播至东西各地，同时又接受着各种不同的文化，促进了各地的文明。丝绸之路之所以受到众多人的注意，主要是因为它是东西文化交流的动脉。[①]

长泽和俊还指出：

> 往来于丝绸之路上的东西，有物质文化与精神文化两种用骆驼驮运到东西方的东西，即使在今天来看也有很多可爱而漂亮的物品。从诺音乌拉和楼兰，或者从叙利亚的帕勒米拉出土的汉锦，从中国各地出土的玉制品，另外还有罗马的玻璃、伊朗的银制品、犍陀罗的佛教美术、中国制造的纸张与陶器、希腊以来的各地的图案、米兰出土的波斯锦等。这些东西无论哪一件都是细腻而华丽的，是宏伟历史与文化的写照。[②]

[①] ［日］长泽和俊：《丝绸之路史研究》，钟美珠译，天津：天津古籍出版社1990年版，第3—4页。

[②] ［日］长泽和俊：《丝绸之路史研究》，钟美珠译，天津：天津古籍出版社1990年版，第4页。

参考文献

1. ［瑞典］斯文·赫定：《丝绸之路》，江红、李佩娟译，乌鲁木齐：新疆人民出版社1996年版。

2. ［日］长洋和俊：《丝绸之路史研究》，钟美珠译，天津：天津古籍出版社1990年版。

3. ［法］布尔努瓦：《丝绸之路》，耿昇译，济南：山东画报出版社2001年版。

4. 赵汝清：《从亚洲腹地到欧洲——丝路西段历史研究》，兰州：甘肃人民出版社2005年版。

5. ［法］让-诺埃尔·罗伯特：《从罗马到中国——恺撒大帝时代的丝绸之路》，马军、宋敏生译，桂林：广西师范大学出版社2005年版。

6. ［日］三上次男：《陶瓷之路——东西文明接触点的探索》，李锡经等译，北京：文物出版社1984年版，第155页。

7. 方豪：《中西交通史》，上海：上海人民出版社2008年版。

8. 沈福伟：《中西文化交流史》（第2版），上海：上海人民出版社2006年版。

9. 沈福伟：《中国与欧洲文明》，太原：山西教育出版社2018年版。

10. 沈福伟：《中国与非洲——中非关系二千年》，北京：中华书局1990年版。

11. ［英］赫德逊：《欧洲与中国》，李申、王遵仲译，北京：中华书局1995年版。

12. ［英］雷蒙·道森：《中国变色龙——对于欧洲中国文明观的分析》，常绍民、明毅译，北京：中华书局 2006 年版。

13. 石云涛：《早期中西交通与交流史稿》，北京：学苑出版社 2003 年版。

14. 陈高华、陈尚胜：《中国海外交通史》，北京：中国社会科学出版社 2017 年版。

15. 孙光圻：《中国古代航海史》，北京：海洋出版社 1989 年版。

16. 张星烺：《中西交通史料汇编》，北京：中华书局 2003 年版。

17. 宿白：《考古发现与中西文化交流》，北京：文物出版社 2012 年版。

18. ［英］艾兹赫德：《世界历史中的中国》，姜智芹译，上海：上海人民出版社 2009 年版。

19. ［法］戴仁编：《法国中国学的历史与现状》，耿昇译，上海：上海辞书出版社 2010 年版。

20. 范文澜：《中国通史简编》第 1 编，北京：人民出版社 1958 年版。

21. 范文澜：《中国通史简编》（修订本）第 2 编，北京：人民出版社 1964 年版。

22. ［英］艾兹赫德：《世界历史中的中国》，姜智芹译，上海：上海人民出版社 2009 年版。

23. ［英］李约瑟：《中国科学技术史》第 1 卷，袁翰青译《导论》，北京：科学出版社 1990 年版。

24. 许倬云：《西周史》（增订本），北京：生活·读书·新知三联书店 1994 年版。

25. 岑仲勉：《隋唐史》上册，北京：中华书局 1982 年版。

26. ［英］崔瑞德编：《剑桥中国隋唐史》，中国社会科学院历史研究所西方汉学研究课题组译，北京：中国社会科学出版社 1990 年版。

27. 吴泽主编：《贺昌群史学论著选》，北京：中国社会科学出版社 1985 年版。

28. 饶宗颐：《选堂集林·史林》上册，香港：中华书局 1982 年版。

29. 郑振铎：《插图本中国文学史》上卷，上海：上海人民出版社 2005 年版。

30. 梁启超：《佛学研究十八篇》，北京：群言出版社 2013 年版。

31. ［日］足立喜六：《〈法显传〉考证》，蒋瑞藻译，北京：商务印书馆 1937 年版。

32. 朱谦之：《中国景教——中国古代基督教研究》，北京：东方出版社 1993 年版。

33. 向达：《唐代长安与西域文明》，石家庄：河北教育出版社 2001 年版。

34. ［古希腊］希罗多德：《历史》，王以铸译，北京：商务印书馆 1985 年版。

35. ［法］戈岱司：《希腊拉丁作家远东古文献辑录》，耿昇译，北京：中华书局 1987 年版。

36. ［德］夏德：《大秦国全录》，朱杰勤译，郑州：大象出版社 2009 年版。

37. ［英］裕尔：《东域纪程录丛》，张绪山译，昆明：云南人民出版社 2002 年版。

38. ［法］沙畹：《西突厥史料》，冯承钧译，北京：中华书局 2004 年版。

39. ［阿拉伯］伊本·胡尔达兹比赫：《道里邦国志》，宋岘译注，北京：中华书局 1991 年版。

40. 《中国印度见闻录》，穆根来等译，北京：中华书局 1983 年版。

41. ［伊朗］志费尼：《世界征服者史》上册，何高济译，呼和浩特：内蒙古人民出版社 1980 年版。

42. ［法］雷纳·格鲁塞：《蒙古帝国史》，龚钺译，北京：商务印书馆 1989 年版。

43. ［法］雷纳·格鲁塞：《草原帝国》，蓝琪译，北京：商务印书馆 1998 年版。

44. ［伊朗］拉施特：《史集》第 1 卷第 1 分册，余大钧、周建奇译，北京：商务印书馆 1983 年版。

45. ［伊朗］拉施特：《史集》第 2 卷，余大钧译，北京：商务印书馆 1985 年版。

46. ［伊朗］拉施特：《史集》第 3 卷，余大钧译，北京：商务印书馆 1986

47. 李光斌：《伊本·白图泰中国纪行考》，北京：海洋出版社2009年版。

48.《柏朗嘉宾蒙古行纪·鲁布鲁克东行纪》，耿昇、何高济译，北京：中华书局1985年版。

49. ［英］道森编：《出使蒙古记》，吕浦译，北京：中国社会科学出版社1983年版。

50. ［法］沙海昂注：《马可·波罗行记》，冯承钧译，北京：中华书局2004年版。

51. 余士雄主编：《马可·波罗介绍与研究》，北京：书目文献出版社1983年版。

52. ［美］劳伦斯·贝尔格林：《大旅行家马可·波罗传》，周侠译，海口：海南出版社2010年版。

53. 中国国际文化书院编：《中西文化交流的先驱——马可·波罗》，北京：商务印书馆1995年版。

54.《海屯行纪·鄂多立克东游录·沙哈鲁遣使中国记》，何高济译，北京：中华书局1981年版。

55. ［伊朗］阿里·阿克巴尔著，张至善编：《中国纪行》，北京：生活·读书·新知三联书店1988年版。

56. ［法］玛扎海里：《丝绸之路——中国—波斯文化交流史》，耿昇译，北京：中华书局1993年版。

57. ［美］史景迁：《大汗之国——西方眼中的中国》，阮叔梅译，桂林：广西师范大学出版社2013年版。

58. ［法］费赖之：《在华耶稣会士列传及书目》上册，冯承钧译，北京：中华书局1995年版。

59. ［意］利玛窦、［比］金尼阁：《利玛窦中国札记》，何高济等译，北京：中华书局1983年版。

60. ［俄］米列斯库：《中国漫记》，蒋本良、柳凤运译，北京：商务印书馆1990年版。

61. ［俄］斯卡奇科夫：《俄罗斯汉学史》，柳若梅译，北京：社会科学文献出版社 2011 年版。

62. ［俄］罗曼年科主编：《临近又遥远的世界——俄罗斯作家笔下的中国》，朱达秋译，北京：北京大学出版社 2011 年版。

63. 蔡鸿生：《俄罗斯馆纪事》（增订本），北京：中华书局 2006 年版。

64. ［英］韦尔斯：《世界史纲——生物和人类的简明史》，吴文藻等译，北京：人民出版社 1982 年版。

65. ［印］辛哈、班纳吉：《印度通史》第 1 册，张若达、冯金辛译，北京：商务印书馆 1973 年版。

66. ［苏］马吉多维奇：《世界探险史》，屈瑞译，北京：世界知识出版社 1988 年版。